人間心理を徹底的に考え抜いた

『強い会社』に変わる仕組み

リクルートで学び、ユニクロ、ソフトバンクで実践した
「人が自ら動く組織戦略」

松岡保昌
Yasumasa Matsuoka

日本実業出版社

はじめに
——人を動かそうとするのではなく、「人が自ら動き出す環境」をつくる

「どうしたら会社は変わるのか？　変われるのか？」

これは多くの経営者、幹部はもちろん、会社に何かしら不満を覚える社員も思うことだろう。対する私の答えは、「仕組みや制度を変え、それにともなう施策を続けることで必ず変わることができる。ただし、どの会社にも万能な仕組み・制度・施策などない」だ。

リクルートで働くなかで「組織戦略とは何か」を考え続けた。その後、ファーストリテイリング、ソフトバンクでは、経営トップに近い場所で組織変革や新しい事業の立ち上げなどを行い、現在は経営コンサルタントとして仕事をしている。これまで数え切れないほどの事例を見てきたなかでの確信である。

そして、私は経営コンサルタントという立場上、よくこうした質問を受ける。

「組織変革の関連の本で、勉強になるものはありますか？」

それに対して、いつもこう答える。

「勉強になる本はたくさんあります。でも、実際にはないかもしれない」

質問した人は、いつも不思議そうな顔をする。世間には、企業で実践され、成果をあげた組織変革の成功事例などを紹介した本があふれているからだ。

しかし、それらが現実的に役立てられている会社は少ない。私の言葉の真意は、成功事例を紹介した本は多数あるが、自社に取り入れるべきもの、取り入れる必要がないもの、逆に取り入れるとマイナスにさえなるものを見分ける「視点」を持っていなければ、活用できないということだ。実際に自社に取り入れるとしても、どのように取り入れるべきか、すべてを的確に判断する「視点」が求められる。

本書の目的は、この「視点」をお伝えすることにある。その「視点」を身につけることで、組織変革に対する見方が一変するはずだ。世間に流布する組織関連の本も、宝の山となることは間違いない。

本書には、私が在籍して深く関わったリクルート、ファーストリテイリング、ソフトバンクという3つの会社での経験を、ふんだんに盛り込んでいる。

いずれも、社会に対して多大な価値を提供し続ける、日本を代表する企業である。この3社に共通するのは、時代の流れの変化に適応し続ける「強い会社」であることだ。その背景にあるのは、仕組みをつくり、決めたことをやり切る強さともいえる。

ただし、「強い会社」とひとくくりにしたが、それぞれの「ビジネスモデル」や「組織戦略」はまったく異なる。組織のつくり方、情報共有の仕組み、意思決定の方法、実行の際の部署間の連携の仕方、評価指標……をはじめ、大事なのは企業によってあるべき組織の姿はまったく異なるということだ。そのことを理解していない人が多い。

たとえば、組織のつくり方を見ても、リクルートはそれぞれの課を「プロフィット・センター（利益を生み出す部門）」とみなし、その活動の自由度を大切にする組織である。法や倫理に反することは当然ダメだが、考え出したアイデアを実現させるためなら、自由にどんなやり方で行ってもいい。

1つの課の10人程度の組織のトップに権限と責任を大胆に委譲し、自由に挑戦させるのだ。基本的な発想は「プロフィット・センターそれぞれが、きちんと利益を出してくれれば、その集合体である企業もきちんと利益を確保できる」というシンプルな考え方である。

「多くのリーダーシップに関する本には、1匹のライオンが100匹の羊を操る手法が書かれている。でも私は、ライオンにはなれないので、100匹のライオンを束ねる羊になろうと思った。100匹のライオンに思う存分活躍してもらう。そういうやり方があってもいいのではないか」

これは、リクルートの創業者の江副浩正氏が社内報に寄せた文章の要約だ。

プロフィット・センターの1つひとつをライオンが率いている。そのライオンたちを「自ら機会を創り出し、機会によって自らを変えよ」という理念によって束ね、世の中に価値を生み出し続ける。社会や顧客のためになることなら、たとえ難易度が高くても現場のトップが主体的に挑戦をする。それが自然に起こり続ける仕組みこそ、リクルート的な組織の「企業文化」の最大の特徴だ。

だから、どうしても個が強くなる。ライオン同士は、縄張り争いもする。つまり、社内が競合になることも多いのだ。しかし、それが新陳代謝を促し、さらに新しいアイデアを生み出す。そのための「仕組み・制度・施策」によってリクルートは強くなってきたのである。

ところが、ユニクロで知られるファーストリテイリングの「企業文化」はまったく異なる。ファーストリテイリングは商品を仕入れて売るだけの従来のアパレルの小売ではなく、自社で商品を企画し、製造から販売まで責任を持つ「製造小売業」をめざし、実現させた。

消費者のニーズを的確にとらえている小売業者自らが、製品の企画を具体的に行い、それをメーカーの工場に委託するなどしながら、自社オリジナル商品として販売する。「製造小売業」の場合、売り切ると利益率が高い反面、売れ残ると大打撃を受ける。

こうしたハイリスク・ハイリターンの「製造小売業」を成立させるには、社内の組織間でいがみ合っている場合ではない。リクルートのようにプロフィット・センターで「自分はこうやる」と打ち出すのではなく、組織が一体となって動けるかどうかが最大のポイントとなる。

リクルートとファーストリテイリング、両社は180度違う「ビジネスモデル」のため、リクルートのような「仕組み・制度・施策」はあてはまらない。だからこそ、ファーストリテイリングには、ファーストリテイリングならではの「仕組み・制度・施策」をつくらなければならない。それは、おのずとまったく違う「企業文化」になるということだ。他の企業とは、やり方が違い、何を大事にするのか、その価値観は企業によって異なる。

ソフトバンクの意思決定について、多くの人は経営トップの孫正義氏のトップダウンをイメージする。あながち間違いではないが、孫氏は会社の主要な部署の幹部クラスと頻繁にブレインストーミングをして戦略を決めている。優れたアイデアは取り入れ、常に戦略を研ぎ澄ませていく。他人の脳を自分のものにしながら、さらにそれを超えるアイデアを出し続けるのがソフトバンクの「強み」である。

そこで決めたことを推進する能力が高いのもソフトバンクの特徴だ。指示命令を徹底し、やり抜く強さがある。たとえば業務上の仕組みを変更したとき、決めた2、3日後には日本中でオペレーションが変更されている。普通の大手企業にはできないことだ。誤解を恐れずにいえば、たとえ不眠不休でも必要だと思えることをやり抜く強さがあるのだ。

しかも、ソフトバンクにおける経営への信頼度、共感性は非常に高い。私が在籍していた当時も、社内の従業員満足度調査では、経営への信頼や共感に関する項目のポイントが高く、孫氏がめざす世界の実現に、自分も一緒に携わりたいと考える社員の比率が高い。正直、それが100%正しいのか、自分では判断がつかないときも、トップが決めたことを信じてやり切るという信頼関係が出来上がっている。それは嫌がる者に無理矢理やらせるニュアンスではない。結果として、ソフトバンクは変化対応が迅速にできる仕組みが強みになっている。

ここでいいたいのは、3社の特徴がどうのという以上に、会社によって採るべき戦略は異なるということだ。

他社の物真似では通用しない。成功事例をそのまま真似して、失敗した例は枚挙に暇がない。成功したケースは脚光を浴びるが、失敗はひそかに葬り去られる。ファーストリテイリングが「製造小売業」に成功したとき、多くのアパレルが「製造小売業」に乗り出した。しかし、結局、なかったことのようにやめてしまった会社が多いことも、このことを大いに物語っている。ハイリターンだけが見えて、リスクを最小化する仕組みをつくれなかったからだ。

また、あらかじめ説明しておくと、具体例として本書で登場するファーストリテイリングは、売上800億円～4000億円に急成長し、多くの人に知られるようになった頃のことである。この規模での急成長を支えた組織変革の事例として、多くの会社の参考になるはずだ。

ただし、誤解を与えないよう現在のファーストリテイリングについてもお伝えしておく。今では店舗網を世界に広げ、売上も2兆円を超えている。社会問題の解決も視野に「無駄なものをつくらない、無駄なものを運ばない、無駄なものを売らない」というスローガンを掲げ、LifeWearとして、シンプル、高品質、優れた機能性という「究極の普段着」を提供するために「ビジネスモデル」を研ぎ澄ませている。本書の中で登場している「製造小売業」という「ビジネスモデル」も、現在ではAIをふくめた最先端のIT技術を活用する「情報製造小売業」へと進化している。ファーストリテイリングは、まさに時代の変化に適応しながら、さらに強くなり続けているのだ。

本書では実際の社名を一部の箇所では表記せずに、「FR社」のように、あえて抽象的に表記し、モデル化している。正確さを追求するあまり、前提や例外などをふくめた膨大な情報を伝えるよりも、モデル化することで状況を単純化し、「仕組み・制度・施策」の必要性とその効果をよりわかりやすく伝えられると考えているからだ。

また、事業やプロジェクトは、携わる人の数だけ事実の認識や解釈が異なるので、本書では、具体的事例を私個人の視点によってモデル化した。より本質的な部分に踏み込み、現実にあるさまざまな個別の前提条件にとらわれない普遍性のあるフレームワークのように、本書の内容をシンプルに理解し、大学やビジネススクールの授業で扱うケースとして読み進めていただきたい。


1章では、まず多くの会社でやりがちな「他社の成功事例を取り入れれば、うまくいく（中には、取り入れただけで、すでに変革をした気になっていることさえも）」という問題に切り込む。そのうえで、自社に最適な「企業理念」「コア・コンピタンス」「仕組み・制度・施策」の3つが組織変革の根幹となることを説く。

2章では、自社の組織を診断する指針となる「7つの視点」を紹介する。さらに、組織的に「仕組み・制度・施策」が機能している事例としてリクルートの実際の取り組みを見ていく。

3章では、自社に合った「仕組み・制度・施策」を考えるべく、私が実際に経営コンサルティングで活用している、どの会社でも使える「強い会社に変わるための『思考のフレーム』」を具体的なプロセスとともに紹介していく。

4章では、「仕組み・制度・施策」を実践することで組織がどのように変わっていくかを

「FR社」というモデル化したケースで紹介している。リアリティを持って体感していただきたい。

5章では、強い会社には一朝一夕で変われるわけではなく、結局は日常のコミュニケーションの積み重ねの産物であることを、リクルート、ファーストリテイリング、ソフトバンクの会議の事例なども用いながら紐解く。

「特別付録」では、組織変革のために「人間心理を徹底的に考え抜くツール」として活用できる理論を紹介する。

そして、もう1つ本書全体で感じていただきたいことがある。それは「仕組み・制度・施策」は押しつけるものではなく、人が自然と自ら動き出すようなものをつくるということだ。「人を動かそうとするのではなく、『人が自ら動き出す環境』をつくる」というメッセージを常に意識して読み進めていただきたい。本書を通して、人間心理を徹底的に考え抜くことの重要性をご理解いただけると幸いである。

読者のみなさまが組織変革に関する本質にたどりつくための一助として、本書がお役に立つのであればこれ以上の喜びはない。

はじめに
人を動かそうとするのではなく、「人が自ら動き出す環境」をつくる——1

第1章

なぜ、他社の成功事例を取り入れてもうまくいかないのか？

組織変革は「企業理念」×「コア・コンピタンス」×「仕組み・制度・施策」で実現する

自社に合った「仕組み・制度・施策」でなければ意味がない——20
自社の「コア・コンピタンス」を見誤った「仕組み・制度・施策」——23
「コア・コンピタンス」を強化できる「仕組み・制度・施策」が、会社の命運を握る——28

「企業理念」「コア・コンピタンス」「仕組み・制度・施策」は三位一体 —— 31
「企業理念」を実現させることで、会社は強くなる —— 35
「企業理念」によって、人は自ら動く —— 37
世の中に提供する価値を表す「社外規範」 —— 40
その会社ならではの理想とする行動を伝える「社内規範」 —— 46
「社外規範」「社内規範」は会社の成長とともに進化する —— 56
「社外規範」「社内規範」への共感なくして、人は本気で働かない —— 61
会社の成長ステージによって、最適な「仕組み・制度・施策」は異なる —— 63
トップダウンが最適な状況、ボトムアップで現場が自ら考えるのが最適な状況 —— 70
優秀なファウンダー（創業者）は「具象」と「抽象」を瞬間的に行き来する —— 75
組織戦略は「人材開発」だけではなく、「組織開発」の視点で考える —— 79
コラム1　ソフトバンク・孫正義さんから学んだ「情報が集まる仕組み」 —— 83

第2章

「企業理念」「コア・コンピタンス」によって、必要な「仕組み・制度・施策」は異なる

「経営戦略」と「組織戦略」を一体で考える「組織診断7つの視点」――88
①意思決定の「方法」と「スピード」
②「価値観」「方針」の浸透
③人材の「質」と「量」
④「自由」と「規律」のPDCAマネジメント
⑤情報の「共有」と「活用」
⑥評価の「仕組み」と「報酬」
⑦「主体性」と「モチベーション」

リクルートの成長を支えた「仕組み・制度・施策」から見えてくること――114
①ベストプラクティス発表会
②新規事業提案制度
③目標達成報奨金制度

④長期休暇制度
⑤40歳定年制度
「組織」は「戦略」に従う、「戦略」は「組織」に従う —— 132
コラム2 ファーストリテイリング・柳井正さんから学んだ「成功と失敗の分水嶺」 —— 135

第3章

強い会社に変わるための「思考のフレーム」

「問題点」と「強み」をあぶり出し、自社に必要な「仕組み・制度・施策」を生み出す

会社の「問題点」と「残すべき強み」をあぶり出し、「理想の企業文化」に導く「思考のフレーム」 —— 140
「良い企業文化」「良くない企業文化」を徹底的にあぶり出す —— 142
先入観を持たずに、「KJ法的アプローチ」で課題を整理する —— 150
「なぜ、そのような行動をするか」を心理面から考え抜く —— 155

第4章

強い会社に変わるための「仕組み・制度・施策」

現状にとらわれず、「理想の企業文化」をイメージする —— 159
理想へ導くための方法は、「思考のジャンプ」から生まれる —— 163
FR社の組織変革も、課題の洗い出しからはじまった —— 166

ケーススタディ「FR社の組織変革」

社内には、解決すべき課題が山積み —— 177
「自部署主義」という組織の壁を壊し、「全社最適」へ —— 185
「求められる人物像」が変わることを明確化する —— 195
「権限委譲」の大前提となる「価値観」と「判断基準」を共有する —— 202
「チャンスを与える人事制度」と「キャリアプラン」の提示 —— 212
自発的な情報発信を生む「フロー型のナレッジマネジメント」 —— 223
「評価制度」は経営からの最大のメッセージ —— 228

「表彰」は効果の最大化を考える ― 241
「仕組み・制度・施策」を定着させるには、「象徴」をつくる ― 245
仕組みが機能しない場合は、「うまくいかない本当の原因」を突き止める ― 254
「進化する組織」への変革 ― 260
コラム3 「人と企業の価値の交換」を具現化すべく、日本企業ではじめて導入された施策「ユニクロ型401k」 ― 267

第5章 強さを支える陰の主役は「コミュニケーション」の仕組み

「視野・視座」×「影響の範囲」の理解が、コミュニケーションの前提 ― 272
「会社の強み」と「会議の質」は相関する ― 278
①リクルートの会議は「全員参加型」

②ファーストリテイリングの「ワンテーブル・ミーティング主義」
③ソフトバンクは「ブレスト」を重視
会議には3種類ある――「目的」と「特徴」を把握して使いこなす―― 284
「情報共有のための会議」は4つの要素を準備する―― 287
「結論を出すための会議」は「推論のはしご」を共有する―― 293
「発想を広げるための会議（ブレインストーミング）」は主催者を明確にする―― 301
会議を効率的に、効果的にするための大原則―― 311
「日常のコミュニケーションの質」が変われば、「思考のレベル」と「成果」が変わる―― 313

特別付録

組織変革のための人間心理を徹底的に考え抜く「源泉」となるもの

組織変革には「フォロワーシップ」が欠かせない――組織競争力の源泉1―― 321
「個人のモチベーション」を最大化する――組織競争力の源泉2-1―― 330

不満の大半は「承認欲求」が満たされないから——組織競争力の源泉2-2——335
主体性の源泉となる「内発的モチベーション」に火を点ける——組織競争力の源泉2-3——344
組織変革を実現する「チェンジマネジメント」——組織競争力の源泉3——350

おわりに

成功までの「シナリオ力」によって成果は決まる——360

参考図書——363

カバーデザイン　重原隆
本文デザイン・DTP・図版　松好那名（matt's work）
構成　新田匡央
企画協力　天田幸宏（コンセプトワークス株式会社）

第1章

なぜ、他社の成功事例を取り入れてもうまくいかないのか？

組織変革は
「企業理念」
×
「コア・コンピタンス」
×
「仕組み・制度・施策」
で実現する

自社に合った「仕組み・制度・施策」でなければ意味がない

時代の変化に適応できる「強い会社」になるには、人が自ら動く「環境」と「仕組み」をつくらなければならない。その参考として、ビジネス誌や書籍をはじめ、さまざまな企業の成功事例が紹介されている。

それらは、素晴らしいものも多い。ただ、経営者や管理職がそうした記事や書籍を読み、人事担当者やメンバーを呼んで「ここに書かれているケースは良さそうだから、うちもやろう」と指示するだけの会社がじつに多い。成功事例を取り入れれば、同じ効果を得られると考えているのだ。

だが、自社の「ビジネスモデル」や、自社の強みである「コア・コンピタンス」を理解し、十分に検討したうえで、その成功事例である組織戦略の「仕組み」や「制度」それにともなう「施策」を取り入れないと、成功どころか、逆に失敗してしまうケースすらあるのだ。他社の事例を実行することで、自社が本当に強くなるのか十分に検討する必要がある。

「ビジネスモデル」とは、利益を生み出す製品やサービスに関する事業戦略と収益構造のことである。かみ砕いていえば、「誰に対して、どんな製品やサービスを提供し、誰からお金をもらい、どのように利益を生み出そうとしているのか」という構造のこと。

「コア・コンピタンス」とは、経営学者のゲイリー・ハメル氏とC・K・プラハラード氏が『The Core Competence of the Corporation』の中で紹介した、「顧客に対して、他社には提供できないような自社ならではの価値を提供する、企業内部に秘められた独自のスキルや技術、ノウハウの集合体であり、企業の中核的な力」のことである。本書で紹介する話の中では、この「コア・コンピタンス」のニュアンスは、やや広義にとらえていただいても構わない。「自社が競合他社と戦って勝つためのポイント」と考えていただくと良いかもしれない。

経営者や管理職は、自社の「ビジネスモデル」を認識したうえで、自社の「コア・コンピタンス」は何か、自社の「強み」と「弱み」をたえず分析し見直し、市場や世の中の変化に合わせて、現在の戦略のままでいいのか、違う戦略に変えなければならないか、常に考え続けるのだ。

たとえばメーカーの場合は、自社のコアとなる技術を突き詰め、時代の変化に合わせてその「強み」を活用し続ければ、勝ち続ける確率は高まる。しかし、それを見誤ると失敗する。

上手に変化に適応した事例としては、フィルム事業の衰退をいち早く察知した富士フイルムが有名だ。写真フィルム製造で培った中核となる高度な技術や知識資産を活用し、半導体プロセス材料などの産業機材や、化粧品、医療分野などへの多角化を果たした。

同じ業界でも会社によって「コア・コンピタンス」は異なる。だからこそ、その「強み」が活かされるような組織戦略の「仕組み」「制度」、それにともなう「施策」の導入が必要となる。自社の「コア・コンピタンス」を理解し、「ビジネスモデル」や「企業文化」に合った「仕組み・制度・施策」でなければ、効果は出ない。「コア・コンピタンス」を見誤った典型が次のようなケースだ。

自社の「コア・コンピタンス」を見誤った「仕組み・制度・施策」

私が経営コンサルタントとして相談を受けたときの話をもとに、１つの事例を紹介しよう。経営コンサルティングでは守秘義務があるので、会社が特定できないように、モデル化して紹介する。逆にそのほうが、構造もシンプルになるので、理解しやすくなるはずだ。

地方都市を中心に店舗展開する携帯電話の販売会社がある。

その会社には以前、別の組織人事コンサルティング会社に依頼して導入した人事制度があった。その人事制度は、しばらくは問題なく機能していたのだが、景気が悪くなりはじめて、競争が激しくなるとその会社の売上は急激に落ちてきた。社員も不満を訴えはじめていた。そこで私への依頼内容は、その人事制度のどこがどう悪いのか検証してほしいというものだった。

この携帯電話の販売会社の場合、さすがに有名な組織人事コンサルティング会社に依頼しただけあって、その人事制度は優れていた。会社のめざす「地域に愛され、地域を元気にする」

という「企業理念」を社員に実践させるような仕掛け、つまり、「企業理念」を実現するための行動を評価する指標がしっかりと組み込まれていたのだ。

ところが、「おや？」と思うところがあった。

現場の社員もふくめて何人かに話を聞くなかで感じた違和感だ。それは、導入されている人事制度の中の「評価指標」で重視されているのが、「効率性」であることだった。

確かに、携帯電話の販売会社にとって「効率性」は重要な指標だ。携帯電話を買い換えたくても、並んで待つ時間が長いと訪れる人は少なくなる。そのような状態に陥らないためには、「1日に何人のお客様をさばけるか」「いかに効率的に顧客を回転させられるか」は重要な指標になる。そう考えれば、「効率性」を評価するのは当然といえば当然だ。

とくに渋谷や新宿など、都会の顧客の場合、スマートフォンや携帯電話に対するリテラシーがある人の比率が高い。細かい操作方法などをいちいち説明しなくても理解してもらえる。結果として、そのような顧客が多い携帯電話の販売会社は、サービス・品質・満足度を落とさずに、訪れた人を効率的に回転させることが重要になる。そうすると、利益率の高い企業になるわけだ。

だが、その携帯電話の販売会社の拠点は地方都市にある。顧客層には高齢者も多く、必ずしも携帯電話やスマートフォンに対するリテラシーが高くない。その会社が好調だった頃の話を聞いてみると、意外な真実が浮かび上がった。顧客がスマートフォンの操作がわからなくなると、車に乗ってお店まで聞きに来ていたそうなのだ。しかも、そのようなお客様が、新しいお客様を紹介してくれることも多かったという。顧客が、同じようにリテラシーの高くない知り合いを紹介してくれていたのだ。

おそらく、知り合いに「あのお店は、丁寧に教えてくれるよ」「あなたもあの店に行ったほうがいいよ」と勧めてくれていたに違いない。だが、社員が「効率性」を重視した結果、気軽に相談できない店だということになれば、紹介も減り、売上も下がる。この地方都市の携帯電話の販売会社の場合、「効率性」を過度に重視すべきではなかったのだ。大事なのは、顧客に「この販売会社なら、知り合いを紹介しても間違いない」と思ってもらえるかどうかである。

とくに郊外や地方では、多少の効率を犠牲にしても、顧客が「新たな顧客」を芋づる式に連れて来てくれる仕組みこそが競争優位につながることがありえる。だがおそらく、その組織人事コンサルティング会社は、利益のための「効率性」という一般論にとらわれていたか、経営的にうまくいっている携帯電話の販売会社のモデルや事例をあてはめた可能性がある。この携帯電話の販売会社の経営者と人事、組織人事コンサルティング会社は、自社の「強み」である「コア・コンピタンス」を見誤ったか、理解していなかった。だから、一般的に良いとされるような評価の仕組みにしてしまったのだ。戦い方が異なる会社の人事制度を真似てもうまくいかない。

前述した通り、その携帯電話の販売会社から私への相談は、景気が悪化しはじめた時期にきた。景気が良いときには、商品もそれなりに売れていたので、表面化しなかったが、消費動向が厳しくなると、お店や商品の真価が問われる。「効率性」を重視した結果、顧客対応のまずさが一気に表面化したのだ。

私は、まず「評価指標」を見直した。「効率性」よりも、またそのお店に来たくなる、友人や知人を紹介したくなるような行動をした人が評価される仕組みにしたのだ。とりわけ私が考えたのは2つの視点からだ。1つは、どんな行動や考えを評価すると、この会社の「強み」が発揮されるような行動を、社員1人ひとりが自然としてくれるのかということ。もう1つは、この会社の「企業理念」を実現するためには、どんな行動や考えが評価されなければならないかということ。

この2つの視点から考え抜いて、「評価指標」の項目を洗い出し、その優先順位とバランスで、理想の行動を実現させる仕組みをつくった。それまで導入されていた「企業理念」の実現を評価する視点にプラスして、会社の「強み」を伸ばす行動を起こさせるための視点を持ち込んだのだ。

このケースでのポイントは、自社の「強み」になっている部分を正確に把握し、それが強化されるような「仕組み・制度・施策」を導入しないと、会社自体が弱くさえなってしまうということだ。

極端にいうと、この携帯電話の販売会社は、人事制度の中の、人事評価の指標の、たった1つの項目の扱い方を誤った。その1つの項目は、自社の「強み」と大きく関わっていた。その結果、顧客は離れ、業績は悪化したのである。

自社の「ビジネスモデル」に合った、自社の「コア・コンピタンス」を強化するような、組織戦略の「仕組み・制度・施策」を導入しないと、取り返しのつかない致命傷にさえなってしまうのだ。

「コア・コンピタンス」を強化できる「仕組み・制度・施策」が、会社の命運を握る

「コア・コンピタンス」は不変ではない。

だから、組織戦略の「仕組み」や「制度」、それにともなう「施策」も、常に見直し、進化させていかなければならない。現在、成果が出ていても、そのままで良いのか、問題意識を常に持ち続けるべきである。

「コア・コンピタンス」は人によって認識が違ってはならない。

経営者の考えと、幹部や社員が別のとらえ方をしていては組織として機能しない。経営会議や戦略会議でも常に確認し続け、共有する必要がある。その「強み」が活き続けているか、「弱み」を補う手立ては打たれているか、常に検証する必要がある。

「コア・コンピタンス」は進化する。

私が在籍した頃のファーストリテイリングの主力事業である「ユニクロ」は、「製造小売業」という「ビジネスモデル」に変わることによって成長した。「製造小売業」とは、自社でオリジナル商品の開発を行い、製造の分野まで踏み込み責任を持って生産し、自社で販売する方法である。

従来、アパレルメーカーと、百貨店や量販店、ショップなどの小売店との関係は、売れ残れば実質的に返品できる契約形態が多かった。たとえば、小売店がメーカーに事前発注していても、実際の売れ行きの状況を見て、必要な分だけ買い取る形態。いったんは小売店が買い取るが、返品や値引きの条件が付いている形態。小売店の店頭在庫をメーカー側の在庫として考え、販売した分のみを、そのつど仕入れるというような形態だ。要するに、売れ残れば返品するという商習慣があったのだ。そうなれば、メーカー側も返品されても利益が残る価格にせざるをえない。おのずと、洋服は高い値段になりがちだった。

しかし、「製造小売業」の場合には、商品の企画も自社で行い、工場に発注した商品は基本的にすべて引き取ることになる。販売も自社のリアル店舗やネット上の店舗で行う。1社でコントロールするので、つくった製品を売り切ることができれば、利益率は高い。しかし、もしも売れ残れば大きな損失になる。「製造小売業」は、ハイリスク・ハイリターンの「ビジネスモデル」なのだ。

ユニクロの場合には、ベーシックなカジュアルウェアを中心とする商品に特化した「製造小売業」という「ビジネスモデル」で、商品開発にきちんと時間をかけ、ある程度絞り込んだ商品を大規模に生産し、大規模に売り切ることで利益を出している。この「製造小売業」をきちんと成立させる仕組みこそが、ファーストリテイリングの「コア・コンピタンス」になっている。

同じ「製造小売業」でも、スピード重視、多品種少量生産の「ビジネスモデル」で世界中に展開している企業もある。ファストファッションとして、ひとくくりにして扱う記事やニュースも多いが、それぞれ「ビジネスモデル」と「コア・コンピタンス」が異なるので、求められる組織戦略の「仕組み」や「制度」、それにともなう「施策」も違う。

ユニクロは、絞り込んだ商品を大量に製造し、販売するモデルで基盤を固めながら、現在では、身体のサイズを測って個人に合ったものを提供するという「オーダーメイド感覚で選ぶシャツやスーツ」なども手がけている。これが顧客に受け入れられ、このような商品群が増えてくると、「個客対応力」が次の「コア・コンピタンス」になりえる。

自社の「コア・コンピタンス」は「自社が競合他社と戦って勝つためのポイント」であり、それは不変である必要はない。「強み」の柱を複数にし、進化させていくわけだ。

おのずと、その変化に適応できるように、組織戦略の「仕組み・制度・施策」も進化させ続けるのだ。それが当たり前にできるような「企業文化」になれば、継続的、安定的に利益を生み出せる「強い会社」になる。

「企業理念」「コア・コンピタンス」「仕組み・制度・施策」は三位一体

組織戦略の「仕組み・制度・施策」を考えるとき、他社の成功事例を安易に取り入れてもうまくいかないのは、この項目のタイトルにある3つの要素が密接に関連しているからだ。

組織戦略がうまくいくには、少なくともその会社がめざす「企業理念」が明示され、その会社の強みとなる「コア・コンピタンス」が発揮され、それを強化するための「仕組み・制度・施策」が導入され、機能していなければならない。それをモデル化したのが次のページの図である。図のように「企業理念」「コア・コンピタンス」「仕組み・制度・施策」が相互に連関する「三位一体」の関係になることで、「強い会社」へと進化する。

「企業理念」とは、どのような価値を提供して企業が存続したいのか、社会からどのような支持を集めて発展したいのか、それを実現させるためにどのような考え方や行動がその会社では理想とされ評価されるのかを示したものである。

会社を強くするための「企業理念」「コア・コンピタンス」「仕組み・制度・施策」の基本概念

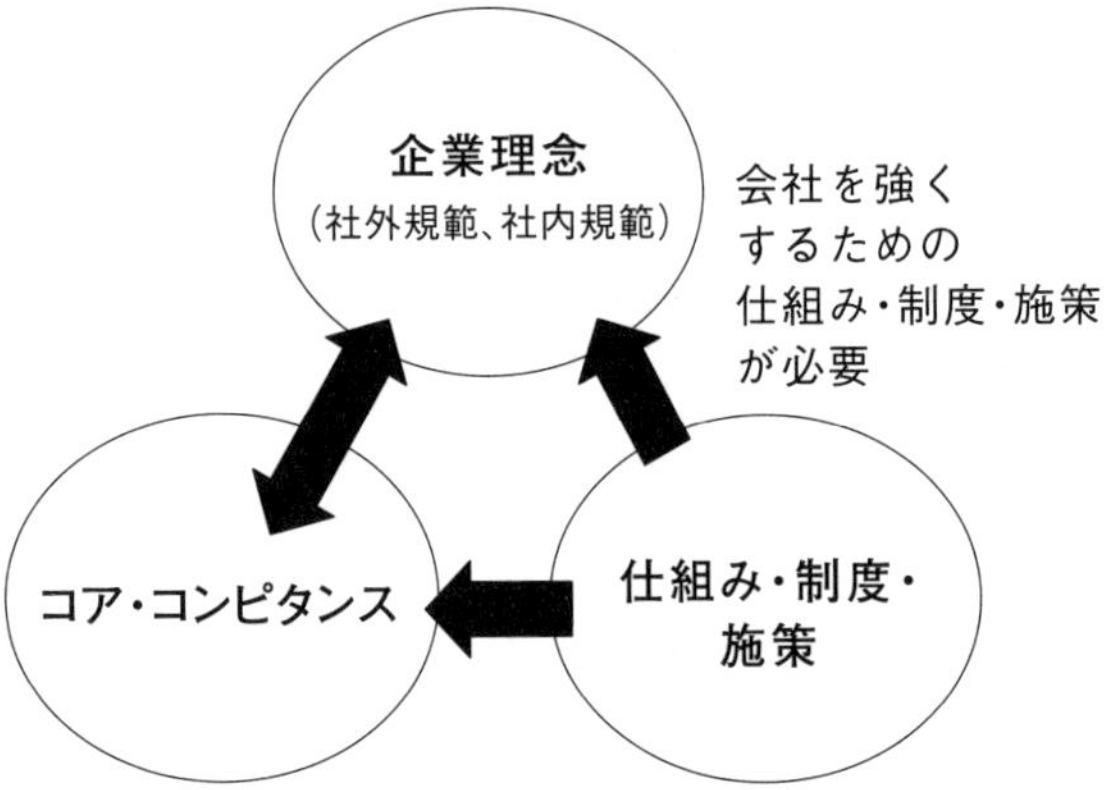

自社の中核的な強みであり、自社が競合他社と戦って勝つためのポイントとなる「コア・コンピタンス」は、高機能の商品を生み出せる技術力かもしれない。どこよりも安く提供できる生産力や調達力かもしれない。また、新商品や新サービスを開発できる企画力や、商品・サービスを高速で進化させられる対応力かもしれない。そして、それは世の中の変化、顧客ニーズの変化、競合との関係などによって常に変えていかなければならない。

「企業理念」を実現するのはまさに、人。「コア・コンピタンス」を考え、進化させるのも結局は、人。だからこそ、この2つを強化するための組織戦略の「仕組み」「制度」、それにともなう「施策」が必要なのであり、その良し悪しが企業力の差になっていく。

いくら優れた「企業理念」を持っていても、

「コア・コンピタンス」を確立し、発揮して利益を生み出し続けなければ、「企業理念」は実現しない。だからこそ、「企業理念」「コア・コンピタンス」「仕組み・制度・施策」の三位一体の概念が重要なのだ。

他社の成功事例の「仕組み・制度・施策」を取り入れた時点で、組織を改革、改善したつもりになっている経営者や管理職は多い。もちろん、改革や改善するために他社の成功事例に目を向けるのは大事なことである。だが、そのまま取り入れるだけではダメなのだ。自社の「企業理念」や「コア・コンピタンス」に合ったものでなければ、本当の意味での「強い会社」にはなれない。

たとえば、「製造小売業」の確立をめざしている頃のファーストリテイリングの経営トップの考えを（意訳もあるが）表現するとこうだ。

「日本には、高くて良い服と安くて悪い服しかない。安くて良い服があってもいいではないか。個性は服にあるのではなく、着ている人にあるはずだ。それを個人が選べるように、安くて完成度の高い服を提供する。そういう世の中をつくろうではないか」

この想いを実現するために言葉にしたものが、「いつでも、どこでも、だれでも着られる、ファッション性のある高品質なベーシックカジュアルを市場最低価格で継続的に提供する」という「企業理念」である。

しかし、それを実現する「コア・コンピタンス」を持たない限り、絵に描いた餅に終わる。そこで、「コア・コンピタンス」をつくり出すために「製造小売業」という「ビジネスモデル」に変更するところからはじめ、さらに、社員がそれに向かって自ら行動するような「仕組み・制度・施策」をつくっていったのだ。


社員を矯正し、強制すると、その瞬間だけはいうことを聞くかもしれない。だが、経営者や上司がいわなくなればやらなくなる。その場その場のいわば「対症療法」のようなものだ。「強い会社」には、いわば「対症療法」とは対極的な「原因療法」ともいえるような仕組みがある。社員が自ら「企業理念」を実現し、「コア・コンピタンス」を強くするための能動的な行動を自然発生的に生み出すような「仕組み・制度・施策」があるのだ。そして、このような実行すべき「仕組み・制度・施策」は、会社によって異なる。

いわば、会社という生き物に、神経を通し、血液を通わせ、1つひとつの細胞が自ら動くようにしていくものこそが、「仕組み・制度・施策」である。「仕組み・制度・施策」は自社がめざす「企業理念」や、「コア・コンピタンス」を考えたうえで、目に見えない魂のような「企業文化」をふくめて設計していくのだ。

「企業理念」を実現させることで、会社は強くなる

その会社が何をめざしているのか、それを明確化した「企業理念」はとても重要だ。「社是」や「社訓」「ミッション」「ビジョン」「バリュー」「クレド」という言葉で表している企業もある。「企業理念」は、「コア・コンピタンス」の上位概念である（「コア・コンピタンス」は「仕組み・制度・施策」の上位概念となる）。

前述したように私が入社した頃のファーストリテイリングには、次のような「企業理念」があった。

いつでも、どこでも、だれでも着られる、ファッション性のある高品質なベーシックカジュアルを市場最低価格で継続的に提供する

普通に聞くと、それほど驚くようなことはいっていないと思うかもしれないが、一般的なアパレル業界の状況を考えると驚くべきことが述べられている。

一般的には、性別や年齢でターゲットを絞ったり、フォーマルとカジュアルなど、「時(time)」「場所(place)」「場合(occasion)」、つまり「TPO」で分けたりするのが通常だ。それを「いつでも、どこでも、だれでも着られる」という概念で提供しようとしたわけである。

そこで、「ファッション性とベーシックのバランスをどうとるのか?」「高品質で、市場最低価格というのをどうやって実現するのか?」ということを徹底的に考えた。高品質で市場最低価格の実現は、一度や二度であればできる。赤字覚悟で値引きすればいいからだ。だが、これを継続するのは難しい。その「企業理念」を実現しつつ利益を確保しながら販売するには、継続可能なビジネスの仕組みが必要になる。

そこで、ファーストリテイリングは、「製造小売業」という「ビジネスモデル」へと進化させたわけだ。リスクを取りながらも、高品質なカジュアルウェアを安く提供する。そのビジネスの仕組みを構築することで、はじめて「企業理念」が実現する。そのプロセスが会社を強くするのだ。

「企業理念」によって、人は自ら動く

ここで「企業理念」を明示することの価値について、掘り下げていきたい。

「企業理念」は、同じ業種でも会社によって異なる。その会社が「どんな会社をめざすのか」「どんな会社になりたいか」を明言したものであるからだ。

これらは大きく「ミッション」と「ビジョン」に分かれ、私なりの考えでは次のようになる。

・ミッション　理想やあるべき世の中のために、自分たちは何をするべきか
・ビジョン　ミッションが実現したときの、あるべき世の中の姿、そのときの自社の姿

「ミッション」と「ビジョン」は一対である。自分たちのなすべきことが実現したときの状態が「ビジョン」ということになる。理想の社会である「ビジョン」のために、自分たちが行うべきことが「ミッション」でもある。

「ミッション」や「ビジョン」をなし遂げた暁には、こういう理想の世の中になっている。それは価値あることだから、何としても実現したい。そう思うことが人を当事者にさせ、やる気にさせる。

「企業理念」や「ミッション」「ビジョン」を考えるとき、私の心を震わせたフレーズがいくつかある。

やってみなはれ

これはサントリーのものである。サントリーは1973年、時代の変化に対応すべく社是を改定したが、この言葉は、サントリー創業の志として今でもホームページで次のように紹介されている

「創業者・鳥井信治郎の口癖でした。やってみよう。やってみなければわからない。『新しい価値創造』を企業理念とするサントリーを表す言葉は、創業当初から今でも全社員の心のなかに生き続けています」

このシンプルだが、挑戦する人の背中を押してくれる「企業文化」を端的に表す言葉に、私は学生の頃から心を惹かれた。今でもこの言葉は魅力的だ。

自ら機会を創り出し、機会によって自らを変えよ

これはリクルートの社訓であった。自主性、積極性を重んじる人を熱くさせるメッセージだ。私は、この理念に惹かれて入社したといっても過言ではない。そして、この言葉が困難に出合ったときに私を勇気づけ、何度も背中を押してくれた。リクルートを離れた今でも、この言葉は私の行動指針となっている。

人が自ら動き出すような会社になるためにも、「企業理念」や「ミッション」「ビジョン」が、本当に浸透すれば、それだけで働く人を熱くさせる力がある。だからこそ、明確にし、明示すべきなのだ。

世の中に提供する価値を表す「社外規範」

私は、「組織変革」に関連した講演で参加者によく次のような質問をする。

「人が会社で本気になって働くためには何が必要ですか？　どんな状態が必要ですか？」

さまざまな回答が出てくるが、私はその答えを「企業理念」にもとづく「ミッション」や「ビジョン」を念頭に置いた2つの視点で説明している。

「会社が世の中に提供している価値に共感できるかどうか」
「会社の社風や求められる働き方に共感できるかどうか」

前者は「外（世の中）に対する価値」である。その会社が、世の中に対してどのような価値を提供して存続しようとしているのか、社会からどのような支持や感謝を集めて発展していこうと考えているのか、世の中への価値提供の在り方についての考え方を指す。私はこれを、「社外規範」と名づけた。

後者は、「内（社内）で大事にしている行動や考え方」で「社内規範」と名づけた。その会社では、どんな考え方が良いとされるのか。どのような行動が評価されるのかということである。

「社外規範」と「社内規範」、この2つに共感できないと、人は本気では働けないのだ。

まず、「社外規範」への共感についてだが、ひと言でいうと、自分が携わるビジネスが世の中のためになっていると感じられなければ、モチベーションは上がらない。

わかりやすい一例として、仮にタバコの煙が嫌いな人がいたとしよう。副流煙で受動喫煙者を増やし、どれだけ社会に迷惑をかけているのだと。その人は、タバコの製造や販売をする会社で本気で働けるだろうか。社会のためになっていると思えない仕事に「働く意義」を見出せるだろうか（逆にタバコ好きにとっては、魅力的な職場になるだろうが）。

これは極端な例かもしれないが、「働く意義」はその会社の事業と大きく関わる。その事業にどのような社会的価値があるか。自分がその事業を本当に好きで納得できているかどうか。これは、本気で働くためのポイントの1つである。

大学を卒業してリクルートに私が入社しようと思ったのも、その「社外規範」への共感からだった。

当時のリクルートは、社会に対して「情報の非対称性の解消」という価値を提供するために注力し続けていた。「情報の非対称性」とは、商品やサービスを提供する側（売る側）だけが知っていて、商品やサービスを提供される側（買う側）が知らない情報があることを指す。通常は、提供する側のほうが有利な状況に置かれる。

私が学生時代にリクルートに興味を持ったのは、その「情報の非対称性の解消」という「ビジネスモデル」にオリジナリティを感じたからだ。現在のインターネット社会では珍しくないが、当時のリクルートは「情報の非対称性の解消」に挑戦する数少ない企業だった。

当時のリクルートは、就職、アルバイト、教育、住宅、中古車、旅行関連の情報が主力事業だった。たとえば、かつての人材募集の広告には、待遇面など「委細面談」と書かれているのが普通だった。面接に行ってみなければ、実際の労働条件がわからないのだ。中古車販売では、かつては車の走行距離のメーターを巻き戻してごまかして売る業者も横行していたと聞く。住宅販売も、かつては駅から普通に歩くと15分かかる物件でも、駅から8分と書かれることもあったと聞く。

売り手が情報を握っており、情報を知らない買い手は立場が弱い。それが社会的に通用していた時代に、商品やサービスを買う側が、正当に、かつ適切に判断できるための情報を正確に伝えようとしていたのがリクルートだった。そのためには、「出したくない情報」を企業側から引き出すための努力をしなければならない。統一したフォーマットに「読者が必要とする情報」を記入してもらうための交渉は大変だったはずだ。私は、この「ビジネスモデル」に賛同した。

ファーストリテイリングで私もふくめた多くの社員が本気になったのは、経営トップが掲げる「日本には、高くて良い服と安くて悪い服しかない。安くて良い服があってもいいではないか」「個性は服にあるのではなく、着ている人にあるはずだ」という社会に提供する価値観(=社外規範)に共鳴したからだ。

いつでも、どこでも、だれでも着られる、ファッション性のある高品質なベーシックカジュアルを市場最低価格で継続的に提供する

その「社外規範」を実現する仕組みをつくるために社員は働くのだ。

企業の考えを明確化し、表明し、理解させるのは重要である。とくに「社外規範」は企業の成長や進化と密接に関わる。

たとえば、「メガネのＪＩＮＳ」として有名なＪＩＮＳの初期段階の「ミッション」「ビジョン」はこうだ。

メガネをかけるすべての人に、よく見える×よく魅せるメガネを、市場最低・最適価格で、新機能・新デザインを継続的に提供する

ファーストリテイリングの「社外規範」に似ていないだろうか。それには理由がある。ＪＩＮＳの経営がうまくいっていないときに、田中仁社長がファーストリテイリングの経営者のもとに教えを請いに行ったというのは有名な話である。

「あなたは何のために事業をしていますか。あなたのビジョン、志は何ですか」

ファーストリテイリングの経営者にこう詰められ、ＪＩＮＳの田中社長は「社外規範」が明確になっていないことに気づく。戻って幹部たちを集め議論し、最後に行き着いたのが先述した「社外規範」だった。自分たちの事業価値は何かを再定義して、この「社外規範」を決めてからＪＩＮＳの躍進がはじまった。それほど「社外規範」は重要なのだ。

ＪＩＮＳでは、屈折率の高い薄型のレンズも、追加のオプション料なしで提供されている。

近視の度合いの強い人は、通常の厚さのレンズでは見えるようにならず、かなり厚めのレンズにしなければならない。厚いのが嫌で、薄型の高屈折レンズにしようとすると、それまでのメガネ屋さんではオプションとなってしまい、追加料金を払わなければならなかった。

しかし、JINSは「よく見える×よく魅せるメガネを、市場最低・最適価格で」という「社外規範」に則り、追加料金なしで高屈折のレンズをつける企業努力をした。JINSはそれを実現するため、レンズメーカーとさまざまな交渉を行ったり、場合によってはメーカーを絞り込んで大量に購入することでコストを下げたりするなどの工夫をしたのだ。

JINSのケースは、自分たちが世の中に対してどんな価値を生み出すのか、そのためにやるべきことは何かを明確化した。その仕組みをつくり出すのは、決して簡単なことではなかったはずだ。しかし、それを成し得たところから躍進がはじまったのは、「社外規範」の重要性を示す証左になる。

「自分たちは何をやるべきか」

これを「ミッション」「ビジョン」「理念」「社是」と呼んでも構わない。大事なのは、それを明確に言葉にすることである。会社全体で、共有すること。そして、それを真剣に実現しようとすることだ。

その会社ならではの理想とする行動を伝える「社内規範」

「（外に向けた）社外規範」に対して、「（中に向けた）社内で大事にしている行動や考え方」が「社内規範」だ。

「社内規範」は、理想とされる行動や考え方、つまり行動指針である。社風や求められる働き方は、同じ業界でも異なる。組織には独自の価値観、判断基準、行動基準があるように、「社内規範」は会社によって異なる。だからこそ、自分が所属する組織の行動指針を好きになれなければ、毎日職場に行くことがつらいはずだ。

ソフトウェアのシステムを提供する企業のA社とB社がある。たとえば、トラブルがあったときに、顧客のもとへ急ぎ飛んで行くのがA社で、一方のB社は解決策に集中する。実際にリクルート時代に、この両社とも接点があったので、私はそれぞれの「企業文化」の違いをよく知っている。これは良し悪しではない。「社内規範」の違いから起こるのだ。

A社はとにかく顧客対応のスピードを優先し、顧客に寄り添うことが推奨される。さすがに駆けつけてすぐに必ずしもトラブルを解決できるわけではないが、顧客のところに行き緊急の対処法などをともに考えることで、顧客にとっては精神的な支えとなる。そのほうが顧客との信頼関係が強くなると考えているのだ。

一方、B社は速く顧客のもとへ行くことよりも、状況や現象から原因を特定し解決する行動をとることが推奨される。顧客のもとに行くときは、専門のスタッフも引き連れて訪問し、トラブルを一気に解決する。そのほうが顧客の信頼を得られると考える。それがB社の「社内規範」だ。

このように同じ業種でも、やり方はまったく異なる。

また、同じ職種でも、求められるものが会社によって異なることに関して、2003年から「SAPS経営」を導入したユニ・チャームの営業職の事例が興味深い。「SAPS経営」とは、「Schedule（「思考」と「行動」のスケジュールを立てる）」「Action（計画通りに実行する）」「Performance（効果を測定し、反省点・改善点を抽出する）」「Schedule（今週の反省を活かして次週の計画を立てる）」の頭文字を取ったものだ。

ユニ・チャームは、最短の時間で最大の成果を実現するためには、組織の最優先課題を定め、そこに全社員の時間と行動を集中させることが大切だと考えている。また、異なる経験や知恵を持つ人が集まって知恵を出し合えば、1人の知恵の何倍もの力を発揮できるとも。

具体的には、計画を達成するための「行動計画を立て、実行し、結果を分析し、反省点を踏まえて次週の行動計画を作成する」というサイクルを「週単位」で回している。毎週行われる週次会議において各人の先週の反省点と今週の計画、日次スケジュールが公開され、その行動に上司や同僚がアドバイスしてゆく。

売上などの数値管理の代わりに、「行動目標」によるマネジメントが行われているのだ。たとえば、「1週間に○件のお客様を訪問する。具体的に各曜日にどこへ行くか、そして、それぞれで何をするのか」という「行動目標」を立てるのだ。結果というのは、いくら強制したからといって必ず出るものではないが、行動は本人の能力やスキルに関係なく、意志さえあれば誰でもできる。だから、「行動目標」を愚直に続ければ個人の能力も上がり、結果として、組織のトータルの能力も高まると考えているわけだ。また、自らが定めた「行動目標」を完遂することで、誰もが達成感を味わうことができる。

つまり、契約を取って売上をあげたことを褒めるのではなく、契約を取るための行動をきちんと行うことを褒める仕組みになっているのだ。成果や結果と違って、努力や取り組む姿勢は自分の考え方ひとつで実践できる。つまり、自分でコントロールできるのだ。それを褒め続けると、人はたとえ難易度の高い仕事にも意欲的に取り組むように変わっていく。

一般的な営業職の場合、「結果としての数字」を評価の対象にしている会社が圧倒的に多いのではないだろうか。ユニ・チャームは、結果ではなく「行動目標」を達成できたかどうかというプロセスだけを評価する。ここも、良し悪しをいいたいのではない。会社によって、社員に求めるもの、つまり「社内規範」が大きく違うことを伝えたいのだ。

「社内規範」について、次に私がファーストリテイリングに在籍したときに考えた人事思想を一例として掘り下げていきたい。

自立・自律した個人がコラボレーションしながら、高い付加価値を創造し、その結果、高い処遇を実現する企業。成長しようと努力する人を応援する企業

「社内規範」の1点目「自立・自律した個人がコラボレーションしながら、高い付加価値を創造し、その結果、高い処遇を実現する企業」は、「製造小売業」という「ビジネスモデル」の強化であり、その結果、高い処遇を実現しようとする意志だ。

ファーストリテイリングがめざす「製造小売業」を実現させるための最大のポイントは、各部署が連携を取り合って一体となって動く組織をつくれるかどうかということである。しかも速く動く組織だ。

まずは個人が自立し自律していること。個人が誰かに依存しているようでは、コラボレーションの価値も生まれない。自部署がやるべきこと、その中の自分がやるべきことをきちんと特定し、高い志を持って1人ひとりがそれをやり抜かなければ、「ビジネスモデル」自体が成立しないし、高い付加価値を出すことができないのだ。チームとして一体になれること。チームの中で各個人が価値を出せること。それが、ファーストリテイリングの「ビジネスモデル」を強くする前提なのだ。

当時の組織は、必要以上に階層をつくらず、意思決定や伝達を迅速にできる仕組みで、それほど複雑にはしていなかった。縦に長い階層のある組織より経営や他部署との近さを感じることができるので、当事者として仕事をしていると、より会社が変わっていく、変化していくという実感が持ちやすかったはずだ。

「即断、即決、即実行」も、非常に重要なポイントとなる。意思決定のスピードは競合と戦ううえで重要だからだ。

たとえば、一定の年齢をすぎると人の体型は変わりはじめる。女性の場合、それまでは履けていたパンツが入りにくくなってきたりする。「細身のシルエットの商品が多いので、試着室で履けなかった。それ以来、試着もしなくなった」という顧客の生の声が入ったとする。こうした問題が表面化したとき、関係各部門の責任者が一堂に会して話し合えば、いつまでに商品構成をどう変えるのか、個別の商品の何をいつまでに変えるのかが一気に決まる。何ごとも

「即断、即決、即実行」なのだ。

このように、「製造小売業」としての「ビジネスモデル」を強くするためには、「主体的な個人が、全社を巻き込み、常に当事者として仕事をする」という「企業文化」をつくる必要があったのだ。

次は、経営トップの当時の言葉である。

「小売業に優秀な人が来てくれないのは、普通の人が休めるときに休めないこと、給料が安いことだ」

小売業、サービス業は休みを変えることはできない。人が休んでいるときにやるからこそ、ビジネスとして成立するからだ。しかし、待遇は変えられる。総合商社や金融やマスコミのような業界にすぐに並び追い越すことは難しいかもしれないが、それらの業界に行くような人が採れるぐらいの大手に負けない待遇を実現したいと考えていた。どこよりも高い待遇を実現し、この業界を変えたいと考えた。そのためにすべきことが「社内規範」となり、人事制度の根幹の思想となった。

「社内規範」の2点目「成長しようと努力する人を応援する企業」は、どんな人に会社にいてほしいかということを伝えるための言葉だ。

そもそもの背景は、「人と企業の価値の交換」ができる社会を実現したいという想いにあった。「人と企業の価値の交換」とは、私が大事にしている価値観である。この想いに至ったのは１９９０年代、バブル経済が崩壊し、山一證券や北海道拓殖銀行などが廃業や破綻をした時期である。

この頃、日本の大手企業にあった終身雇用という神話が崩れはじめた。当時の会社員は、会社に「雇ってもらう」という意識の人が多かった。社員である個人を育成し成長させる責任は、すべて会社にあると考えていた人もかなりの比率いたはずだ。実際に、新卒採用の面接では「私をどう育ててくれますか」と真顔で聞いてくる人が多かった。自分が仕事ができるようになる責任はすべて会社にあるわけだ。転勤や人事異動だといわれればそれに従う代わりに、定年まで会社が面倒を見てくれると考えていた人たちも多かった。一方、たとえば金融機関の投資銀行部門の一部の職種の人など、「働いてやる」という意識の人もいた。

私は、「雇ってもらう」も「働いてやる」も、どちらも違うと感じていた。企業と社員は、「価値の交換」なのである。これは、企業と社員の関係を、舞台と俳優の関係にたとえるとわかりやすいだろう。舞台に一流の役者に立ってもらおうと思えば、その舞台に立つことで名声を得られるぐらいの新しい取り組みを常に行い、舞台の価値を高め続ける必要がある。企業でいえば、仕事のやりがいや、仕事の社会的価値、給与をふくめた待遇を高め続ける努力をしないといけないのだ。個人も、いい舞台に立とうと思えば、常に練習し自分の技術を磨き続けなければならない。そうしないと、いい舞台からの声はかからないだろう。仕事でいうと、自分自身を自ら成長させ、自分ができることやそのレベルを高め続けるということだ。

この「人と企業の価値の交換」という心地良い緊張関係のなかで、企業もより魅力ある会社になるために努力する。個人も自分の価値を上げるために努力する。そんな価値の総和が増える社会をつくりたいのだ。緊張が増しすぎるのは好ましくないが、依存関係では企業も、個人も発展はない。

だからこそ、「社内規範」の2点目「成長しようと努力する人」になってもらいたかったのだ。会社に依存し、会社にしがみつくのではなく、価値を出し、その価値によってきちんとした待遇を手に入れられる存在として。

ただし、成長しようと努力しても個人差はある。急激に成長するタイプ、少しずつ成長するタイプ、最初は遅いがコツをつかむと一気に成長するタイプ、いろいろな人がいる。だが、いずれにせよ、成長しようと努力する人であれば、どんな人でも会社にとっては大事な存在であるということのメッセージだ。急激に成長して高い付加価値を出した人には、それに見合うだけの待遇で報いる。少しずつ成長しながら徐々に付加価値を高めていく人には、それに合わせて待遇を変えてゆく。

給与や役職、任せる仕事などは、交換する価値に応じたものになるが、前提としてあるのは「成長しようと努力する人」には居場所のある会社ということだ。一方で会社に依存しようとしたり、自分を育てる責任が会社にあると思っている人には、会社という船に乗り続けてもらうわけにはいかない。

研修などの教育の機会をどんなに用意しても、成長の責任が会社にあると思っている人は成長しない。会社が用意した研修も義務で受け、本気で内容を自分のものにしようとはしないからだ。しかし、成長の責任が自分にあると思っている人は、研修に出ても心構えが違う。同じ時間の研修でも得るものは天と地ほど違う。そういう心構えの人にこそ、教育の機会を提供したいのだ。

このような価値観が、社内で求められる考え方や行動となり、「社内規範」となってゆく。そのベースとなる人事思想は、「企業理念」を実現し、「コア・コンピタンス」を強くし、求める人物像がやりがいを感じるように、考え抜くのだ。

企業の「経営理念」には、「社外規範」か「社内規範」のどちらかだけのケースも多い。「やってみなはれ」（サントリー）、「自ら機会を創り出し、機会によって自らを変えよ」（リクルート）などは、「社内規範」の例である。

「情報革命で人々を幸せに」（ソフトバンク）、「服を変え、常識を変え、世界を変えていく」

（ファーストリテイリング）などは、「社外規範」の例だ。

「企業理念」という最上位の概念に「社外規範」「社内規範」のどちらかだけが表記されていても構わない。だが、その下位概念である「社訓」や「バリュー」「クレド」など、さまざまな価値観を伝える言葉の中に「社内規範」と「社外規範」の両方がふくまれていること。「社内規範」と「社外規範」は、きちんと共有できるように両方が明確にされていることが大事なのだ。そして、会社には、その価値や、設定した理由や背景を社員に理解してもらうために努力し続けることが求められる。

「社外規範」「社内規範」は会社の成長とともに進化する

「社外規範」の言葉は、不変である必要はない。会社が大事にする価値観は普遍だが、会社の成長や発展とともに「社外規範」の言葉は進化する場合もある。

前述したように、ファーストリテイリングの場合は、私が在籍した当時はユニクロがメイン事業であったこともあり、「いつでも、どこでも、だれでも着られる、ファッション性のある高品質なベーシックカジュアルを市場最低価格で継続的に提供する」という言葉を用いていた。

世界に出ていくタイミングでは、「ユニクロは、あらゆる人が良いカジュアルを着られるようにする新しい日本の企業です」となった。

ユニクロ事業以外の柱も増え、世界進出を果たした現在は、ステートメントとして「服を変え、常識を変え、世界を変えていく」、ミッションとして「本当に良い服、今までにない新しい価値を持つ服を創造し、世界中のあらゆる人々に、良い服を着る喜び、幸せ、満足を提供します」と進化している。

ソフトバンクの場合、私が在籍していた当時は「デジタル情報革命を通じて、人々が知恵と知識を共有することを推進し、企業価値の最大化を実現するとともに人類と社会に貢献する」という言葉を用いていた。

その進化版がソフトバンクグループのホームページの企業情報で紹介されている。経営理念を最上位概念とし、シンプルに「情報革命で人々を幸せに」という言葉だけを掲げている。その下位概念に「ビジョン」を置き、「世界の人々から最も必要とされる企業グループ」と設定している。これは、時代に必要とされる最先端のテクノロジーと、もっとも優れたビジネスモデルを用いて、情報革命を推進していくことで、世界の中でもっとも必要とされる企業になるという宣言だ。

参考までにソフトバンクは、「社内規範」をバリューとして置き、「努力って、楽しい。」という言葉を置いている。行動指針の中でも、とくに大切にしたい価値観が、「NO・1」「挑戦」「逆算」「スピード」「執念」だと説明している。この言葉は、ソフトバンクの「企業文化」を言いあてている。

ソフトバンクのブランド戦略室長だったときに、私は現在の「CI（コーポレート・アイデンティティ)」の作成作業を進行した。

この作業は、「ソフトバンク」という名前を捨ててもいい、当然ロゴも捨てていい、何が本当に適切かを考えるところからはじまった。

なぜ、「ソフトバンク」の社名が最終的に残ったのか。それは「情報が自由に飛びかうインフラができると、それを基盤にしてさまざまな新しいサービス、今までなかったサービスが生まれ、これまでになかったような楽しさ、これまでになかった便利さが次々に生まれる。そんな世の中にしたい」という強い想いからだ。

実現したかったのは、これまでになかったような楽しさ、これまでになかった便利さが次々に生まれるような、さまざまなコンテンツが集まる場所や仕組みの創出である。コンテンツとは、つまりソフト。創業時に考えた「ソフトが集まる場所」としての「ソフトバンク」という社名とあらためて重なってくる。それゆえに、これからも「ソフトバンク」の名前で走り続けることになった。この新しいCI導入の一連のプロセスは、自分たちがどういう世の中をつくりたいかという「社外規範」を明確にしてゆく作業にほかならなかった。

P・F・ドラッカー氏の「経営者に贈る5つの質問」は、「社外規範」を進化させるために、とても役に立つ。

・質問1「われわれのミッションは何か？」
・質問2「われわれの顧客は誰か？」
・質問3「顧客にとっての価値は何か？」
・質問4「われわれにとっての成果は何か？」
・質問5「われわれの計画は何か？」

この5つの質問は、経営を考えるうえでの至極の問いである。

われわれは、何のために存在し何を成し遂げたいのか、どんな人を対象にするのか、その人たちにとっての本当の価値とはいったい何なのかを考え続けることこそが大切なのだ。それに気づけば、自分たちにとっての成果とは何かも、それを実現するための計画も、簡単なことではないかもしれないが見えてくる。

マーケティング学者のT・レビット博士の『マーケティング発想法』で紹介されて有名になった「ドリルを買いに来た人が欲しいのは、ドリルではなく穴である」という言葉も核心をついている。

研修などでこの例を紹介するとき、まるでこの続きのように、私のオリジナルの話を追加している。「では、『電動ドリルが欲しい』と買いに来た人は、何が欲しいのでしょうか」と聞くのだ。「電動」を強調する人は、何を求めているのか。それは、作業を楽にしたいか、時間が欲しいかだ。つまり、短時間で楽に穴を開けたいのである。

もちろん、顧客が求めるものを的確に把握し、それを経営に活かすのは簡単ではない。だからこそ、不断なく考え続けることが求められる。

「社外規範」は毎年毎年、自分たちの「ミッション」や「顧客が求めている本当の価値とは何か」を、(顧客であってもおかしくないのに、顧客になっていない人たちは、なぜ利用していないのかを)考え続けることで、少しずつ進化してゆく。そのビジネス自体の進化が、「社外規範」を進化させる。

このように、「社外規範」はその会社の成長ステージによっても変化する。そして「社外規範」だけでなく、「社内規範」にも同様のことがいえる。ともに進化するのだ。

「社外規範」「社内規範」への共感なくして、人は本気で働かない

あらためて結論は、「社外規範」「社内規範」への共感・共鳴なくして、本気では働けないということだ。

ソフトバンクの強さは、社員に「自分も世の中を変える一翼を担っている」と思わせるところにある。経営トップの「志」に共感している社員がほとんどだ。1人ひとりの社員がトップと一緒に世の中を変えている感覚を持っている。そうでなければ、社員は自ら動かない。

ファーストリテイリングにおいても、経営トップが描く未来の姿に社員の心が躍り、それを一緒に実現したいと思わせる強さがある。

たとえば毎年正月に、経営トップからメールが届く。そこには、近未来の世の中の様子が書かれてある。ユニクロがさらに信頼されるブランドになり、大きな店舗を構え、新しい商品を

出し、多くのお客様がお越しになり、そこで働く自分たちの姿がリアルに描かれている。まさに、「ビジョン」をリアルな描写で表現したメールだ。読み終えて目を閉じると、映像が浮かんでくるぐらいのリアリティがある。そして読み終えると、胸が熱くなり、自分たちで実現したいと思う。

経営トップは、このメールを秋ぐらいから書きはじめる。書いては修正し、完成度を高めていく。それぐらい気合いの入ったメールなのだ。

それは、「社外規範」「社内規範」を社員と共有することの重要性や価値を理解しているからこそできることだ。

「社外規範」と「社内規範」は、人が本気で働くための前提になる。本気で働くとは、仕事をするうえで困難に直面しても、それを跳ねのけ、自分に課せられた使命をやり抜こうと思える状態のことだ。「社外規範」と「社内規範」に共鳴できなければ、本気になどなれない。

そして、「社外規範」も「社内規範」も進化していく。1つの山に登ると、次の高い山が見えるように。そこへ一緒に向かう社員の胸が熱くなるような「社外規範」「社内規範」を意識した「企業理念」であるべきだ。

会社の成長ステージによって、最適な「仕組み・制度・施策」は異なる

「企業理念」や「コア・コンピタンス」と同様に、自社に最適な「仕組み・制度・施策」は会社の置かれた成長ステージによっても異なる。いわば、「時間軸」の視点でも考える必要があるということだ。成長ステージごとに変わる「強み」に焦点を合わせ、そのときどきで、その「強み」が最大化されるような「仕組み・制度・施策」を考え続けていく。

たとえば、成長ステージの初期段階である「成長期」から管理面を強くしすぎると、社員の挑戦心あふれる行動にブレーキをかけてしまう。会社で、新規事業を立ち上げてもうまくいかない原因の1つは、新規事業に対しても既存の事業と同じルールをあてはめ、既存の事業と同じように多くの管理系の部署が関わり、その調整にパワーと時間を取られてしまうことだ。それによって、斬新なアイデアと活力が削がれるようであれば、本末転倒になってしまう。そのため、事業の成長ステージによって、選択すべき組織戦略の「仕組み・制度・施策」は異なる

ことを理解しておく必要がある。

順番に説明すると、初期の「創業期」では、ものごとを「ゼロ」から「イチ」にする思考と行動が求められる。

「こんなことをしたら面白い」
「これはビジネスになる」

そう考えて行動できる人材が、起業家や創業社長として成功する。方向性が間違っていなければ、事業はさらなる成長軌道へ向かう。ところが、規模を拡大するために必要なパワーを持った人材が一定数以上いなければ、拡大しきれずに事業は衰退へ向かう。

この「創業期」から「成長期」で求められる人材は、いわゆる「野武士」のようなタイプだ。彼らは無軌道で、ときに身勝手だが、「ミッション」の達成に命を懸ける。やることは「ハチャメチャ」でも、「そんな大企業に飛び込み営業に行ったの?」「そんなお堅い企業とすでに交渉してきたの?」と驚かれるようなことを思いつき、実際にやってのける。

そのため、このステージでは、多少ハチャメチャでも成果をあげる人材を評価しなければ、事業は伸びない。戦略を素早く実行に移す力のある人材だ。既存の安定した事業の視点から見ると、危なっかしくて見ていられないようなタイプかもしれない。しかし、事業としての理想を達成しようと、無軌道ながらパワーを発揮している人材を切り捨ててしまったために、事業として成功しないようなことになってはもったいない。

この段階では、多少のハチャメチャを許容し、とはいえコンプライアンスの遵守をふくめた最低限のルールは守らせる、という突進型タイプの人材の力量を最大限に活かせる「仕組み・制度・施策」を考える必要がある。

初期段階は突進型でパワーのある人材が強みになって成長を加速させるが、事業が成長して一定の規模になる「拡大期」には、ある時点から高度な戦略的視点や管理的視点を持った人材が力を発揮しはじめる。とにかく行動して単独で突破するより、行動する前にロジックを重視し仮説を立て、全体を効率的に動かし、リスク管理を行いながら間違わない方向に導くタイプである。

必要なのは、事業が効率的で効果的な運営になるような方法を考えられる人材と、その枠組みの中で役割をきちんと果たせる人たちだ。初期段階ではパワーがある人材の1人ひとりの能力に頼っていたが、ここからはチーム力や組織力が重要になる。つまり、事業のフレームを構築できなければならない。極端にいうと、特定の能力がそこまで高くない人たちでも、きちんと役割を果たせば成果につながるような「ビジネスモデル」や「事業の運営方法」を編み出す

成長ステージに合わせて活躍する人が変わる

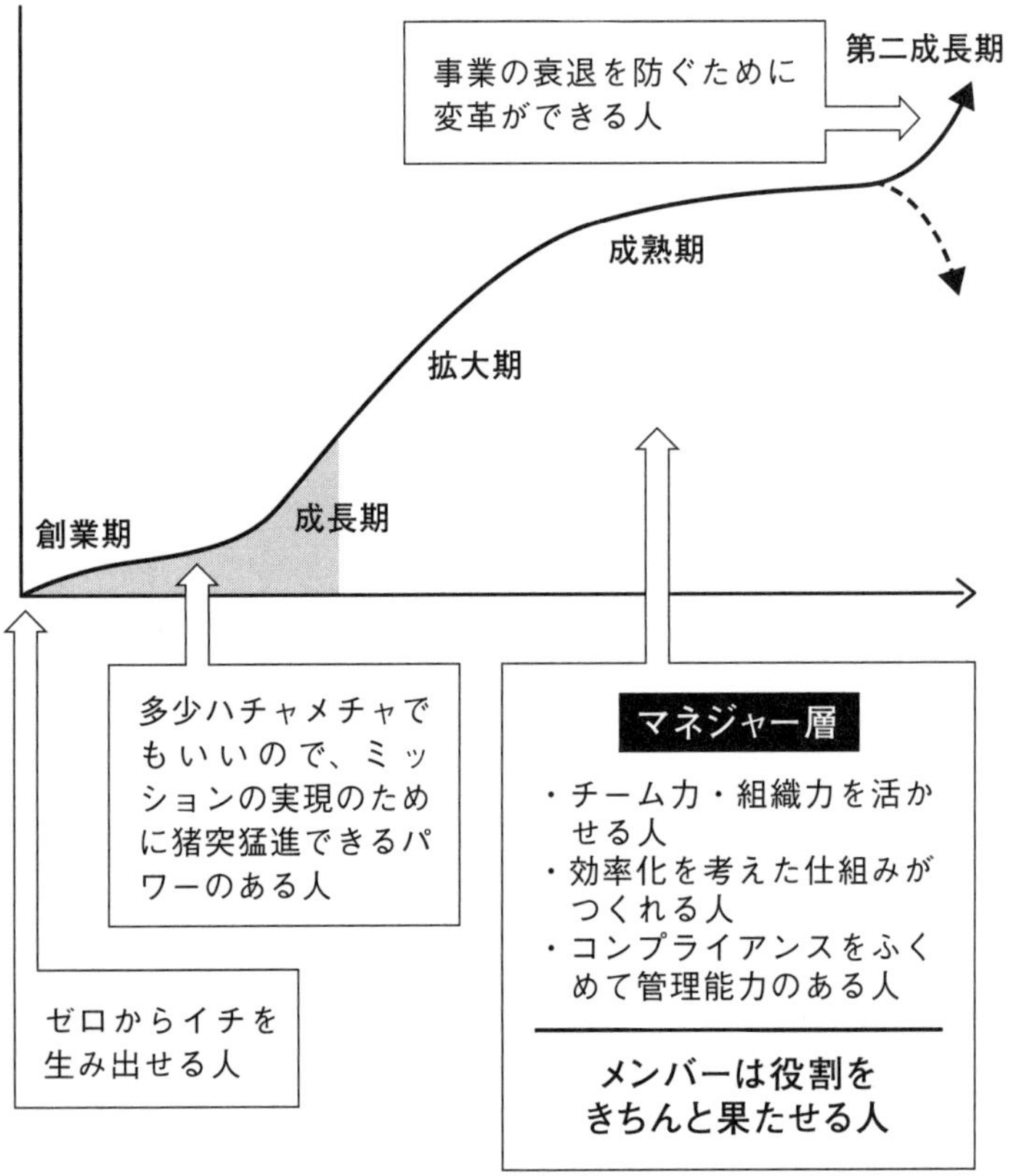

ことが求められるのだ。

やがて事業が「成熟期」に到達すると、無意識のうちに現状を維持しようとする圧力が生まれる。現状維持という名の衰退モードである。会社に残った教科書的な戦略的視点や管理的視点を持った人材だけでは、ビジネスもやがて衰退してしまう。たとえ、そのときは市場占有率が高く高収益だったとしても、顧客ニーズの変化に的確に手を打たなければ、代替するような新しい商品・サービスを展開する競合企業に破れ、会社がダメになってしまう。

そこで再び企業のステージのベクトルを上向きにするには、「企業文化」を変える「チェンジマネジメント」を起こさなければならない。幹部の発想を変える仕掛けを打ったり、「評価指標」を大胆に変更して社員の意識を変えたり、もう一度新しい事業を生み出せる組織に変えるための策が必要になる。

多くの経営者が、このポイントで悩む。ときとして、「第二成長期」への変革は、最初の事業を立ち上げるステージ以上に骨が折れることもあり、その方法を見出せないからだ。このとき必要なのは、組織に刺激を与える人材だ。そう、つまり再びハチャメチャな人が求められるのである。ただし、初期の立ち上げ期のハチャメチャさと、ステージを第二段階に引き上げるときのハチャメチャさは質が異なる。

「創業期」から「成長期」のステージは怖いもの知らずで、猪突猛進でやり抜こうとするタイプが大活躍するが、「第二成長期」を実現するためには既存のものを打ち壊し、新しく「ビジネスモデル」をつくり変えたり、「コア・コンピタンス」をつくり変えたりする人が必要だ。それに成功した企業だけが、第二の成長ステージに進むことができる。

ここでは、企業の成長ステージに合わせて、求められる人材や求められる働き方が変わることを述べてきた。もっとも伝えたいのは、そのような人が活き活きと活躍でき、多くの社員が求められる考え方や行動を自然ととってくれるような「仕組み・制度・施策」を構築していくことの大切さである。

たとえば、1つの事業が「成熟期」に入ったので、次の柱をつくるための新しい事業を立ち上げるのであれば、その事業部門だけ違うルールの評価制度にすることも考えなければならない。場合によっては、既存の事業とは異なる「仕組み・制度・施策」を導入しやすいように、新規事業部門だけを別法人にすることも考えられる。このような視点を持つことも重要だ。

企業のステージによって求められる考え方や行動が変わる。おのずと活躍する人材のタイプも変わる。それぞれの時点で求められる「仕組み・制度・施策」も変わっていく。とくにステージの移行期や第二成長期をめざすために大変革を行う際には、それまで評価されていたことが評価されなくなることも多い。

だからこそ、これからは新たな評価に変わるのだというメッセージを明確に伝える必要がある。つまり、変わった新しいステージでの「仕組み・制度・施策」を具体例として、納得できるように伝えることが重要なのだ。そうしなければ、いくら経営陣が変革の旗を振り、笛を吹いても、社員は踊らない。

トップダウンが最適な状況、ボトムアップで現場が自ら考えるのが最適な状況

「あの企業はトップダウンだ」

こう表現するとき、ほとんどの場合は悪い意味で使っている。組織のスタイルとして、トップダウンを否定的にとらえるケースが多いのだ。

私が「組織戦略」関連の研修や講演をするときも、「トップダウンとボトムアップのどちらを肯定的にとらえますか？」と尋ねると、ほとんどの人がボトムアップに手を挙げる。しかし、トップダウンは本当に否定すべきものだろうか。

組織にとって、トップダウンのほうがメリットが大きい「時期」がある。

とくに企業の成長ステージとして、トップダウンが適しているケースの1つは「初期段階」、つまり「創業期」や「成長期」だ。経営者がやるべきことを正確に認識しており、そのときは

御託を並べるより「文句をいわずにこうやれ」とトップダウンで指示したほうが社員の行動は速い。トップダウンがうまく機能していれば、トップダウンのほうが組織は強い。

あるＩＴ系企業の経営トップが、テレビのドキュメンタリー番組の中で「うちは会議の時間を1時間取っているけど、いつも15分で終わるんだよね」と話していた。どのような会議なのか見てみると、会議で議論をしているわけではなく、ほとんどが経営トップからの指示だった。指示であれば15分で終わる。それが悪いといいたいのではない。逆に、この企業が競争相手に勝つためには、今はトップダウンが最適な組織のスタイルであり、それが機能しているからこそ勝ち続けているのかもしれないからだ。

だから、トップダウンはそれ自体がネガティブな組織のスタイルということではなく、トップダウンを選択すべきときはどういうときで、トップダウンを避けるべきときはどういうときかを考えなければならないのである。

「第二成長期」にも、トップダウンが必要な場合がある。何かの大きな意思決定をする際に、議論をするメンバーが現時点のパラダイムでしかものごとを見ることができなければ、いくら意見を出し合っても現在の延長線上の域を出ない選択しかできない。その場合には、トップダウンで大変革に向けた的確な指示を出したほうがうまくいく。

では、ボトムアップのほうがうまくいく場合とは、どのようなときだろうか。それは、経営者や経営幹部が現場から遠くなり出したとき、つまり現場が見えなくなったときだ。

創業した当初は、経営者はその会社のほとんどのことを自分で把握している。小売業であれば自ら店舗に出て工夫を重ねて商品を売る。メーカーであれば自ら開発や製造の現場に立ってものづくりに励む。サービス業であれば自ら最前線で顧客にサービスを直接提供する。現場に立つと、世の中の変化や顧客のニーズの変化に自然と気づく。また、変化に気づけば、会社のどこをどう変えれば、それに対応できるかも瞬時に判断できる。それをもとに、部下に対して的確な指示を出すのだから、策をはずすことは少ない。

ところが会社が成長し、規模が大きくなっていく「拡大期」になると、経営トップや幹部は望むと望まないとにかかわらず徐々に現場から離れていかざるをえない。経営トップや幹部はそもそも物理的に見なければならない範囲が増えるからだ。しかも、管理的な仕事や、社外的な活動、株式を公開すれば投資家への対応など、やることが増え、事業を強くする本来の業務に時間を割けなくなってくる。徐々に現場が遠くなり、現場で起こっていることや、顧客ニーズの変化が見えなくなってくるのだ。

中には、そのような状況になったにもかかわらず、自分が見えていた頃の感覚のままトップダウンで指示を出す経営者もいる。ときどき、名の知れたオーナー型企業で、急速に業績が悪化することがあるが、そのような場合には、現場が見えないなかで下した不適切な経営判断や、方向を間違えた指示であることも多い。

けれども、そこでボトムアップで、現場で起こっていることや、現場の考えが組織の上層部にきちんと伝わるような仕組みがあれば、判断ミスは減らせる。要するに、一定の成長を遂げた後は、多くの場合でボトムアップの仕組みが必要になるのだ。

理想は、現場で起こった数字だけではない実情や顧客の変化がきちんと上に伝わり、その情報をもとに経営者や幹部で適切な判断が行われ、その判断の理由や意味をも共有したうえで現場が実行できる組織だ。トップダウン、ボトムアップという一方向のコミュニケーションではなく、双方向のコミュニケーションが活発に行われるのが真の「強い会社」である。

そう考えると、研修や講演での「トップダウンとボトムアップのどちらを肯定的にとらえますか？」という私の問いに、「ボトムアップ」と答える人が多いのも当然ともいえる。一定以上の規模になっても成功している会社は、ボトムアップをふくめた双方向のコミュニケーションが機能しているケースが多いことを、多くの人は直感的にわかっているからだ。

そのような双方向のコミュニケーションが、実際に自然と起こっている会社がどれほどあるだろうか。さまざまな会社を見てきたが、双方向だと思っているのは経営者だけで、実際には現場の情報が上がっていない会社も多い。悪い情報の場合は、とくにそうだ。不祥事が発覚するたびに、組織のコミュニケーション不全が明らかになって問題になるように。

そして、たとえ現場から情報を上げても、それが活かされず、実質的に無視されるような状況になれば、おのずと人は二度と情報を上げなくなる。いちばん怖いのは、現場の情報をキャッチするアンテナの感度が組織的に鈍くなることだ。いい情報を上げようと思いながら日々の業務を行っていれば、アンテナの感度は常に高くなる。しかし、情報や意見を上げても仕方がなければ、アンテナの感度を高めてキャッチする必要もない。現状を淡々とこなすだけのほうが正直楽だからだ。そうすると、ふだんからアンテナを研ぎ澄ます必要もなくなる。

これまで述べてきたように企業の競争力を強化するという視点に立つと、トップダウンが有効な場合がある。ただし、永久にトップダウンだけでは「強い会社」にはなれない。次のステージでは、双方向のコミュニケーションが機能する組織をめざすべきだ。現場も考え、現場から上がった最適な情報を集めたうえで意思決定ができる。そして、その意思決定の内容と同時に、理由や意図までもが、共有され、現場でも考えることができる。そのような会社は強い。

現在の自社の状況は、成長ステージのどこにあるか。ステージを見誤ると深刻な事態に陥ってしまう。事業が複数の場合には、それぞれの事業はどの成長ステージに該当するのか。それを適切に見極め、的確な手（仕組み・制度・施策）を打つ必要がある。

優秀なファウンダー（創業者）は、「具象」と「抽象」を瞬時に行き来する

私がこれまで多くの経営者と出会った経験から気づいたことだが、事業を興したファウンダー（創業者）は、抽象度の高い事業戦略を考えながら、同時に具体的な商品やサービスをつくる能力に秀でている。逆に、具体的な商品やサービスを考えながら、それが長期的戦略とすぐに結びついていく。思考の「具象」と「抽象」とを、瞬時に行き来できるのだ。

ファウンダーは事業をゼロから立ち上げるプロセスで、多くの工夫を積み重ねてきている。これは幾度の失敗を、失敗のまま終わらせず、成功するまで考え続けて、行動し続けたからこそ身についたものだ。

それゆえ、優秀なファウンダーには、「現場の情報」と「未来の戦略」とを結びつける能力が備わっていることが多い。普通の人からすると、単なる顧客の一行動にしか見えなくても、めざすべき事業の大局がわかっている人が見れば、その行動は顧客からの「メッセージ」に見えるのだ。

「メッセージ」は1つひとつの顧客の行動だけではなく、些細なデータなどあらゆるところに隠れている。

たとえば、小売業で陳列棚が乱れていた場合、一般社員は陳列の乱れとしか受け取らず、きれいな売場に戻すことにのみ意識がいく。しかし、事業を立ち上げ、現場を知り尽くしたファウンダーであれば、乱れ方の傾向によって顧客が違うものを求めているかもしれないことを感じ取れるのだ。これも事業の理想の未来をイメージできていなければ、ただの日常の出来事や単なるトラブルとして終わってしまうだろう。

ダイエーの創業者である中内㓛《いさお》氏が、株主としてリクルートに来社した際、話をうかがう機会があった。長期的戦略を語りながら店舗での商品の並べ方を同時に語られていた。当然のように、彼も抽象度の高い戦略と現場を瞬間に行き来できるのだ。だからこそ、流通業界の歴史に名を残す活躍をされたのだと思う。

ファーストリテイリングの場合も、服を売りながら駐車場で野菜を売ったり、プールバーを併設したりと試行錯誤を繰り返し、苦労しながら今の価値提供モデルをつくり上げてきた。だからこそ経営トップの柳井正氏は、オープンしたての店舗に入った瞬間に、レジと陳列棚との距離が遠すぎるので今のままでは商品が売れないことを肌で察知し、すぐにレイアウトを変更するように指示ができるのだ。これは、すでに出来上がった仕組みの中で働いている普通の社員にはできないことでもある。

ソフトバンクが、ＡＤＳＬを市場に定着させるために、街角や主要な駅前にブースを出してモデムを無料で配布した際には、莫大な費用がかかっている。短期的な財務の視点では、かなり苦しく覚悟がいったに違いない。それでも続けられたのは、経営トップの孫正義氏がめざす世界にはブロードバンドが不可欠であり、ブロードバンド社会が訪れたときの社会全体に与える価値とインパクトが見えていたからこそであろう。ブロードバンドのモデムを無償で配布する行為と、誰も見たことのないブロードバンド社会の実現、その具象と抽象を行き来することができてはじめて実現した。

この3つの事例だけではなく、今まで出会ったファウンダーといわれる創業型経営者の実話には、この抽象度の高い事業戦略と現場でやるべきことを瞬間的に行き来できるからこそのエピソードがたくさんある。

この具象と抽象を瞬時に行き来できる能力は、ファウンダーの後継者をふくめた幹部の誰もが身につけたほうが良いものだ。しかしながら、事業の成長ステージの途中から入ってきた人には、経営幹部といえどもすぐに身につけることは、正直なかなか難しい。

だからこそ、経営トップが、会社全体の経営の仕事に注力せざるをえなくなり現場に出る時間がなくなる前に、ファウンダーや経営幹部に現場の情報が入る仕組みをつくっておく必要がある。そうしないと、あるとき一気に業績が落ちる事態もありえるからだ。ただし、現実には、先述したように事業の規模がある程度まで拡大しても、自分の判断を信じて依然と指示を出し続ける経営トップが多い。

事業を立ち上げて、いまだに実権を持つ経営トップに対して、よく「オーナー経営者」という言葉が使われるが、私は常にその中には、「オーナー」としての「意思決定力」と、「ファウンダー（創業者）」としての「ビジネス構築力」の２つの機能があると考えている。この２つは、別ものなのだ。

ファウンダーでありながら、株式公開後も一定の持ち株比率を保って意思決定できる両方の機能を持つ経営トップの影響力は強い。その反面、いつまでも指示を出し続け、周囲はそれに従うだけになってしまうことも多いのだが。

実際に、一定の規模までうまくいき、成功モデルともてはやされたにもかかわらず、いつしか消えていった企業も多い。経営トップと現場の歯車がかみ合っている間はトップダウンがうまくいくし、そのほうが成功までのスピードも速い。しかし、かみ合わなくなると崩れるのもまた速いのだ。そうなる前に、双方向でのコミュニケーションが機能して、現場に「権限委譲」できる「仕組み・制度・施策」を構築しておくべきなのだ。

組織戦略は「人材開発」だけではなく、「組織開発」の視点で考える

じつは、これまでの話は「組織開発（Organization Development）」という考え方がベースにある。コロラド大学のウォリック教授の定義では、「組織開発とは、組織の健全さ（health）、効果性（effectiveness）、自己革新力（self-Renewing capabilities）を高めるために、組織を理解し、発展させ、変革していく、計画的で協働的な課程である」とされる。

「オーガニゼーション・デベロップメント」は、日本語では「組織開発」と訳され普及しているが、私の実務経験での実感では、「組織発展」のほうがピンとくる。組織自体を、さらに良くするために、みんなを巻き込んで進化、発展させていくイメージだ。

「組織開発」は組織に内在する主体性やエネルギーを引き出して、組織を活性化させ、組織のパフォーマンスを最大化させるのが目的となる。実際の業務は、個人間や組織間で行われている。その際の意思決定や実務が行われるプロセスに対して、より良くなるように介入してゆく。

モチベーションを高めるための取り組みや、組織の構成員である人と人との「関係性」や「相互作用」に焦点をあて、うまく回っていない原因があればそれを変えたり、さらにうまくいくように新しい仕組みを取り入れたりしながら、組織がより円滑に機能し、高い成果が出せるようにしてゆくのだ。

それによって、組織の目標達成力だけでなく、組織の中の個々人の力も発揮できるので、個人の満足度ややりがいも高まり、組織の雰囲気も良くなる。さらに、おのずと情報のアンテナの感度も高まり、環境変化への適応力も備わるのだ。

「組織開発」に対して、これまでの多くの企業では「人材開発」の観点から人を育てる施策に取り組んできたケースが多い。「人材開発」は、あらゆる人に、その時点で必要なものに気づいてもらい、獲得してもらうために行われる。一般的には、研修などで人の成長を支援する。新入社員研修や階層別研修、マネジメント研修、スキル研修などがこれにあたる。この「人材開発」という観点でのアプローチでも、個人はできることが増えるので成長を実感し、仕事への満足度も高まる。また、個人が成長することで、その個人の力の総和としての組織や会社の総合的な力も強化される。

「人材開発」と「組織開発」の視点の違いは、野球にたとえるとわかりやすいかもしれない。

1人の選手が打ったり、投げたり、守ったりする行動がより良くなっていくことで、良い成績をあげられるようになる。その選手が活躍し貢献することでチームが強くなる。そうやって人を育てていこうとするのが「人材開発」の視点である。会社でいえば、マネジャーになったからには、マネジャーとしてふさわしい人に育てようとするのが「人材開発」だ。

選手1人ひとりの能力は高く、良い成績を残しているのに試合には勝てないチームがあったとする。その原因を探ると「セカンドとショートの守備の息が合っていない」ということがわかった。選手1人ひとりは良いのだけれど、全体を最大に活かし切れていないのだ。そのために、選手間の連携を高めたり、最適な守備位置にコンバートしたりするのが「組織開発」の視点である。実際のビジネスだと、会社全体をより強くするための「仕組み・制度・施策」を考えるのが「組織開発」だ。

「人材開発」という観点はもちろん大切だが、そこに「組織開発」の視点も取り入れて考えると、組織戦略面での課題解決がさらに効果的になる。たとえば、「組織の壁を壊す」というのは、多くの会社で求められ、実際にそうしようと取り組んでいるところも多い。これこそ、「組織開発」の発想だ。個人への教育だけでは、なかなか解決しない問題だからである。

そもそもなぜ、「組織の壁」を壊さなければならないのか。組織というのは、おのずと自らの組織の永続や拡大に興味が向きがちになる。他部署のことをあまり知らないことも多く、利害が対立すると全体最適の発想ではなく、自らの組織の都合を優先しがちになる。

それを防ぐための施策導入の事例として、アメリカの格安航空会社であるサウスウエスト航空の話は有名である。たとえば、自分と関わりのある別の部署の仕事を実際に体験することで、組織の壁を壊した。パイロットがランプ職と呼ばれる駐機場での仕事を経験し、逆にランプ職の人をコックピットに案内して、飛行機を飛び立たせる手順を実演して見せたのもその1つだ。関連する他の仕事が理解できることで、お互いの業務はさらにスムーズになる。

また、定時出発率を維持するために、本来の担当業務以外の仕事にも対応できるようにしている。定時出発するために、空港での荷物の積み込みをパイロットや客室乗務員が手伝うことも珍しくないという。出発までの1分の時間も無駄にせず、しかも顧客満足を上げるためには、「組織の壁」などないほうが良いし、壁がなくならなかったとしても低いほど良いのだ。

「組織開発」は、企業のあるべき姿に近づくための「仕組み・制度・施策」を、全社的、組織的視点で継続して行うという発想である。社員のモチベーションを上げることにブレーキをかけているものや、業績を伸ばすための阻害要因となっているものを取り除き、個人の満足度ややりがいを高めて、業績が上がる「強い会社」にするためのものだ。

会社ごとに、組織の在り方が違い、勝ち方が違い、そこにいる人のタイプが違う。現状も理想もそれぞれ違う。その変え方は千差万別。強くなるなり方も異なるのだ。だからこそ、自社の「企業理念」や「コア・コンピタンス」を理解して、それらを強くするような社員の行動が自然発生的に生まれる「仕組み・制度・施策」の構築に取り組む必要がある。

コラム 1

ソフトバンク・孫正義さんから学んだ「情報が集まる仕組み」

ソフトバンクグループは、２０１７年に「ソフトバンク・ビジョン・ファンド」を立ち上げた。ファンドの規模は約10兆円。ＡＩや自動運転をふくめた新しい「ビジネスモデル」の確立を狙う企業に出資している。さらに新たなファンドも計画している。

この大きな仕掛けは、経営トップの孫正義さんが、「情報革命で人々を幸せに」という「企業理念」のために、世界の変化を促進させる当事者として、その変化を加速させたいと考えているからではないだろうか。

資金の出し手がいるので、運用成果も重要だ。これについては、長期的な視点での評価を受けることになるだろう。ここで注目したいのは、10兆円という莫大な金額の意味である。他の投資ファンドとは、スケール違いの金額の意味についてだ。孫さんがファンドをつくったのは、世界中の最先端のビジネスの情報を集めることが目的なのではないだろうか。

孫さんのお金の使い方について、世間の多くの人は何ごとにおいても豪胆な使い方をする人だと見ているかもしれない。しかし、経営者としては当然だが、資金の使い方は非常に細かく緻密で、使い方を考え抜く。一方、ここいちばんの案件では、豪快に決断をする。ソフトバンクに在籍していたとき、その真意について孫さんに尋ねたことがある。もちろんファンドが立ち上がる以前のことなので、投資先についての件ではないが、あるビジネスでの話のことだ。

「どうして、あの金額でOKしたのですか？」

孫さんはこういった。

「どこに情報が集まるかわかるかい。情報が集まるのは、いちばん高く買ってくれるところなのだよ」

たとえ具体的な金額がオープンにならなかったとしても、高額で買ってくれたという風聞は、瞬く間に世界を駆けめぐる。

投資として考えた場合、情報が集まる場所とは、3つの条件がそろった場所だ。

1つは、企画を提案し、受け入れられれば、事業展開のために十分な資金提供を得られる可能性が高い場所である。プレゼンテーションを行い、受け入れられても事業運営で必要な資金の一部しか提供されなければ、いろんなファンドに何度もプレゼンテーションを繰り返さなければならない。それなら1回の合意で、必要な資金を提供してもらえるほうが、誰もが喜ぶはずだ。

10兆円という、これほど莫大な金額を投資する投資家のところにアイデアを持ち込めば、潤沢な事業資金を投資してもらえるかもしれない。そう考える起業家が、孫さんのところに集まる。

そして、2つ目の条件は、新しいテクノロジーや斬新なビジネスモデルのアイデアへの理解力を備えていることである。どんなにお金があっても、自分のアイデアや取り組もうとしていることが理解される可能性が低ければ、誰も相談には行かないだろう。先を見通す能力があり、世界を変えるようなテクノロジーやビジネスモデルを自らも考え理解できる孫さんだからこそ、多くの起業家は、相談したいと思うだろう。

3つ目の条件は、意思決定までの速度である。硬直した組織が運営するファンドの場合には、意思決定までに、かなりの時間を必要とするケースもあるだろう。先駆者としてのメリットが大きなビジネスモデルの場合、アイデアを誰よりも早く実現させようと起業家は時間とも戦っている。そのような起業家なら、意思決定が速く、即実行してくれる場所に相談に行きたくなるのが当然だ。

ソフトバンクが、この3つの条件を満たしているという噂は世界中を駆けめぐる。たとえ、投資先としてこちらから声をかけたとしても、相手の反応は違うはずだ。やがて自然と、優れたアイデアを持つ起業家たちが、自分のアイデアの価値を理解し、応援してもらえる場所としてソフトバンクに案件を持ち込むようになるだろう。莫大な資金を持ち、アイデアに対する理解力があり、大胆に決断する孫さんは、起業家にとって最初に相談すべき相手なのだ。

孫さんが立ち上げたファンドについて、「情報の集積」という視点で見てみると、その価値の大きさがわかる。孫さんにとって何よりも優先すべきは、優れた情報が真っ先に自分のところにもたらされる仕組みに違いない。

そしてソフトバンクの「企業理念」を実現するための「コア・コンピタンス」が、世界中の最先端の情報をもとに「未来をイメージして、先を考え抜く力」である。これは、経営トップの個人の力による部分が大きいことは確かだが、当然のように社員にも求められる。とくに幹部に対しては、今後世界がどう変わっていくのか、その視点をふくめた提案が求められた。単なる主観や推測ではなく、集められるだけのファクトを集めたうえでの、考え抜いた提案だ。

実際にスマートフォンがまだ世に出るはるか前から、孫さんは会議で「携帯電話とパソコンが一体となったものが出る時代になるから、それを前提に戦略を立てよう」とずっと語っていた。「そういうものがいずれ出るのか」と思いながらその話を聞いていたが、孫さんの頭の中では、すでに構想が描かれていたのだ。スマートフォンを日常で使用している現在となっては、これもソフトバンクが「情報革命で人々を幸せに」という「企業理念」を具現化した1つとなっている。

第 2 章

「企業理念」
「コア・コンピタンス」
によって、
必要な
「仕組み・制度・施策」は
異なる

「経営戦略」と「組織戦略」を一体で考える「組織診断7つの視点」

私はいつも経営コンサルティングで「組織」の状況を診断する際に、自分なりの視点を持って臨んでいる。

まず、最初にお伝えしたいのは、企業の戦略に合わせて、商品やサービスは生み出され提供されている。その商品やサービスは、組織によって生み出されている。そして、その組織を支える構成員は、1人ひとりの人間だということだ。「経営戦略・事業戦略」と「組織戦略・人事戦略」は相互に関係し合う。「組織戦略・人事戦略」とは、人的資源を戦略的にマネジメントしてゆくことである。「経営や事業の戦略」と「人と組織のこと」は、一体として考えなければならないのだ。

組織を分析する視点はたくさんあるが、ここでその考え方と経験則をもとに多くの人に役立つ代表的な視点を7つ紹介したい。自社の状況を把握する方法として、次が「組織診断7つの視点」である。

①意思決定の「方法」と「スピード」
②「価値観」「方針」の浸透
③人材の「質」と「量」
④「自由」と「規律」のPDCAマネジメント
⑤情報の「共有」と「活用」
⑥評価の「仕組み」と「報酬」
⑦「主体性」と「モチベーション」

それでは、1つずつ見ていく。

①意思決定の「方法」と「スピード」

私が研修や講演で「意思決定のスピード」について尋ねると、大半の人が「速いほうが良い」と答える。どうやら、それはビジネス界では定説になりつつあるようだが、はたして本当にそうだろうか。現実には、意思決定のスピードが速いほうが良いかどうかは会社によって異なる。

意思決定が速い代表的な業種はIT系だが、何よりもスピードを優先するため、商品をリリースした後もユーザーからの指摘にもとづき、商品やサービスに改良を加えながら完成度を高めていく。それがその業界の「ビジネスモデル」である。

また、私が在籍したリクルート、ファーストリテイリング、ソフトバンクの3社とも、意思決定のスピードが速いほうの企業である。それが企業の強みと関係してもいる。ファーストリテイリング（FAST RETAILING CO., LTD）はその名の通り「速い小売」だから、迅速な意思決定が求められる。リクルートもソフトバンクも、意思決定の速さと実行力で他社との差別化を図ってきた。

ところが、意思決定が決して速くはないことを良しとする企業もある。代表的な業種が公共交通機関やエネルギーなどの社会インフラ系だ。それには理由がある。たとえば、鉄道や電力などの社会インフラ系企業は、些細なミスでも社会全体に与えるインパクトが大きく、一歩間違うと人命に関わる大事に至る可能性さえあるからだ。これは良し悪しではない。日々のオペレーションが人命に影響するから、石橋を叩いたうえで慎重に意思決定せざるをえない。社会インフラという事業の性質を考慮すると、求められるのは意思決定のスピードではないのだ。

ところが鉄道会社が新規事業として駅ナカでの小売事業をはじめた場合、その新規事業を担当する社員は苦しんだという。求められる意思決定の速度が違うからだ。小売業の場合、毎日のように、もっといえば時間帯ごとに変わる顧客にどのようなかたちで満足度を高められるかの勝負である。現場で即座に意思決定しないと勝負にならない。

事業の種類の違いである「業種」、ビジネスのやり方の違いである「業態」、そして企業特有の「ビジネスモデル」をはじめ競争優位性の発揮の仕方などによって、最適な意思決定のスピードがある。とにかく速ければいいわけではない。めざすべきは、その業種や企業にマッチした「標準」の意思決定のスピードがあるとすれば、それより速いこと。思考し検討する深さや広さは保ちながら、意思決定の速度だけ他社より速いことが理想である。

また、速度と同時に問題になるのが、その「意思決定の方法」である。どのような意思決定がどの階層で行われるのか、そこを確認するのだ。

たとえば、稟議をあらゆる部署と階層に回すので、チェックする人が多すぎて遅くなるケースがある。その部署や役職者のチェックが本当に必要であればやるべきだが、形式的なものであれば意味がない。回付する部署や役職者に必然性があるか再検証が必要である。とくに会社の成長ステージが「成熟期」に入った企業は、意味もなく習慣で機械的に回しているケースも多い。また、「GO」と「NO」の判断基準が曖昧なまま、個人の主観だけで判断されるケースもあれば、判断者に自信がないので、ただ時間だけを浪費しているケースもある。これらもかなり問題である。

基本的に、現場で決められることは現場で決めるべきである。現場で意思決定をしても問題ない内容が上層部まで回付されるから、不要な時間がかかるのだ。反対に、上層部に確認すべき内容が現場で勝手に決められ、現場と上層部が乖離しているケースもある。このような場合は、大きな問題が発覚してはじめてそれに気づくことになる。

意思決定のやり方は、会社の有りようを表す。意思決定の方法やスピードを見直すだけで、会社は強くなる。

②「価値観」「方針」の浸透

そもそも大事にすべき「価値観」や「方針」が明確にされているか、社員にきちんと伝わるように明文化されているか、それも真っ先に確認すべきことである。

組織として大事にすべき「価値観」や「方針」があっても、経営トップが全社員に向けて明確に伝えきれていないことも多い。何度も何度も理解されるまで、伝え続けようとする覚悟が経営トップに足りないのだ。「価値観」「方針」が浸透していないのは、経営トップの責任である。

経営トップはかなり伝えたつもりでも伝わらないケースには、大きく2つのパターンがある。1つは、トップの言葉が、一般の社員の視座とは異なることから、メッセージを受け取る側が言葉の真意を正確に理解できないケース。もう1つは、中間管理職が十分に機能しておらず、トップの言葉や意図を勝手に変換してしまうケースだ。たとえば中間管理職が、「トップの方針は理想をいっている。今のうちはこうすべきだ」と自分の価値観ですり替えたり、「この部署では関係ない、まずはノルマ達成が第一だ」と部下に命令し、大事にすべき「価値観」や「方針」を骨抜きにしてしまったりするような場合である。中間管理職には悪意がない場合も多い。しかし結果は、「価値観」の優先順位を勝手に入れ替えてしまっているのだ。

また、「価値観」や「方針」はあるが、それに魂が入っていないケースも多い。企業規模が大きくなり、創業者から次の経営トップにバトンが渡された後に起こりやすい。それが何代か続き、経営トップが完全にサラリーマン化してしまうと、さらに顕著になったりする。会社として大事にする「価値観」や「方針」を脈々と伝えているつもりだが、実際には経営陣の判断基準の軸が微妙にずれてくるのだ。そうなると、言葉としては伝え続けていても、現場がそれを信用しないということが起こる。「価値観」や「方針」として明示された言葉と、現場で求められていることとの違いを本能的に嗅ぎ取るのだ。

たとえば、「企業理念」に「社会のため」と書いてありながら、現場が利益追求のみに走るケースなどだ。利益を出すことは、社会のためになる事業を行い続けるという永続性のためには大切なことである。ただ、一歩間違うと、不正をしてまで目先の利益を追いかけるようになることも多々ある。

創業者の高い志と理念で日本の宅配業界を築き上げた企業が、いつしか不正を働き行政処分を受ける事例や、自動車業界をはじめ名だたる老舗メーカーが、不正な検査を平気で行うようになるような事例もある。金融業界においても、顧客の利益より自分たちの利益のみを追求する事例が後を絶たない。

「価値観」「方針」がどこまで首尾一貫して企業に根づいているか。その視点から企業を見るだけで、その企業の有りようは手に取るようにわかる。経営トップの「価値観」「方針」を末端の社員も大事にしているか。その事実が企業の健全性を決める。

③人材の「質」と「量」

その企業の「企業理念」や「コア・コンピタンス」などによって集めるべき人材は異なる。もちろん、すべての会社が優秀な人材をほしがる。そのとき、「優秀」という言葉の意味が「自社にとって優秀な人」と定義されていれば問題ない。だが、たとえば学校での勉強ができるという意味での頭の良い人ばかりで、他の要素をきちんと確認しないと、問題の種となることもありえる。

わかりやすいように、サービス業や小売業を例にすると、一般的に頭の良い人はクレームを入れる顧客に対して、理路整然と対応しがちである。それ自体は、間違っていることではない。状況を客観的に分析し、こちらの非と相手の非を整理するのは大事なことである。相手にも非があれば、そのこともきちんと主張することも必要だ。

しかし、その伝え方を間違えると、顧客の怒りはさらに大きくなる。仮に顧客側に非があっても、すぐに論理的に突き詰めるのではなく、まずはそのお客様の腹立たしい想いを受け止めるとか、感情が落ち着くのを待つとかができなければならない。広い意味での「心の知能指数」といわれる「EQ（Emotional Intelligence Quotient）」で重視される相手の感情の理解や自分の感情のコントロールができないといけないのだ。学校の勉強ができるだけの人材の集団では、企業は成り立たない理由でもある。

一方で、自社に求められる資質や能力の要素をすべて満たしているという人材など、ほとんどいないだろう。だからこそ気づいてほしいのは、会社という「組織」における仕事は、1人では不可能でも、チームでやり遂げることができるということ。会社は「組織」という人の集合体によって機能している。各部署の各仕事にはどんなタイプで、どんな資質や能力要素が必要か、それを整理するのだ。

「自社に必要な人材」を整理する際のポイントは2つある。

1つ目のポイントは、「求める価値観やタイプ、資質と能力要素といった、人の変わりにくい部分までふくめて焦点をあてて見ているか」ということ。資質や能力には、後からでも獲得しやすいものと、そうでないものがある。

たとえば、特別に高度な知識やスキルでない限り、知識やスキルは後からでも身につけることができるものも多い。入社後でも獲得できるのだ。しかし、価値観や性格、資質のような部分は、一度形成されると変わりにくい。絶対に変わらないわけではないが、変わりにくい。

また、求める人物像では、よく「コンピテンシー＊」という概念が活用される。詳しくは、図と解説を参照してほしいが、「コンピテンシー」とは、仕事に影響を与えるような「行動特性」のことである。「行動特性」とは、「思考」と「行動」が一体となって表れる特性のことだ。これらは変わりにくいからこそ、人としての特徴が出る。その特徴に良し悪しがあるわけではない。自社の「企業理念（社外規範・社内規範）」や「ビジネスモデル」、「強み」の源である「コア・コンピタンス」を実現するために必要な「人間性」や「コンピテンシー」を持った人がきちんとそろっているかが最大のポイントなのだ。

ここまで読んでいただいて、よく中途採用で失敗する理由が思い浮かんだ人も多いのではないだろうか。その業務に求められる知識やスキルばかりを見て採用してしまうから、入社後に期待したほど活躍できないことが起こったり、逆に本人から「合わない」と言い出して辞めてしまったりすることも多い。知識やスキルも大事だが、変わりにくい「コンピテンシー」や「人間性」までをもきちんと見ていくのだ。

整理する視点の2つ目は、「コンピテンシーなどの行動特性や人間性で、共通で持っておかなければならないものは何か」「共通である必要がないものは何か」を明確にすることだ。同質の人材ばかり集めていたら会社は脆くなる。多様性があると強くなる。だからこそ、多様な価値観や異なるタイプの人材を集めるべきなのだ。

そのとき、決しておろそかにしてはならないのが、共通の価値観やその会社の全員に必ず求められる資質や行動特性を持っていることだ。「サービス精神」や「相手の感情把握力」「自分の感情抑制力」など共通で持っていたほうが良い「コンピテンシー」や「人間性」「価値観」までふくめて、組織全体を考慮した採用基準や人事制度がきちんと設計されているか、そして実現できているかが確認のポイントとなる。

そのあたりを深く掘り下げていくと、その組織の人材の「質」と「量」は適切かどうか、おのずと見えてくるはずだ。

だからこそ、多くの企業や経営者が陥りがちな「優秀な人を取りたい」という願望に対し、私はあらためて警鐘を鳴らしたい。自社にとっての「優秀」をきちんと定義し、あるべき姿をイメージできているだろうか。これができてはじめて、会社は強くなる。

＊解説

「コンピテンシー（competency）」とは、組織行動学の用語で、ハーバード大学のマクレランド教授が提唱した概念。その後、研究が進められ定義も人によって多少異なるが、わかりやすく概念を解説すると、「職務や役割で求められる成果に結びつく行動特性」のことである。「行動特性」とは、先述したように「思考」と「行動」が一体となって表れる特性のこと。

よく、人の特徴を表現する際に海に浮かぶ氷山にたとえたモデルが紹介される。それを使って

人材の氷山のモデル

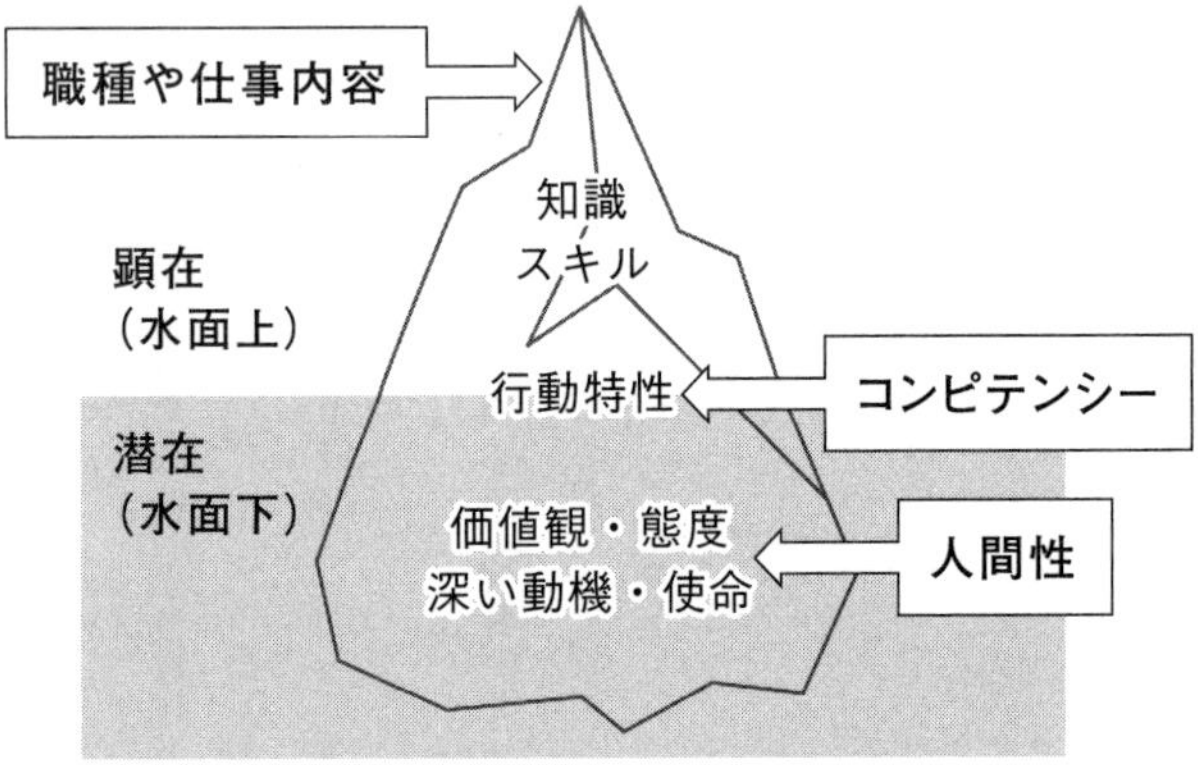

説明すると、人には、「変わりやすい部分」と「変わりにくい部分」がある。氷山のモデルの上のほうにある「知識」や「スキル」は、よほど高度なものでなければ必要に応じて身につけることが可能だ。つまり、獲得しやすいのだ。

一方、氷山のモデルの下のほうにある「人間性」、つまり「人格的特徴」や「価値観」は、それほど簡単に変わるものではない。生まれてからの長い間に培われてきたものだ。獲得しにくく、形成されると変わりにくいものだ。

その中間に位置するのが「コンピテンシー」と呼ばれる「行動特性」である。わかりやすくいうと、その人が行動したり考えたりする際のクセのような特徴だ。この「コンピテンシー」をもとにした採用基準や人事制度の評価指標の作成が行われることも多い。それゆえ、提供するコンサルタントや会社によって、この「コンピテンシー」の言葉と分け方はさまざまである。実際には、その企業で活躍している人とそうでない人の「行動特性」の差を洗い出し、その企業のその業務を行うのに必要な「コンピテンシー」を整理していく。

ここで再度強調しておきたいのは、企業で働く人には、自社の「強み」や「企業文化」に合った「人間性」や「コンピテンシー」があることが求められる。そのうえで業務に必要な知識やスキルがあること。氷山の大部分は海水に沈んで見えないが、その海面の下に隠れている「人間性」や「コンピテンシー」がとても大切なのだ。

④「自由」と「規律」のPDCAマネジメント

企業内で何かが企画され、商品やサービスの提供が開始され、それに改善を加えて進化させていく。この流れのなかで、きちんとアイデアが出されているか、きちんとチェック機能が働いているか、これらが企業の変化や発展の能力を見る際に重要な視点となる。

現場で自由にアイデアを出し合い、改善のための問題の洗い出しができないと、変化に対応できず、商品やサービスが発展していかない。結果を冷静に受け止め、「どうして、それはうまくいったのか?」「なぜ、それは失敗したのか?」というような問いに対し、きちんとした仮説を立て、その仮説をもとに変化対応していくことで、「強い会社」へと進化していく。

もともとは品質管理で仮説・検証型プロセスを循環させ、マネジメントの品質を高めようという概念で、ビジネスでよく使われている「ＰＤＣＡサイクル」がある。「Plan（計画）」「Do（実行）」「Check（評価）」「Action（改善）」を繰り返すことで、商品やサービスの品質や生産管理などを継続的に改善していく手法のことだ。

この「ＰＤＣＡサイクル」を回すことができない会社は進化が進まないため、かなり重症な状況といえる。実際には、多くの会社では「ＰＤＣＡサイクル」を回すことはできているが、その各過程に問題を抱えているケースが多い。本来の「Plan（計画）」「Do（実行）」「Check（評価）」「Action（改善）」が機能していないのだ。

たとえば、「Plan（計画）」の段階で、一生懸命アイデアを出し合っているように見えても、よく観察すると、多くの人は発言せず偏った数名だけが発言していたり、影響力がある人の発言を待ってから同じことをいう人ばかりだったりと、本当に議論ができている会社は多くはない。また、「Check（評価）」の段階でも同じようなことが起こっているケースがある。とくにこの段階は、きちんと客観的に振り返ることが大切なのに、企画が偉い人の発案だったりすると、誰も本当のことを語りたがらない。少しの成果を誇張し、うまくいかなかった部分に触れようとしないことはよく見られる光景だ。

組織診断のポイントは、この「ＰＤＣＡサイクル」に、「自由」と「規律」を組み合わせて使えているかどうかである。「自由」と「規律」のどちらかだけでもダメだ。多くの会社は、

進化を生み出す組織の特徴

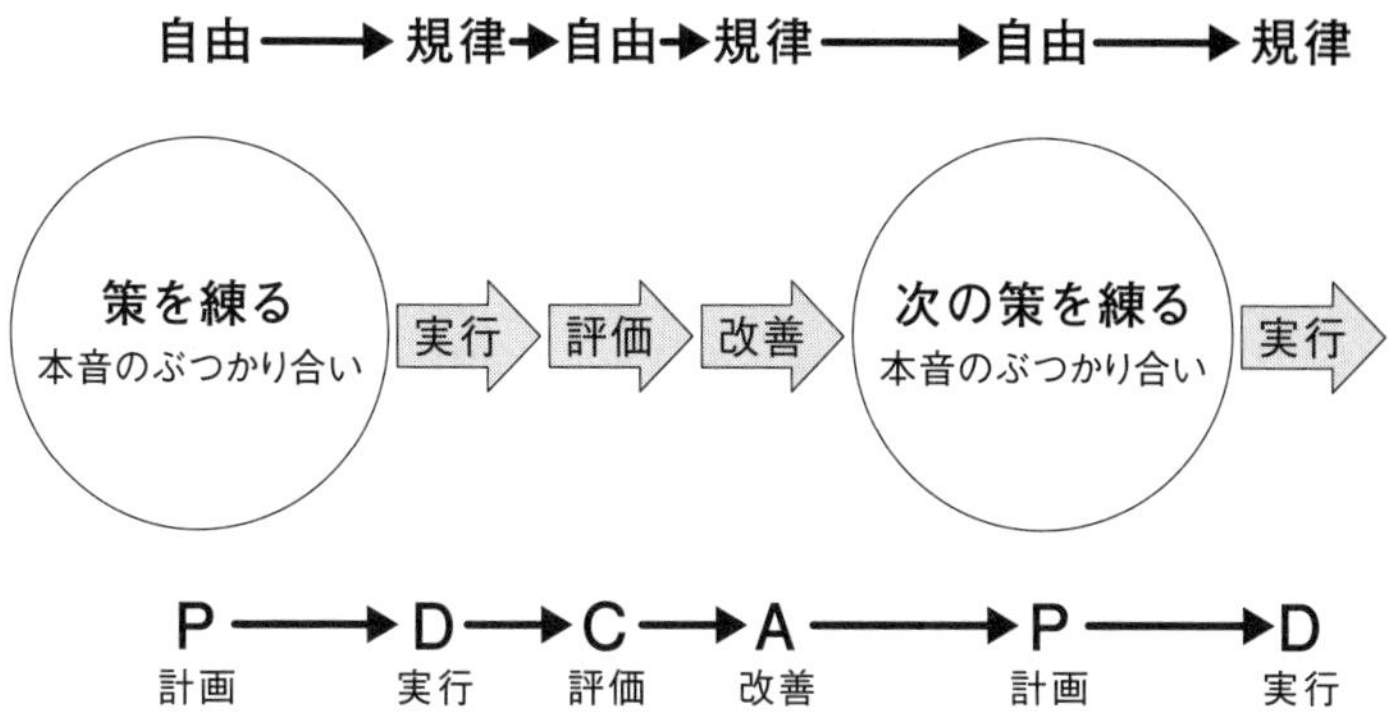

どちらかというと「規律性」を強みとしている会社と、「自由度」を強みとしている会社に分かれやすい。

「規律性」を強みにする会社は、やり切る力があるので、「Do（実行）」と「Action（改善）」の部分はうまくいくが、肝心の「Plan（計画）」と「Check（評価）」の部分が弱いことが多い。この「Plan（計画）」と「Check（評価）」では、上司の発言を待っており自分では考えようとしない傾向がある。

逆に、「自由度」を強みとする会社は、その逆で「Plan（計画）」では、どんどんアイデアを出し合い、「Check（評価）」でも思ったことをズバズバ発言して、正しい改善の方向を出すことができるのだが、肝心のやり切る力が弱いので、「Do（実行）」と「Action（改善）」が中途半端で終わることが多い。極端な例だが、アイデアを出して発言するのは好きだが、実際にやり切るのは苦手な人が多い場合、メンバーの中には「Do（実行）」で失敗してもいいように、言い訳を先に考えて動き出す人まで現れる。

「Plan（計画）」のときには、役職や立場に関係なく本来の意図通りに「自由」に発言できることが求められる。「Do（実行）」のときには、「規律性」が高く、やると決めたことをそれぞれの役割を果たせるように真剣にやり抜くことが求められる。やり切るからこそ、計画が良かったか悪かったかがわかるのだ。「Check（評価）」では、また「自由」に議論できなければならない。たとえば、計画通りに策をやり切っても売れなかったのか。計画通りやり切ったからこそ、ある属性の人に売れて別の属性の人には売れなかったということがわかったのか。どの部分がうまくいったのか、どの部分はダメだったのかなど、やり切って見えてきたものについて、「それはなぜだと思ったのか」という理由をふくめて気づいたことを「自由」に発言し、その事実や考えをもとに次の「Action（改善）」に活かさなければならないのだ。「Action（改善）」では、また「規律性」を発揮して良いと思ったことを手分けしてやり切ることで、成果に結びついていく。

このように「自由度」と「規律性」の両方を上手に使い分けられる会社が、「ＰＤＣＡサイクル」の価値を最大限に活用できる。本当にそれができている会社は、じつは少ない。

そして、「ＰＤＣＡサイクル」のプロセスでは、本音でぶつかり合わなければ、優れたアイデアは絶対に出てこない。優れたアイデアを出すためには「多様性」と「心理的安全性(psychological safety)」が必要である。

「多様性」については、人材の「質」と「量」のコンピテンシーの部分で説明した通り、多様なバックグラウンドを持ち、多様なものの見方や考え方ができる人がそろっていたほうが優れたアイデアは生まれやすい。

もう1つの「心理的安全性」とは、自分の言動が他者に与える影響を強く意識することなく感じたままの想いを素直に伝えることのできる環境や雰囲気のことである。具体的には、他者の反応におびえたり、羞恥心を感じたりすることなく、自然体の自分をさらけ出すことができる環境や雰囲気のこと。グーグルが、成功するチームの構築にもっとも重要な要素が「心理的安全性」だったと発表したことで、日本でも注目を集めることになった。

成長するIT企業やイノベーションを興し続ける企業で、とくに「心理的安全性」が重視されている理由は、最先端のアイデアや思考力、企画力が求められる職場では、自分の頭だけで考えていても、イノベーションを生み出すような斬新な答えが見つからないからだ。

自分とは異なる分野を極めた人、価値観や発想法が異なる人と自由に語り合い、アイデアや意見をぶつけ合い、第三の方法を見つけ出さなければ最高の仕事ができない時代、新しい価値を生み出すためには、他人の脳をも自由に使えることが求められる。それを実現するには、多少おかしなことをいっても恥をかくことがない、という「心理的安全性」が不可欠であり、自分にないものを持っている人をお互いリスペクトし合い、「多様性」を認めることが求められるのだ。

一方で、これも極論だが、「Plan（計画）」と「Check（評価）」は経営トップがいちばん把握しているので下のメンバーにはそれを求めず、逆に決めたことをやり抜くことが求められる会社の場合には「心理的安全性」が必ずしも必要だとは限らない。自由に議論していて決定が遅くなるほうが競争に負けるようであれば、良し悪しは別にして、トップが決めたほうが速い。何より、このような会社においては実行フェーズでの「規律性」が求められる。

ここでも私が伝えたいのは、「心理的安全性」さえも、本当に必要かどうかは、企業の置かれた状況で変わるということだ。

「自由」と「規律」を組み合わせ、短期間で「ＰＤＣＡサイクル」を回せる会社は圧倒的に強い。また、企業の状況によっては、「規律」のみを選択したほうが良い場合もあるだろう。「ＰＤＣＡサイクル」がどのように回っているかを調べると、その会社の状態がつかめる。自社のセルフチェックをするときも、その視点で見るとよくわかる。

⑤情報の「共有」と「活用」

情報の「共有」とは、ズバリ社内の「知」がどのように共有されているかということだ。

私の経験上、成功事例、失敗事例をふくめて、情報を活用できている会社と、活用できていない会社のどちらかに二分される。これらの情報共有が下手な会社は、成功の再現性が低く、成功の頻度を高められず、同じ失敗を何度も繰り返す。失敗の事実とその理由や背景を共有できなければ、ある拠点で起きた失敗を別の拠点でも同じように起こしてしまうからだ。一方で、情報を活用できる会社は、同じような失敗を起こさないだけでなく、再現性が高く成功することができる。個人も組織も成果を重ね、より高い次元で仕事ができるようになるのだ。

リクルートは、この情報の共有が抜群に上手だった。人に教えることが当たり前の「企業文化」を「仕組み」として植えつけられていたのだ。

社員同士がライバルとして自分のノウハウを開示せず教えない会社も少なくない。だが、リクルートには、社員同士が手の内を隠すような「企業文化」はない。部門内で高い業績をあげて表彰された社員に対しては、「どうしてそんな事例が実現したのか？」「どのようにしてそのアイデアを思いついたの？」「営業のプロセスは、どのように進んだの？」など、みんなが自由にズケズケと話を聞きに行くのだ。聞かれたほうも、惜しげもなく成功のノウハウを明かす。社内の「知」は共有され活かされるべきものだという共通認識があるので、足を引っ張り合うことはなく、逆に全員で会社の業績を最大化させようとする一体感のようなものが醸成されていた。

私がリクルートで就職活動の雑誌の編集に携わっているときも、独自の編集ノウハウを他の雑誌をふくめたすべての社員に開放していた。私も、先輩編集者から多くのノウハウを教えてもらった。そのための勉強会も多く開催されていた。

勉強会を開催して知識やノウハウを伝授しようと思っても、実際には忙しくて会場の準備などができないことが多い。ところがリクルートでは、開催しようとすると、それを支援してくれる組織があった。会場の場所取りや社員向けの広報など面倒なことを一手に引き受けてくれるのだ。伝える側は、中身の準備をするだけで良いのだ。そのような支援をしてくれる組織があれば、勉強会の頻度は上がる。共有するという意識付けも大事だが、社内の知恵やノウハウの共有が当たり前に起こる「仕組み」を構築する必要があるのだ。

自社に最適な情報の「共有」と「活用」の仕方を見る視点を持つと、なぜ強いのか、逆になぜ強い会社になれないのかがわかってくるはずだ。

⑥評価の「仕組み」と「報酬」

端的にいうと、「その会社が求める価値を出している人が、きちんと評価されているか、その評価と報酬をふくめた待遇が結びついているか」ということだ。

この評価の「仕組み」と「報酬」を見る視点としては、大きく3つ必要である。1つ目は「評価すべきものがきちんと設計されているか」。2つ目は「その評価すべきことがきちんと発見される仕組みがあるか」。そして３つ目は「その評価を何によって報いようとしているか」だ。つまり、成果に対する報酬の話である。これらを１つずつ説明していく。

１つ目の「評価すべきものがきちんと設計されているか」だが、これは１章でも触れたように、どんな人を評価するべきか考え抜かれた人事制度や評価の仕組みが設計されているかどうかということだ。自社の「コア・コンピタンス」を強くするためには、どんな行動やどんな成果を出す人を評価しなければならないか、自社の「企業理念（社外規範・社内規範）」を実現するには、どんな行動やどんな成果を出す人を評価しなければならないかを考え抜く。そのうえで設計されていなければ、人は理想の行動などしてくれるはずがないからだ。

２つ目は「その評価すべきことがきちんと発見される仕組みがあるか」ということだが、これが意外とないケースがほとんどである。

たとえば、営業パーソン向けには、営業目標である売上や利益の数値は把握されている。最終的な売上や利益の目標を達成するための重要な「評価指標」である「ＫＰＩ（key performance indicator）」として、訪問件数や商談件数が把握管理されていることも多い。しかし、顧客満足度を高めてリピートしてもらうことが大事な場合、顧客の商談の満足度や取引後の満足度まで把握できているケースは少ないのではないだろうか。結果としてのリピート率は把握できるだろうが、結果が出てしまってからでは遅い。どんなに素晴らしい行動や結果を求めても、それらをきちんと会社が発見し把握できなければ、誰も続けはしない。

3つ目は「その評価を何によって報いようとしているか」で、これは求める行動や成果を本気で起こさせるための肝の部分だ。評価の結果は、良い評価と悪い評価に分かれる。それを待遇として反映させるものとして、①お金として月例給の変更や賞与額、報奨金、②昇降格などの社内序列である等級やグレードの変更、③課長への昇進や降職などの役職の変更、④インセンティブ旅行や食事券などお金以外のものなどがある。その「報酬の与えられ方」は適切かを見ていくのだ。

とくにお金や等級、グレードの変更の場合、評価の差に対して、金額差や昇降格の開き具合が妥当かも確認する必要がある。相当に難易度が高いことを成し遂げたので高い評価が与えられたとしても、賞与額が普通の評価の人とあまり変わらなければ、本人ふくめてそれを知った人たちは、難易度の高いことに挑もうとは思わないだろう。

実際に、評価はしても待遇に差をつけない会社は多い。最近は、新卒採用においても評価で初任給を変える企業も出はじめたので変わりつつあるが、この現象はとくに古い体質の会社において多く見られる。結局差をつけないので、いつしか難易度の高いことに挑戦する人はいなくなる。いくら経営トップが「難易度の高いことに挑もう」と朝礼で叫んでも、実際に行動する人が出てこないのは、仕組みが機能していないからだ。

たとえば、新規事業の立ち上げは難易度が高いことの1つだ。どの会社も提案しろというが、なかなか手を挙げる人はいないのが実情だろう。それは、新規事業を考えて会社に認めさせるだけでも大変なことであり、しかも新規事業がもし失敗すると、責任を取らされて減給や降格、左遷などになりかねないことを多くの人が知っているからだ。

しかし、たとえば新規事業を考えること自体を評価する仕組みが取り入れられている会社だとどうだろうか。新規事業の提案をして、役員会でOKが出れば、2段階昇格する。そして、実際に新規事業がはじまり成功すれば、さらに昇格をする。万が一、失敗すれば降格するが、その幅は1つだけ。この仕組みであれば、新規事業がうまくいけば3つ以上昇格、そして新規事業にたとえ失敗したとしても1つ上がっていることになる。このような昇降格の仕組みであれば、挑戦者は絶対に増えるはずだ。

評価をきちんと待遇に反映させる仕組みこそが、人の行動を促進させるうえで大切になる。

このように「評価の仕組み」を見れば、その会社がさらに強く、さらに伸びそうかがわかる。「報酬」との関係を見れば、社員のモチベーションの有りようが想像できる。「その評価の仕組みが、本当に自社にとって適切かどうか」は非常に大きなポイントである。

⑦「主体性」と「モチベーション」

社員に「主体性」があるか、言い換えると「当事者意識」があるかは、会社の基礎的な力に大きく影響する。

たとえば、会社の入口にゴミが落ちていた場合、「当事者意識」が高い人は積極的に拾う。自分の家にゴミが落ちていたら拾うのと同じ原理である。しかし、表現は過激だが、腐りかけている、あるいは、すでに腐っている会社の社員は拾わずに通りすぎる。社内の壁に期限がすぎたポスターが貼ってあってもそのままで、入口に置いてある観葉植物が枯れていても放置したままだ。「当事者意識」の程度は、そうした小さなことに表れる。

極端にいえば、もし目の前で火事が起こっても、「当事者意識」の低い社員の場合には、せいぜい「火事が起きています」と上司や総務に報告に行くくらいで、火が目の前で燃えていても、自分ですぐに消そうとはしない。

「当事者意識」がない人材ばかりの会社は、決して強くなれない。何かが起こっても、上のせいばかりにして自分たちで解決しようとはしないからだ。社員が自社に対して、自社のビジネスに対して、どれだけ「当事者意識」を持っているか、「主体性」を発揮するかは、会社や商品・サービスの近未来に影響する。組織診断をする場合も、この「当事者意識」や「主体性」を測る項目を見てみると企業の近未来が予測できる。

「当事者意識」が低ければ、変化を感知するアンテナの感度も鈍い。顧客から新たな要望が持ち出されたとき、そうした人材はこんなひと言を発するだろう。

「申し訳ございません。それは弊社ではできないのです」

ところが、「当事者意識」がある人材は、まず「おや？　それを要望されるのはなぜなのだろう？」と考える。主体的に問題解決をしようとする意識が働き、次のような応対につながる。

「申し訳ございません。現状、弊社では難しいのですが、今後のためにどのようなご事情かお聞かせいただけませんか」

「前例がないので認められない可能性もありますが、一度社内で検討させてください。わかりしだい、共有させていただきますので、少しお時間をいただけますか」

顧客の要望をあらためて社内に確認したり提言したりすることで、新たなビジネスチャンスが広がる可能性がある。顧客の要望に応えられなくても、「当事者意識」や「主体性」の有無が顧客との関係を強固にすることも少なくない。ここで付け加えておくと、その社員が顧客と話した後に、実際に社内で上司に伝えたとする。

「前例がないので実現できないかもしれませんが、○○製作所さんからこんな要望がありました。確かに今後同じようなニーズが他社からも出てくる可能性があると思いますので、一度社内で検討しませんか」

その際に上司が、「社内のルールで認められていないことをやるな」といったとすれば、その瞬間にその社員は「当時者意識」をなくし、二度と「主体性」を発揮しなくなるだろう。

「ダメとわかっていて、それでもわざわざいってきたのには深い理由があるのだよね」

「確かに、その要望はこの顧客だけではなく、他にも同じような要望を持った会社があるかもしれないいな。よくいってくれたね」

このように上司が評価したら、「当時者意識」は高まり、「主体性」はさらに発揮される。

制度やルールのようなかたちのある組織戦略の仕組みだけでなく、上司の意識をふくめたコミュニケーションの在り方によっても、人の「主体性」や「モチベーション」は大きく影響を受ける。

「当事者意識」を持たせるという意味では、報酬の形態も少しずつ変わりつつある。たとえば、幹部向けの報酬も、ストックオプション中心から現物株に変えるところも出はじめている。経営状態が良く株価が上がったときにだけ利益を手にすることができるストックオプションではなく、上がることも下がることもある現物株のほうが、よりリアルに個人の利害と一致するからだ。少しでも長期的に株価を上げようと、当事者にならざるをえない。

ただし、報酬をニンジンとしてぶら下げないと「当事者意識」が生まれないようでは、組織として機能しているとは言い難い。大事なことは、ここでも「企業理念」である「社外規範」「社内規範」への共感である。まず「企業としてこういう価値を出す」「こういう働き方を求める」ということへの共感がないと、「主体性」は生まれない。そのうえで適切な報酬があることで、人は本当のやりがいを感じ「当事者意識」を持つようになる。

「価値観」や「方針」が社員に浸透しているか。「企業理念（社外規範・社内規範）」が社員を熱くさせているか。そして、そのような行動を行えばきちんと「評価される仕組み」になっているか。これらがそろってはじめて、「当事者意識」が芽生え、「主体的」に動き出すようになるのだ。

これら7つの視点は、自社の現状を振り返る際の判断基準となる。自社のどの点に改善が必要か、また伸ばすべき点はどこかを見極めることができる。とくに注意して検証してほしいのは、大事にする「企業理念（社外規範・社内規範）」と自社の「強み」の源泉である「コア・コンピタンス」を強化する方向に向かっているかどうかだ。

リクルートの成長を支えた「仕組み・制度・施策」から見えてくること

「組織診断7つの視点」で紹介したポイントが機能している事例として、私が在籍していた頃のリクルートの「仕組み・制度・施策」を見ていきたい。ケースとして参考にしやすいように、「人が自ら動く組織戦略」の例として普遍性の高い内容にしたつもりだ。

とくに、企業や事業が成長しているステージでは参考になるはずだ。「仕組み・制度・施策」の効用と導入する際の設計の仕方のヒントとしても活用していただきたい。

①ベストプラクティス発表会

「ベストプラクティス発表会」とは、成功事例を発表し合って共有する大会のことである。リクルートでは、「シーガルコンテスト（ガルコン）」と呼ばれていた。

毎年、全社員が参加する「知の共有会」のことで、基本的には事業部単位で行われる。1年間でもっとも自信のある仕事、全体で共有すべきノウハウが詰まった仕事をレポートにまとめて発表し合うイベントだ。優勝賞金も本気にさせるだけのかなりの額が出た。

優れた事例を聞くことで、みんながそこから学べる。真似ることができるのだ。リクルートの「企業文化」は「教えることは良いこと」「学ぶことは良いこと」なので、ナレッジを共有する仕組みとしては最高のイベントだ。この発表会が生み出す価値は主に5つある。

1つ目は、当然ながら「ナレッジの共有」になるということ。

ビジネスをするうえでのノウハウや知識が少ない若手には、大いに勉強の機会になる。ベテランには、ベテランならではの視座の高い取り組みや、顧客である経営者の懐に入り込んだ深い仕事が紹介されるので、全員にとって刺激的な場所となる。

そこで入賞した作品と最終審査に残った作品は読みものとしてまとめられ、全員に配られる。現在であれば社内のサーバーに置いて全員で見られるようにしても構わないだろう。また、自由に聞くこともできるので、興味のある事例や自分が抱えている課題を解決した事例などにはレポートに書かれていないようなことまでヒアリングをして自分の仕事に活かす人もいる。この「仕組み・制度・施策」によって、経験の浅い人もベテランも、1人ひとりの提案力が全体に底上げされ研ぎ澄まされるのだ。そのことだけでも会社は相当強くなる。

さらに効果があったのが、若手、とくに新入社員や入社数年目のスキルやノウハウが未熟な人たちへ、良い影響を与えているという点である。

ここで少し、リクルートの祖業である新卒採用支援事業の「ビジネスモデル」について考察する。就職活動をする学生に企業の情報を紹介する情報誌『リクルートブック』が競合他社と違ったのは、単に広告の枠を売るだけではなく、相手の立場に立って一体となって考え、広告の中身に踏み込むコンサルタントのような立場を取ったことだ。

だからこそ、圧倒的に高い料金でも顧客が増えていったのである。企業イメージをどう変えるか、学生にどのように興味を持たせるか、最後の口説き文句はどうような表現が学生に刺さるかなど、あらゆることを考えて提案する営業のスタイルだった。その提案の内容が相手の企業に刺されば大きな仕事をいただける。それだけに、営業の相手も役職者のケースが多い。中堅中小企業であれば社長や役員、大企業であれば役員や部長だ。その人たちを相手に新入社員が営業するのである。常識から考えると、一見、無謀に見えないだろうか。

ところが、ここに絶妙な「ビジネスモデル」の設計がある。新卒採用で採用される学生側の気持ちは、昨年まで学生であった新入社員がもっとも詳しい。通常、新入社員はすぐには価値を発揮できないと考えられがちだ。それゆえ、教育費を3年とか5年かけて稼げる人材に育て上げる。入社直後は仕事を知らないから当然なのだが、新卒採用支援の場合にはそこが逆に利点となる。新入社員や入社数年目の若手が、営業先の業界がどのように思われているか、その企業の魅力はどこに感じるかなど、思ったことを自由に語れば語るほど、先方は乗り気になってくるのだ。それぐらい実体験にもとづくリアルな意見は的を射たものともいえる。つまり、企業の中では人件費がいちばん低い新入社員でも、十分に通用する「ビジネスモデル」を開発したことが秀逸なのだ。

そこで、問題が起きる。若手社員は学生の気持ちには詳しいが、ビジネスの知識や営業の方法など、それ以外のことは詳しくないのだ。だからこそ、このベストプラクティスを共有する場が大いに価値を生む。「自分が思っていることを適切に伝えるためには、どのような調査をすると明確化できるのか」「経営者に納得してもらうにはどのようなプレゼンテーションが効果的か」「提案後のクロージングまでには、どのようなフォローをするとうまくいくのか」など、この大会でさまざまな知恵が共有されるからだ。

この「ベストプラクティス発表会」という「仕組み・制度・施策」は、「ビジネスモデル」を強化するように機能しているのだ。

2つ目は、さらにもう1つの「ナレッジ共有の価値」だ。それは、「トランザクティブ・メモリー（Transactive memory）」としての価値である。

「トランザクティブ・メモリー」とは、社会心理学者のダニエル・ウェグナー氏が唱えた組織学習に関する概念で、組織の記憶力（経験によって学習した情報の蓄積）において重要なのは、組織全体が同じ知識を記憶することではなく、「組織内で『誰が何を知っているか』を把握することである、という考え方である。「What」ではなく「Who knows What」を共有していることの価値を説いており、組織の学習効果やパフォーマンスを高めるためには重要というわけだ。

わかりやすくいうと、集団において「誰がどのような情報に詳しいか」を共有し、わからない問題に直面したら、その問題に詳しい人に尋ねることで、その人の情報を自分のものとして活用できるということである。一般的に、「情報の共有」というと、組織のメンバー全員が同じことを知っていることが重要だととらえられがちだ。しかし、人間の記憶量には限界がある。全員が同じことを覚えていても効率が良いとはいえない。一方、組織の各メンバーが何らかの分野に詳しい専門家のようになれば、「この分野のことが知りたいときは、この人に聞く」ということを組織で共有できる。そうすれば、組織全体のナレッジはどんどん広く深くなるのだ。

リクルートでは社内で、調査を使った企画が得意な人、中堅中小企業の採用の成功に詳しい人、大手企業で社内の説得がスムーズにいく企画提案が得意な人、インタビューのノウハウを持った人など、誰がどんなナレッジを持っているかが、この発表会で共有されるのだ。当然、誰もがその知恵を借りることができ、自分の仕事に活かすことができる。個人を強くし、会社を強くする仕組みとして機能しているのだ。

3つ目は、「自分の成長を感じられる機会になる」ということ。

高いモチベーションで走り続けるためには、自分の存在をきちんと認めてくれて尊敬し合えるような仲間と働きたいという周囲との「関係性」が重要である。また、自分でもさまざまな難易度の高いことができるという「有能感」と、ものごとを自分で決めることができる「自律性」や「自己決定感」が必要だ。それにもう1つ「成長感」が加わると、人のやる気は高まる。

そのような意味でも、「ベストプラクティス発表会」のために、年に一度、自分の行った仕事の棚卸しをすることは大きな意味がある。「どんな成功体験を積めたのか」「なぜ、成功したのか」「どんな失敗をしたのか」「なぜ、失敗してしまったのか」「この1年で何ができるようになったのか」「なぜ、できるようになったのか」を冷静に内観し自己分析することは、とても重要な経験になるのだ。

仕事は、通常終わりなく続いていく。よほど大きなプロジェクト型の仕事でない限り、小さな終了はあるが、次の仕事がまたはじまり、延々と日常が続いていくように感じられる。そのような日常であれば、意外と「成長感」を感じる機会は少ない。だが、「1年」という時間は短いようで長い。ちょうど自分を振り返るのに良い期間となる。多くの人は、何かしらの成長をしている。できることが増えたことを実感すると、次の目標もおのずと自らで考えるようになる。逆に、成長が少なかった人は、そのことにハタと気づくだろう。そうすれば、今の延長ではダメなことや、自分がやるべきことを自覚するはずだ。

「ベストプラクティス発表会」という「仕組み・制度・施策」がうまく機能すると、成長を実感し、次の目標までおのずと決めさせる原動力になりえるのだ。

4つ目は、「自分たちの仕事が顧客や社会に役立っていることの実感」である。とくにベテラン社員の仕事の話を聞くことで、まだ高いレベルでの仕事ができていない若手も自分たちの仕事の価値をあらためて認識する。そして、いつかは先輩たちのように、顧客や社会に大きな影響力のある仕事をしたいと思うのだ。自分たちが行っている仕事に自信を持たせる効果がある。これは1人ひとりを本気で仕事に向かわせるための前提となる。

5つ目は、「人事評価に関する課題を解決していること」である。多くの人は、この価値にまでは気づきにくい。どの会社も、人事考課の際に、その評価のフィードバックで苦労している。とくにフィードバック面談の際に、次のように詰められて苦労した経験のある管理職の人も少なくないのではないだろうか。

「なぜ、私の評価がそんなに低いのですか？　これだけやっているのだから、もっと高く評価されてもいいはずです」

そのとき、困るのは評価したものさしを的確に伝えられないからであろう。「ベストプラクティス発表会」は、そのものさしとなる「仕事の相場」を全員で共有する効果があるのだ。

たとえば、入社3年目の社員が「自分の評価はおかしい」と不満を訴えてきたとしたら、次のようにいえる。

「ベストプラクティス発表会のレポートは読みましたか。同期の彼の仕事をどう思いましたか。私はきみがあのレベル以上にできると思っている。でも、今回はそこまでいっていない。だから評価はBなのだ。次こそは、もっと頑張ってほしい。期待しているよ」

すると、仕事の質や量といった各世代の仕事のレベルの相場感がおのずと共有されるのだ。

一般的には評価の場合、他人と比較するのは良くないが、周知の事実となっていることであれば、比較されても心理的な抵抗感は弱まるので伝えやすくなる。このものさしとなる仕事のレベルの相場感がないと、社員が評価に不満を持ちやすい。人間は誰もが自分に甘いから「自分はこれだけやったのに、どうしてC評価なのか」と思いがちである。相対的に部下を見ている上司には感覚的にわかるかもしれないが、それを言語化して部下に伝えるのは意外と難しいものだ。このとき、指標となる仕事のレベルの相場感が全社で共有されていると、上司と部下の共通認識になり、合意を得やすくなる。

「ベストプラクティス発表会」は、「知の共有」を行うことで仕事のレベルの底上げをすると同時に、自分の成長を実感させ、自分たちの仕事に誇りを持たせ、評価されるときの基準をも与える。これが重要な価値になっている。「仕組み・制度・施策」を設計する際には、ここまで価値や効能を考え抜くのだ。

②新規事業提案制度

リクルートでは新しい事業や、既存の事業に関する新しいやり方などを、年に一度、自由に提案できる制度があり、「ＲＩＮＧ（Recruit innovation group）」と呼ばれていた。今も続く事業がいくつもここから生まれた。

どの企業も、１つの事業だけではさらなる成長や永遠の繁栄はありえないので、新規事業を検討する。また、既存の事業も新しいやり方などのアイデアを投入して活性化させれば、さらに強い事業になり、ビジネスの寿命も長くなる。しかし、いくら「新しい商品やサービスを生み出そう」と経営トップがいってもなかなか出てこないのが実情だろう。それは、そのための仕組みがないからである。

リクルートの新規事業提案の仕組みの特徴は２つある。

１つは、「新規事業を提案し、実際に会社に認められ提案が通ったら、その提案をした人が実際に事業の立ち上げを行うことができる」ということ。すなわち、提案することが目的となるのではなく、本当にやりたい新規事業を提案するわけだ。おのずと、何をやるかのアイデアも、事業計画の内容や資金プランもリアリティを持つ。現実感が違うのだ。だから、実際に多くの新規事業が生み出される。

もう1つの特徴は、「非日常の推奨」である。自分が属する課や部といった既存のチームのメンバーで取り組んでも構わないが、できれば部署や組織を越え、さまざまな人とチームを組むことが推奨される。

既存の事業を行っている同じメンバーだけで話し合っても、アイデアは既存の延長になりがちだ。もちろん、無理矢理知らない人同士を結びつける仕組みまではないが、極力、他部署の人と一緒に取り組むことで、社員の異なる価値観や視点を融合させることができるという効果が生まれる。組織の壁を越え、さまざまな知を共有することで、社会に新たな価値を提供するイノベーションが起こしやすくなるのだ。この制度は進化して、最近では社外の人を巻き込んでも良いというルールにまでなっているようだ。

じつは、この新規事業の提案のために集まった他部署のメンバーが、日常の仕事を助けてくれるなんてこともよく起こる。新規事業を通じて真剣に話し合えば、コミュニケーションも深まり濃密な人間関係ができる。これも大きなポイントで、イベント的な新規事業提案という「仕組み・制度・施策」を利用して、日常の仕事の底上げも同時に行わせるような仕掛けになっているのだ。

③目標達成報奨金制度

「目標達成報奨金制度」とは、組織として目標を達成した際に、特別な報奨金が出る制度のことである。リクルートでは「ＧＩＢ（Goal-in bonus）」と呼ばれていた。当時は、「プロフィット・センター」と呼ばれる利益に責任を持つ部署単位で競争し合っていた。同じ商品を売っている課単位で競争していたのだ。そして上位に入ると、定期ボーナスとは別に、かなりの額の臨時ボーナスがもらえる。

目標を達成すれば報奨金が出ることはよくあることだ。ただ、リクルートが変わっていたのは、臨時ボーナスの「お金のもらい方」のルールである。それは、組織単位の社員旅行に参加すると全額もらえるが、参加しなければ半額しかもらえないというルールなのだ。このルールに込められている想いは、チームで仕事をするときには、オフィシャルな公式のコミュニケーションだけでなく、プライベートをふくめた非公式のコミュニケーションも必要であるということだ。

チーム内で濃密な人間関係を構築するには、仕事だけでなく、飲みながら人間関係を深めたり、運動会でチーム一体となって盛り上がったり、職場単位で旅行に行ったりすることも効果的である。しかし、仕事のオフのときまで職場の同僚と一緒にいることを嫌う人もいる。社員旅行を強制して、反発が出た会社もあるのではないだろうか。

実際、社員旅行は、「オフの日まで拘束されるのは嫌だ」「会社に強制されるのが嫌だ」などと訴える若い社員の意見が強くなり、一時期下火になった。しかし、今再び社員旅行が見直されている。同じ理由で、運動会も下火になったが、また復活している。

それらの背景にあるのは、チームとしていい仕事をするには、ベースとなる人間関係がなければうまくいかない、とあらためて実感しているからである。オンのコミュニケーションとオフのコミュニケーション、公式と非公式のコミュニケーションが必要になるのは、もはや説明の必要はないだろう。社内のメンバーは、同じ目標を持って協力し合う仲間である。仕事を遂行するうえで「これをやってください」「はい、わかりました」だけの付き合いだけでは、こいちばん、本当に信頼し合って踏ん張れる関係は構築できない。

チームビルディングの研修が増え、「心理的安全性」を実現する取り組みが増えたのは、良好な人間関係をつくり、今まで以上に強固な組織にするベースづくりであり、会社がコストをかけてまで力を入れるのは、そのほうが明らかに成果が出るためだ。個人の力も大事だが、チーム間の助け合いや結束や一体感があったほうが、仕事のクオリティとスピードが上がる。その価値は、今再び見直されている。

リクルートの「目標達成報奨金制度」という仕組みは、そのような行事に自然と参加したくなるようにうまくできているのだ。誰だって臨時ボーナスは満額もらいたい。その金額が少なければ、旅行だけで使い切ることもあるが、多くの場合には旅行代を上回る。旅行に参加せずに半額になるぐらいなら、気持ちよく参加して全額をもらうことを選ぶ人は多いだろう。この制度によって、よほどの用事がない限り、みんなが参加した。強制ではなく、あくまでも自由意志での参加である。このちょっとしたことだが、旅行に不参加だと報奨金を半額にするという仕組みは、会社が強制することなく、ほぼ全員を職場旅行に参加させる方法として、非常に効果的だったのだ。

もちろん、リクルートの社員がオフの非公式のコミュニケーションの重要性も理解していたからこそだが、人が自ら動くための仕組みとは、このようなことも指す。隣に座っている人とさえメールやSNSでやりとりする時代、自然と組織の一体感が生まれるための「仕組み・制度・施策」は重要性が増している。

④長期休暇制度

この長期休暇制度は「ステップ休暇」と呼ばれていて、3年間働くと4週間の休暇が取れるというものである。これは有給休暇扱いだが、それに加えて、ステップ休暇手当として、1カ月分の基本給と同額の手当がもらえる。至れり尽くせりの制度である。実際には、誰もが相当忙しいので、きちんと3年に一度のペースでは取得できないが、それでも気合いを入れて準備をすれば、4、5年に一度は取得できた。

当時のリクルートは平均年齢が低かったこともあり、この休暇を活用して海外に行く人が多かった。ボランティア活動を行う人、自己啓発としてふだんではできない勉強を集中的に行う人もいる。この制度を通して、日常ではできない経験をして、見聞を広めることが推奨されていたのだ。

中堅中小企業が4週間の有給休暇に加えて1か月分の給与相当額を支給するのは、莫大な負担になる。しかし、この制度は、その後の会社の発展に寄与する。当時のリクルートの各事業の「ビジネスモデル」は、ほとんどが日本国内で閉じたものが多かった。リクルート自体、ドメスティックな企業だったのだ。もちろん留学生向けの採用情報誌を海外で出していたので、海外展開をしていなかったわけではない。しかし、圧倒的に国内比率が高かったのだ。国内中心のビジネスをしていると、海外事情や新しいビジネスの潮流に目が向かなくなる。その意味では、この長期休暇制度は、社員に世界へ目を向けさせるために、とても有効に働いた。

1989年にベルリンの壁が崩壊したが、私もそれからしばらくして東欧諸国を回った。現地での経験は、とても勉強になった。多くの西側企業が生産拠点として東欧諸国に進出したのは、労務費の安さが大きな理由だったが、その経済格差を目のあたりにすることができた。

アメリカに行った社員たちは、アメリカで見た新しいものを持ち込んだ。とくにインターネットの勃興期だったので、アメリカではいろいろなサービスが生まれていた。

そうやってさまざまな人がさまざまな場所に行って見聞を広めて帰って来たことは、この制度のために莫大なお金をかけても、十分に元が取れる以上の何倍もの価値に結びついたはずだ。

さらに、この制度には、もう1つの狙いがある。それは、下の人間の育成につながることだ。当時はインターネットで自由にメールをやりとりして仕事を進めるような時代ではなかったので、海外に行くと今のように簡単には連絡が取れなかった。そこで、この長期休暇に入る上司や先輩の仕事を引き継いだメンバーや後輩がたくましく育ったのだ。

事前に4週間不在にすることがわかっているから、その間に起こりそうな事態を上司とメンバー、先輩と後輩で必死に考え、丁寧に準備してから休暇に入る。仮に不測の事態が起こっても、そう簡単に連絡が取れないから、残った次の若手が自分の判断で対応しなければならない。その4週間を乗り越えた若手は、明らかに成長していた。

現在では、世界中ほとんどの場所で連絡がついてしまうが、上司や先輩不在のなか、メンバーや後輩が自分で考え、必死に課題を解決する体験は、人を大きく成長させる。上司や先輩に依存するクセがある人も、自立し自律できるようになっていく。今のような時代でも、人を育てるためには、これと同じような状況をつくり出せる仕組みが必要なのかもしれない。

⑤40歳定年制度

当時のリクルートでは、40歳で定年退職する制度があった。今でこそあまり驚かれなくなったが、以前は講演やセミナーでこの話をすると、「40歳で定年とは何とひどい会社なのだ」とよく驚かれた。

正確にいうと、40歳で絶対に辞めなければならないわけではない。無理矢理追い出されるわけではなく、優遇された退職金をもらい定年退職することを選択できたのだ。通常の賃金テーブルに紐づけられた規定の退職金の他に、1000万円の加算金が支給された。なぜ、1000万円なのか。それは、制度が成立した当時、株式会社を設立するには資本金として1000万円が必要だったからである。退職して会社を興す人のために、資本金として活用できる金額が想定されたのだ。そして、「40歳」という年齢にも理由がある。自分で事業や、何かをはじめるには、気力も体力も必要である。40歳は、20歳すぎから働きはじめ、当時の一般的な定年退職の年齢である60歳までのほぼ真ん中、まさにビジネス人生の中間点に近いのだ。

何より、もともと当時のリクルートに入社してくる人たちは、いつかは自分で何かをやりたいと考えている人が多かった。私もその制度ができたときに、喜んだうちの1人だ。いつかは自分で何かをしようと考えていたからだ。

じつはこの制度が成立した前提には、リクルートの社員のマインドの特徴がある。リクルートは採用時から「自分で何かをやりたい」と考えている人を数多く集めていた。「自走型」と呼んでおり、自分で勝手に走り出すようなタイプの人を好んで採用していたのだ。あえてこのことに触れているのは、「仕組み・制度・施策」は、どんな社員がいるのか、つまり社員の価値観や傾向とセットで考えないといけないからだ。独立など怖くてできず、1つの会社で一生勤め上げたいと考えている社員が多ければ、この制度はなじまない。

しかし、当時のリクルートでは、この制度に賛同する人が多く、正式にこの制度ができてからは、多くの社員が40歳からの自分の第二の人生を考えるようになった。つまり、40歳に向けて起業の準備や転機を迎える心の準備をはじめる人が増えたのだ。


この制度は、きわめて合理的に設計されている。具体的には38歳〜42歳までの間に制度を使って退職すると、加算退職金は満額もらえる。42歳をすぎると加算退職金は一気に減額される。そして、数年で通常の退職金と同じ扱いになるのだ。

仮に、40歳を起点に1000万円の加算退職金が毎年100万円ずつ減り、最終的には49歳まで使える制度設計にすると、40歳前後で退職する人はそれほど多くはないだろう。しかし、その5年間しか満額は受け取れない仕組みにすることで、この期間に退職する人が圧倒的に多い状態をつくり出せる。これこそが、制度によって行動を促す典型的なケースである。

「40歳定年制度」の会社にとってのメリットは、従業員の新陳代謝が図れることだ。結果、常に若いエネルギーを中心とした会社に保たれる。社員としても、加算退職金を手にすることによって第二の人生にチャレンジできる。

また、制度自体が大きなメッセージを発している。「40歳以降は、自分で生きていく道を探しなさい」と。これが認識されれば、早くから40歳以降の人生について余裕をもって考えることができる。私も入社したときから、いつかは自分の腕で生きていきたいと考えていた。この制度ができたことで、自らの意思が明確になり、結果として行動が変わった。

実際に、私の場合はさまざまな研修を受けるときでも、研修の内容だけでなく、常に教える側のノウハウも吸収するように心がけた。具体的には、ノートの左右の片方には実際の研修の内容を、もう片方には明日から同じ研修ができるように講師が話す小ネタや呼吸を置くタイミングまでメモをした。研修を教える側に立つ覚悟で研修を受けるので、同じ時間でも吸収度合が何倍にもなった。「仕組み・制度・施策」は、人の生き方や心構えまで変える効果があるのだ。

「仕組み・制度・施策」は、それを実行すると社員の心理に何が起こるかまでを考えなければならない。逆にいえば、心理的な変化を起こすには、どのような「仕組み・制度・施策」を取り入れればいいかを考え抜く必要がある。「仕組み・制度・施策」はそこまで深く考えてつくらなければならないのだ。カタチだけ整えても、人の動きは変わらない。

「組織」は「戦略」に従う、「戦略」は「組織」に従う

この章では、「今、自社が置かれた状況はどうなのか」、それを理解したうえで、リクルートの事例も交えて最適な「仕組み・制度・施策」を設計しなければならないということをお伝えしてきた。

長期的視点に立てば、理想をめざして組織をつくり、それに合わせた「仕組み・制度・施策」を設計するべきだ。しかし、短期的視点では「今、存在する人材」でどこまで戦えるかを最大限に考えて、その意図に合うような行動を促進させる「仕組み・制度・施策」を設計していく。そこには「組織は戦略に従う」「戦略は組織に従う」という永遠の命題を整理して把握しておくことが重要になる。

アメリカの経営学者アルフレッド・チャンドラー氏は、「（経営）戦略」によって必要な「組織」は異なると説き、「組織は戦略に従う」という。ゼロから組織をつくれる場合は、まさにその通りだ。

既存の組織でも、中長期的に見れば「組織」は「戦略」によって変化するといえる。「戦略」の上位概念である、世の中をこうしたいという「企業理念（社外規範・社内規範）」を実現するために「戦略」があり、その「戦略」の実行のために組織構造を設計し、人材を集め、それが機能するような「仕組み・制度・施策」をつくることが求められる。

一方、ロシアの経営学者イゴール・アンゾフ氏は、「戦略」は現状の「組織」の力量に左右されるので、「戦略は組織に従う」と提唱した。現実には、ゼロから組織をつくる余裕などなく、短期的に会社を変化させる必要に迫られるケースがある。

たとえば、スマートフォンの普及で小型カメラの需要が一気に縮小したカメラメーカーのようなケースだ。何か手を打たなければ会社が消滅してしまうような局面では、既存の「組織」の能力をもとに新しい「戦略」を立てなければならないのだ。今、存在する人材や組織の能力は急には変えられない。だからこそ、このような局面では、人材や組織の能力を最大限活用しながら大きく舵を切るための「仕組み・制度・施策」をつくることが求められる。

「仕組み・制度・施策」を設計する人間は、「戦略によって組織は変化する」「組織によって戦略は変化する」という2つの命題を常に頭に入れて使い分けながら、会社の現状を冷静に判断していくことが求められる。

そして、経営に関する名著として知られるジム・コリンズ氏の『ビジョナリーカンパニー2飛躍の法則』の中では、「誰をバスに乗せるか」が重要であり、最初に人を選び、その後にどこに向かうべきかを決めると説かれている。「何をするか」よりも「誰をバスに乗せるか」のほうが重要になるのだ。

それに私の考えを加えると、「企業文化」にふさわしくない人には降りてもらい、「企業文化」にふさわしい人だけが乗っているバスにするということである。そこにいる人たちのモチベーションを高め、持てる能力を最大限に発揮させるような「仕組み・制度・施策」が加われば、バスは必ず成功に向かって走り続けるはずだ。

コラム 2

ファーストリテイリング・柳井正さんから学んだ「成功と失敗の分水嶺」

ファーストリテイリングでは、頻繁に役員、執行役員で会議を開き、さまざまな意思決定をしていた。

そのような会議では、経営トップの柳井さんが最初に答えをいうことはない。先にいってしまうと、参加者が同じような意見を述べるからだ。それぞれが本音で思っていることを俎上に載せ、議論し、そのうえで意思決定されるケースが多かった。

あるとき、多くの役員が反対している案件があったが、最後に柳井さんの「やりましょう」のひと言で実行されることが決定した。私は会議が終わった後、柳井さんにその理由を尋ねた。

「あれだけ反対が多かったのに、最終的に、やると決めたポイントは何なのですか？」

すると、次のように教えてくれた。

「同じ失敗をするなら、誰よりも早く失敗したほうがいいのです」

趣旨は、こうだ。

何か新しいこと、今までにやったことがないことをやる際には、多くの人が賛成し出したら、時すでに遅し。他の誰かがやりはじめている可能性も高い。だからこそ、誰よりも先に挑戦して、誰よりも先に小さい失敗をしたほうが良いのだ。そして、その失敗の中から、成功するポイントを誰よりも早く見つけることこそが大事だ、ということである。

柳井さんのこの考えを、私は「成功と失敗の分水嶺」と名づけた。柳井さんは最初の著書『1勝9敗』の中で、「誰よりも早く、致命傷にならない範囲で失敗する価値」の重要性を説いたが、実際、柳井さんはさまざまな失敗をしている。

たとえば、かつて「ユニクロ」の姉妹ブランドとして「ファミクロ」「スポクロ」を立ち上げるが、うまくいかないと見るや、すぐに撤退した。それ以外にも、さまざまなトライアルと、失敗をしながら現在の「ビジネスモデル」にたどりついた。

海外への出店も、何度も失敗している。私がファーストリテイリングに在籍していたときにも海外初進出として、英国に21店舗まで店舗網を広げたが、いったん6店舗まで縮小した。しかし、そのような失敗を繰り返し、「ＰＤＣＡサイクル」を繰り返すなかできちんとノウハウをつかんだからこそ、海外の売上が日本国内の売上を抜くところまで成長させることができたのである。
真剣にやり続けた結果としての失敗は、すべて何らかの果実になる。失敗があるからこそ成功するといえるのは、うまくいかなかった理由を真剣に考え抜き、試行錯誤を繰り返し、何としても成功させるという覚悟で、そのコツをつかもうと努力した人だけだ。

そのような覚悟のうえで、「成功と失敗の分水嶺」の見極めが命運を握る。
「分水嶺」とは、雨が降ったときに山脈のこちら側に流れるか、あちら側に流れるかの境目のことをいう。重要なのは、その「分水嶺」、つまり「成功のポイントはこれだ」という核心を見つけることである。それに気づき、検証し、見極めて、さらに見極めて、最終的に確信を得る。そして、確信が得られたら、大きく張って勝負する。これが柳井さんの勝ちパターンであり、ファーストリテイリングの勝ちパターンなのだ。

いわゆる「一発屋」と呼ばれる存在のように、ある商品やサービスを一度だけ当てることはできたとしても、ヒットする商品やサービスを継続的に出し続けることができる企業はそれほど多くはない。一発屋は、なぜそれが受けたのか、なぜ売れたのかがわかっていないからだ。「成功と失敗の分水嶺」を見極めることなく、勘を信じ、次を大きく張ってしまうから、大きく失敗して立ち直れなくなる。

ファーストリテイリングが利益を出し続けているのは、「分水嶺」を確信するまでは、致命傷にならない程度に小さな失敗を繰り返すからである。そして、「分水嶺」を見つけた瞬間に、大きく張る。大規模に勝負するからこそ、利益が出る可能性が高まるのだ。せっかく「分水嶺」を見つけても、小規模な勝負では大きな利益は出ない。下手をすれば、大手に気づかれ、真似されてしまう恐れすらある。

あらゆるヒット、あらゆるイノベーションは必ず、強い「当事者意識」を持った人が試行錯誤を繰り返しながら「分水嶺」を見極め、ブレークスルーすることで成し遂げてきたはずだ。

「リスクを取らないと、利益は出ません」

これは柳井さんの口癖だ。リスクを最小化する努力は当然しなければならないが、リスクを許容しなければ利益は出ない。「成功と失敗の分水嶺」を見極めたら、リスクを許容し、勝負をかける。ユニクロは「成功と失敗の分水嶺」を見極め続けてきたからこそ、世界中の人から愛されるブランドになったのだと思う。

第 3 章

強い会社に
変わるための
「思考のフレーム」

「問題点」と「強み」をあぶり出し、
自社に必要な「仕組み・制度・施策」を
生み出す

会社の「問題点」と「残すべき強み」をあぶり出し、「理想の企業文化」に導く「思考のフレーム」

この章では、実際に自社に合った「仕組み・制度・施策」をどのように導き出すのか、その方法を紹介する。次ページの図にあるシートは、私が実際に経営コンサルティングで活用している「思考のフレーム」である。とてもシンプルで、どの会社でも、誰でも使えるものだ。

手順を説明しよう。現状分析を行う。具体的には、現状の「問題点」と「残すべき強み」を洗い出す。図のシートの左側がそれにあたる。上の「良い企業文化（残したい企業文化。強化したい企業文化）」が「残すべき強み」の洗い出し、下の「良くない企業文化（変えたい企業文化）」が現状の「問題点」の洗い出しである。今度は、シートの右側を見ていただきたい。これは「理想の企業文化」だ。現状にとらわれることなく、自社のめざすべき理想の姿を描くのだ。

「思考のフレーム」を活用するプロセスでは、「組織診断7つの視点」で紹介した①意思決定の「方法」と「スピード」、②「価値観」「方針」の浸透、③人材の「質」と「量」、④「自由」

強い会社に変わるための「思考のフレーム」

<table>
<tr><td>良い企業文化
（残したい企業文化、強化したい企業文化）</td><td>理想の企業文化</td></tr>
<tr><td></td><td rowspan="3"></td></tr>
<tr><td>良くない企業文化
（変えたい企業文化）</td></tr>
<tr><td></td></tr>
</table>

と「規律」のPDCAマネジメント、⑤情報の「共有」と「活用」、⑥評価の「仕組み」と「報酬」、⑦「主体性」と「モチベーション」も常に意識してほしい。各項目で、自社は何がうまく機能していて、していないか、何がどうなっているべきかを考えながら現状を分析し、理想の会社に導いていくのだ。

そうして現状分析である「良い企業文化」「良くない企業文化」と、めざすべき「理想の企業文化」をそろえたうえで、現状を打破して「理想の企業文化」に近づけるための「仕組み・制度・施策」を考えていく。そして忘れてはならないのが、導入する「仕組み・制度・施策」は、「企業理念（社外規範・社内規範）」と自社の「コア・コンピタンス」を強化するものでなければならないことだ。

具体的手順は、プロセスごとに説明していく。

「良い企業文化」「良くない企業文化」を徹底的にあぶり出す

まず、あらためて「思考のフレーム」の構成を解説したい。フレームの左側にある「良い企業文化」と「良くない企業文化」は現状分析である。「良い企業文化」とは、「残したい企業文化」であり、「強化したい企業文化」のことだ。「良くない企業文化」とは、「変えたい企業文化」と言い換えることもできる。

多くの会社では、「良くない企業文化」ばかりを考え、それを改善すれば、うまくいくととらえがちだ。良くないところを潰すのも大事なことだが、残すべき「強み（良い企業文化）」がないと、その会社のそもそもの価値自体が揺らぎかねない。会社を変えるには、両方を分析することが必要なのだ。

私が自社の現状分析を重視し、この2つに分けているのには理由がある。現状分析が不足した状態での議論は、誤った方向へ導く恐れがあり、失敗しやすい。病気の原因がわからずに治療をした場合、たまたま偶然に治ったとしても、再発する可能性は限りなく高いように。会社

強い会社に変わるための「思考のフレーム」

良い企業文化（残したい企業文化、強化したい企業文化）	理想の企業文化
良くない企業文化（変えたい企業文化）	

の「企業文化」もうまくいっている原因、うまくいっていない原因がわからないと、成功したり問題が起こったりするたびにその対応はモグラたたき的に続く。そうならないためには、対症療法ではなく、良いことも良くないことも「原因療法」として現状を探るのだ。

「良い企業文化」の分析は、そこから生まれる成功パターン（良い事象）の再現性を高める方法を見つけるためである。偶然うまくいっていることも、必然性高く起こるようにすべくだ。「良くない企業文化」は、そこから生まれる失敗パターン（悪い事象）をなくすために、理想に近づけるために、何としても変える方法を見つけるためである。手順として、まずは、この2つの事実をあぶり出すところからはじめる。

実際の組織変革のコンサルティングでは、この現状分析はグループワークとして行うことが多いので、その方法を紹介するが、もちろん、読者の方が1人でやっていただいても構わない。自分でやってみて、周囲の方を巻き込んでいただくのもありだ。

コンサルティングのグループワークの場合、参加者は、会社の幹部と、会社の変革を担う人事のメンバーの方に集まっていただく。組織変革のプロジェクトメンバーは、本気で変えようとする人たちでないとダメだからである。この段階で、一部の幹部や人事のメンバーの中には、本音では変える必要はないのではないかと思っている人もいることがある。その場合には、この現状分析を共有するところからはじめる。そうすると、現状でパーフェクトな会社などほとんどないので、変革の必要性はおのずと共有される。

この組織変革への温度感を合わせることが重要なのは、変革するのは大変なことなので、本気で取り組まなければ実現などしないからである。「当事者意識」がなく、どこかに「やらされ感」を持っている人では、なかなかやり切れることではない。逆に、本気で取り組めば、会社は必ず変わる。もちろん、変わるためのプロセスや時間は必要だが、少しずつ確実に変化してゆく。

組織変革への温度感がそろったら、まずは参加者1人ひとりが、誰とも話し合わずに単独で「良い企業文化」を100個、「良くない企業文化」を100個考える。次のミーティングまで

もらう。
書き、その下に「なぜそう感じたのか」「それはどんな事実からか」を同時にメモしておいて
具体的には付箋に書き込んでもらう。たとえば、「良い企業文化」だと思う言葉を大きめに
の宿題としてやってもらうことが多いが、その場でやってもらうこともある。

この「どんな事実から、そう感じたのか」は、とても重要な情報になる。なぜなら、多くの
場合、人は何らかの現象や事実を見たり聞いたりするか、他人の意見などから自分の意見を形
成するため、そう思ったり感じたりした根拠をはっきりさせておくことが欠かせないからだ。
思った根拠が、自分で事実を確認したのではなく、メンバーから聞いた話からそう思い込んだ
ということも実際にはある。そのメンバーからの話がじつは噂話で、事実かどうか不明という
こともよくあることだ。

また、「どんな事実から、そう感じたのか」を大切にする理由がもう1つある。それは、事
実がたくさん集まるほど、原因の特定や解決策のヒントとなり、「何に取り組むべきか」を見
出しやすいからだ。

なぜ、100個なのか。これまでの経験から見て、およそ30個あたりまでは抽象度が高く似
たような内容が挙がってくる。「わが社はコミュニケーションがうまくいっていない」「上下の
風通しが悪い」「評価に不満を持っている人が多い」などだ。

ただし、「うちってコミュニケーションがうまくいってないよね」といっている間は、解決

策を見出せない。抽象度の高い概念的な事象だけでは、どんなに考え続けても具体的な解決の糸口は見えてこないからだ。最初の30個はこのレベルに近い項目が出てきても良い。直感でそう思うということは、今までの個別の事実の蓄積がそう思わせていることでもあるので、これも重要な情報となる。けれども、50個、100個と書こうとすると、より具体的に落とし込んで考えなければ数をそろえられない。そこに書く人ごとの違いが出てくる。

「指示がなかなか実行されない」、なぜなら「Aという部署に指示を出しても、返事は良いが全然実行されないから」というふうなことが挙げられるようになってくると、問題は何か、どこにあるのかのヒントになるわけだ。

実際には、付箋を貼って分類し、みんなでその原因や因果関係を分析するために議論してゆく。たとえば、「このAという部署の現象は、他でも起こっている全社的なコミュニケーションの問題なのか」、それとも「Aという部署特有の何かに起因する問題なのか」、そこから「Aという部署はなぜ動かないのか」「Aという部署を動かなくさせている要因は何か」「単にAの組織長の問題なのか」、それとも「組織長をやりにくくさせている何かがあるのか」「組織長とメンバーとの問題なのか、あるいは組織間の問題なのか」と考えていくわけだ。

1つの現象でも、原因は多様だ。仮に組織長個人の問題だったとしても、「能力がないからなのか」「能力は高くても、動いて良いのか判断する軸を持っていないからなのか」「判断する軸までは持っているけれども、判断した結果の責任を問われるのが怖くて動けないからなのか」「判断した後に、社長や役員に直接報告しなければならないから、それが心理的負担になって動けないのか」など、ここまで突き詰めて「本当の理由」を探し出す必要がある。

プロジェクトメンバーの1人が、「良い企業文化」として付箋を100枚、「良くない企業文化」として付箋を100枚持ってくる。組織変革のプロジェクトメンバーが仮に10人だったとすれば、「良い企業文化」だけで1000個の事象が集まる。同じように「良くない企業文化」でも1000個の事象が集まる。具体的に考えれば考えるほど、人によって内容に違いも出てくる。その結果、それぞれの現場で起こっている重要な問題があぶり出される仕掛けになっている。問題の本質は、細部の事象に宿っているのだ。そのような2000個の事象こそ、変革のヒントが隠された宝の山となる。

この付箋に書き込むワークを行ううえで、「企業文化」という概念が曖昧でとらえどころがないと感じた場合には、2章の「組織診断7つの視点」に加えて、次の観点で考え、良いと思うこと、良くないと思うことの事実を見つけると挙げやすくなる。

事実を見つける糸口として、思考の広げ方を5つ紹介する。

①「日常の業務」から広げる方法

自分の担当部署や全社の動きを見渡して、「1日」の動きのなかで素晴らしいと賞賛したくなることはないか、逆にこれはまずいだろうと引っかかることはないかを思い浮かべてみる。それを、同じように「1週間」「1カ月」「四半期」「半年」「1年」と時間の単位を広げて具体的に考えていく。実際に頭の中で思い出しながら、時間軸を移動させるといろんなことを思いつくはずだ。

②「組織間で起こっている現実」から広げる方法

人や組織の「関係性」に目を向けてみるのだ。たとえば、「社員とパートの間で気になること」「課長とメンバーの間で気になること」「課長と部長の間で気になること」「部長と役員との間で気になること」「課と課の間で気になること」「部と部の間で気になること」「お客様との関係で気になること」「取引先との関係で気になること」などだ。課長や部長、課や部に、具体的な名称を入れていけば、考える際の糸口は無数にあるはずだ。それを頭の中で日常を思い出しながら考えて、気づいたことを付箋に書き込んでいく。

③「企業理念の実現状況」から広げる方法

自社の「企業理念」である「社外規範」「社内規範」を念頭に、理想的な行動とそれを促進していうような事象を、また理想からはずれた嘆かわしい事象を思い起こす。

④「コア・コンピタンスに結びつく行動」から広げる方法

「コア・コンピタンス」をより強化するという視点で見たときに、望ましい事象、望ましくない事象はないかを探していく。

⑤「全社のルール」から広げる方法

全社的な仕組みやルールに焦点を合わせて思考を巡らせてみる。人事の仕組みは、その典型だろう。昇進、昇降格、評価が確定するまでのプロセス、評価指標、フィードバックの在り方など視点はたくさんあるはずだ。全社のルールは、人事だけでなく、経理部関係のルール、総務部関係のルールなど多種多様に張り巡らされているはずだ。それらを考えながら、納得できる良い仕組みや、なかなか守られず、形骸化して意味を失っている仕組みについての事象を考えていく。

この5つの思考の広げ方を行えば、100個では収まりきれなくなるかもしれない。もしも何百個も出てきたら、優先順位をつけて100個ぐらいを選んでほしい。

先入観を持たずに、「KJ法的アプローチ」で課題を整理する

各自が100個ずつ考えた「良い企業文化」「良くない企業文化」の内容を、メンバー全員で話し合いながら、似ているグループごとに分けてゆく。その際に私がお薦めする最適な方法は、「KJ法的アプローチ」だ。「KJ法」は、文化人類学者である川喜田二郎氏が著書『発想法』の中で紹介した、データをまとめるための手法である。考案者のイニシャルから「KJ法」と名づけられた。

この手法は、1カ所に集められた多くの情報に対して、似たものを集めるグルーピング、そのグループに見出しをつけるラベリング、グループ間の関係性を整理する図解化、それをまとめる文章化という手順を踏むことで、本質的な問題の特定や新たな問題解決策の発見などを実現させることができるのが特筆すべき点である。

「企業文化」をどのように変え、どのような「仕組み・制度・施策」を構築するかは、正解のない答えを探し求めるようなものである。おそらく、「KJ法」を編み出した川喜田氏は「人

類の文化」という正解のないものに特徴を見出そうとしてこの方法にたどりついたはずである。「企業文化（の分析）」と「人類の文化（の分析）」は「人の営み」によって形成されるという点で、相通ずるものがある。もともと文化人類学のフィールドワークによって得られた膨大な情報を、効率良く整理する方法として生み出されたものなので、事象や事実にもとづいてグループをつくり、そのうえで関係性を紐解いていく。

このアプローチが、とりわけ「企業文化」を整理するワークになじむのは、はじめから問題を決めてかかったら、見落としやすいからだ。通常、分類しようとすると、先にフレームを決めようとするケースが多い。先にフレームを決め、そのフレームにあてはめて分類するほうが作業が早い。しかし、そのフレームの枠内でしか考えられなくなり、きれいにフレームに収まらない問題を見落とし、問題の根本的な構造を理解できなくなる。

たとえば、先入観でフレームを決めてから「企業文化」を考えると、次のような弊害が生じる。あらかじめ「メンバーとマネジャーの問題」「部門間の問題」などと整理してしまうと、本当はさまざまな複雑な問題が潜んでいることも少なくないのに、用意された箱のどれかに分類してしまう。一方、明らかに「部門間の問題」という箱に入りそうだと予断できる事象も、「KJ法的アプローチ」で自由に発想すると「部門間での足の引っ張り合い」や「お互い、お手並み拝見状態」など、もっと核心を突いた見出し（ラベル）になる可能性もある。

「部門間の問題」だと、一見するとそれっぽい原因のようだが、じつはかなり曖昧なままで

「何をどうすれば良いか」はまったく具体的に見えてこない。だが、あちこちの部署間で「お手並み拝見状態」が起きている事実が挙がったのであれば、その原因を見つけ出して、解決していけばいいわけである。

この「KJ法的アプローチ」で、「良い企業文化」と「良くない企業文化」を、どのようにまとめるのかを、ここであらためて整理していく。どちらもやり方としては同じである。

手順はこうだ。まず、みんなが持ち寄った各100個の事象を、なぜそれを出したのか、理由まで共有しながら、似たものを直感で集めていく。すると、いくつかの「塊（グループ）」ができるはずだ。大きな塊もあれば、付箋が少ない小さな塊もあるだろう。必要であれば、大きな塊は、さらに分けられないか考えてみよう。

次に、その「塊」ごとに見出しをつけていく。これも直感で構わない。なぜそれが似ていると感じたのか、それがわかる見出しにする。問題の現象を客観的に表現した見出しや、それが起こる理由を表現した見出し、それらによってどんな影響があるのかを表現した見出しの場合もあるかもしれない。いずれにせよ、この段階では、ニュアンスを大事にして自由につけていくのだ。たとえば、「年齢の高い社員と、若い社員との間に起こる問題」とか、「言い出しっぺがやらないといけないので、気づかないふりをする現象」「誰も結論を出さないので、進まない事象」などというように。

それぞれの塊に見出しをつけたら、次は、その塊と塊の関係を考えていく。似た塊を近くに集めたり、関係なさそうなものを遠ざけて置いたり、また、塊と塊を因果関係で結びつけたり、時間軸で結びつけたりして、関係を考えて紐づける。

実際には、Ａ３やＡ４サイズの紙に付箋を貼って塊をつくり、それに見出しを書き込む。そして、塊と塊の関係を付箋のついた紙ごと動かしながら見つけていくのだ。おおよその関係が見えれば、ホワイトボードにマグネットで留めたり、模造紙の上に置いて、関係性がわかるように線でつないだり、囲ったりして、そのそばに関連づけた理由を書いていく。

ここまでくると、「企業文化」についてさまざまなことが見えてくる。「Ａという塊があるから、Ｂという事象が起きているのではないだろうか」とか、「Ｃという事象があるから、ＤもＥもＦの事象も起きているのではないだろうか。それであれば、真っ先にＣを解決しないと、他の事象はなくならないな」など、さまざまな想像ができ、会社で起こっている多くの事象がわかるはずだ。

この一連の作業は、似たものを直感で集めてグループ化するのも、グループである塊に見出しをつけるのも、塊同士の関係性を見つけるのも、すべてクリエイティブなワークである。そのため、頭を柔軟にし、参加者同士が自由に話せる環境で行うことが大切だ。

そしてこれは、クリエイティブなワークなだけに、メンバーが異なれば、分析結果も異なるものになる。メンバーが多い場合には、いくつかのチームに分かれて行うケースも少なくない。その場合には、チームごとに特徴のあるまとめ方になりやすい。チームによって異なるからこそ、それを共有することで、また新しいヒントが見つかることが多い。

この「良い企業文化」と「良くない企業文化」の現状分析は、「仕組み・制度・施策」を考える際のベースとなる。組織変革の出発点とも原点ともいえる。だから、そこであぶり出された現状分析の結果はいつでも見られるようにしておく。写真に撮って保存したり、模造紙から紙や付箋が落ちないように、糊やテープで留めて保存し、必要な際にすぐ広げられるようにしたり、プロジェクト専用として使える部屋がある場合には、常時貼っておいたりするのだ。これを見続けていると、新たな関係性に気づき、新しい線を引きたくなったり、塊をもう少し分割したくなったりする。

そして、現状分析したものを見続けた結果、何か思考に変化が生まれてくる。会社の現状の見方やとらえ方が進化しているからだ。そうして思考が広く深くなることで、最初は気づかなかった奥底に潜む「原因」に気づけたりもする。

「なぜ、そのような行動をするか」を心理面から考え抜く

「良い企業文化」と「良くない企業文化」について持ち寄った項目を「KJ法的アプローチ」でまとめ、それを参加者全員で議論し、それが起こる根本となっている事象を整理する作業を経ると、「原因」や「背景」が全員で共有される。いわば、解決策を考える目線が合ってくるのだ。

「原因」や「背景」を考えるトレーニングとして、「営業車の使い方の問題」があぶり出されたケースで考えてみよう。

営業車を使用する際に、乗り終えた営業車を所定の位置に戻さない、車内が汚れたままで放置するなどの問題が起こっていた。その問題の「原因」と「背景」について、参加者全員に「なぜだと思うか」問いかけてみる。

営業車の使い方のルールについて聞いてみたところ、次のような意見が出た。

・そもそもルールを決めていないのではないか
・ルールはあるが、そのルールに問題があるのではないか
・ルールを決めているのに営業パーソンに伝わっていないのではないか
・営業パーソンがルールの運用を勘違いしているのではないか（きちんと伝わっていない場合、伝える側に責任があるかもしれない。聞く側に責任があるかもしれない等）

もし営業部ではルールの存在を知っているのに、守られないとすると、次のような「原因」や「背景」が見えてくる。

・個人の倫理観の問題
・営業車に関するオペレーション上の問題（駐車場が狭く入れにくい。社内を清掃するウェットシートの予算が認められない等）
・営業パーソンの時間的余裕のなさ
・営業パーソンが潜在的に抱える会社に対する不満

このように、広げ、掘り下げ、具体的に考えていく。「原因」と「背景」を考える際には、あえてさまざまな言い方に換えて考えてみることも大切である。

私が問いかけるときも、参加者が考えやすいような聞き方にアレンジする。


「できない理由は何だと思いますか？」

「やらない理由は何なのでしょうね？」

「思いあたる節はありますか？」

「どうしてそうなるのでしょうか？」

「何がそうさせていると思いますか？」

「阻害しているものは何なのでしょう？」


そして、グループ化した塊と塊の関係にも、思考が深まるような問いを投げる。


「この現象が起きているのは、こちらの現象が原因になっているからではないですか？」

「この現象とこの現象は、こういうことでつながっているのではないですか？」

「この現象が起こるまでには、先に何かがあるのではないですか？」

似たものや、つながりがありそうなものは、その点を議論する。1つの現象を縦に深く掘っていくだけでなく、どのように影響を与え合っているか横にも広げて展開しながら議論していく。通常は結びつかないようなことも、あえて結びつける視点で考えてみるとつながることも多々ある。さまざまな事象が影響し合っているかもしれないという前提で議論をすると、自社の課題を構造的に認識できるようになる。すると、構造的に変えなければならないポイントが見えてくるのだ。

ここまで準備できたら、次は「理想の企業文化」を考えるステップに移る。

現状にとらわれず、「理想の企業文化」をイメージする

現状分析の後は、「理想」を考える。ここでのコツは、現状に引きずられずに、純粋に「理想の企業文化」を考えることだ。

一般的に、改善策を考える場合、現状分析を行い、その結果から、さて何に取り組もうかとなるケースが多い。しかし、それだと現状の枠内での発想しか出てこない。ここでは、あえて現実を忘れ、それまで行った現状分析とは完全に切り離して考えていく。自社の「コア・コンピタンス」がより強くなり、「企業理念（社外規範・社内規範）」を実現するためには、社員がどのような気持ちになるのが理想的なのか、どのような行動を起こすことが理想的なのか、それらを自らの言葉で挙げるのだ。

スティーブン・R・コヴィー氏は著書『7つの習慣』の中で、「すべてのものは二度つくられる」という原則を紹介している。すべてのものはまず頭の中で創造され、次に実際にかたち

強い会社に変わるための「思考のフレーム」

良い企業文化（残したい企業文化、強化したい企業文化）	理想の企業文化
良くない企業文化（変えたい企業文化）	

あるものとして創造されるということだ。

つまり、知的創造が第一の創造であり、頭の中でイメージされ創造されてゆくことの大切さを伝えている。そして、物的創造が第二の創造であり、具体的にその理想をかたちにするために取り組むべきことを詳細に設計し、抜かりのない段取りを組み、実行していく。

「企業文化」を考えていく際にも、同様の手順を踏む。現実にとらわれずに、純粋に理想を考える。まず、理想をイメージできなければ、理想の会社や理想の企業文化が実現するはずがないからだ。

理想を考える際のポイントも、2章の「組織診断7つの視点」に加えて、「『良い企業文化』『良くない企業文化』を徹底的にあぶり出す」の項目で紹介した次の5つの思考の広げ方を活用してほしい。

①「日常の業務」から広げる方法

1日、1週間、1カ月、四半期、半年、1年という時間で考えたときに、どんなふうに行動してくれたら、うれしいだろうか。部署や人をイメージしながら、頭の中で動かす。文字通り、理想的な行動を想像するのだ。

②「組織間で起こっている現実」から広げる方法

人や組織の関係がどのようであれば、理想的だろうか。社員とパート、課長とメンバー、課長と部長、部長と役員、課と課、部と部、部門間、お客様との関係、取引先との関係は、どのようになるのが理想的だろうか。具体的に理想の姿をふくらませるのだ。

③「企業理念の実現状況」から広げる方法

自社の「企業理念（社外規範・社内規範）」などが実行され、実現していくときには、社員がどんな考えを持ち、どんな行動をとっているだろうか。

④「コア・コンピタンスに結びつく行動」から広げる方法

「ビジネスモデル」が強化され、「コア・コンピタンス」が研ぎ澄まされるには、どんな行動をすると良いだろうか。どんなことをすれば、競合他社より優位になるだろうか。

⑤「全社のルール」から広げる方法

みんなが活き活きと働いている状態とは、どんな仕組みや制度、ルールが機能しているときだろうか。「評価指標」や「報酬」が理想的な状態とはどんな様子だろうか。人事、経理、総務のルールをみんなが納得し、守っている状態だと、どのようなことが起こっているだろうか。

純粋に「理想」をイメージしたら、どうやって「理想」に近づけるか、そのための方法を考えてゆく。

理想へ導くための方法は、「思考のジャンプ」から生まれる

「良い企業文化」と「良くない企業文化」の現状分析、そして「理想の企業文化」の考察、この2つの準備ができたら、いよいよ「理想」に近づくための方法を考える段階となる。そのためには、「良い企業文化」と「良くない企業文化」を明確に分けて、別々に考える。

「良い企業文化」と「理想の企業文化」を俯瞰して、何をどうすれば、理想に近づくかを考える。このときのポイントは、「再現性」である。良い事象が生まれている要因を分析し、「再現性」高く確実に何度も起こるようにするには、どうすれば良いかを考えるのだ。

同じように、「良くない企業文化」と「理想の企業文化」を俯瞰して、何をどうすれば、理想に近づくのかを考えていく。当然、「良い企業文化」よりも難易度は高い。今うまくいっていないものを理想に近づけるわけだから、原因や背景、そうなっている要因を考え抜かなければならない。そして、それを解決するための方法を編み出すのだ。そのアイデアを生み出すに

強い会社に変わるための「思考のフレーム」

良い企業文化 （残したい企業文化、強化したい企業文化）	理想の企業文化
良くない企業文化 （変えたい企業文化）	

は、「思考のジャンプ」が必要となる。「思考のジャンプ」には、創造性が欠かせない。

アインシュタインは「観察結果を並べても、ある概念をつくり出すことはできない。事実とは直接つながらない公理に思考をジャンプさせることが必要だ」と述べた。事実の観察の延長だけでは、命題を解く前提になるような一般に通ずる道理は生まれないということである。アイデアを出すためには、わかりやすくいえば、論理的思考から創造的思考へと脳の使い方を変える必要がある、というニュアンスを伝えたかったのだ。

たとえば、「良くない企業文化」を変えるために、突拍子もないことや超理想的なことを思いつき、それを導入するとどうなるか、頭の中でシミュレーションしてみる。今度は、超現実的な施策をやり続けるとどうなるかを想像してみる。両方のギャップをヒントに、最適な案を考えていくのだ。また、他の企業に似たような解決事例があれば、それを導入したらどうなるかなど、さまざまなシミュレーションをしてみる。頭の中で起こることなので、具体的な説明は難しいが、創造性を発揮しながらそれらをたくさん考えてみて、自社にふさわしい解決策を見つけ出すのだ。

解決策を考えるのは、事象の塊ごとに対してである。たとえば、部署間の問題「お手並み拝見状態」を解消するための方法を考えるという具合だ。だから、事象の塊の数だけ考えてみる。そうすると、共通で思いつく方法もあるかもしれない。その場合は、1つの方法で複数の課題を解決できる可能性があるということだ。その作業を繰り返し、導入すべき優先度の高い方法を決めていく。塊に因果関係がある場合には、その根っこに近い課題から解決することをめざす。そこを解決しないと、それに連なる他の課題の抜本的な解決はできないからだ。

これまでの一連の流れを理解してもらいやすいように、ここからは事例をもとに紐解いていく。実際に、当時のファーストリテイリングの事象から見つけ出した課題である。その課題を解決するために、「思考のフレーム」を用いて「思考をジャンプ」させて編み出したのが、まさに4章で紹介するさまざまな「仕組み・制度・施策」ということになる。そのような視点で読み進めていただきたい。

FR社の組織変革も、課題の洗い出しからはじまった

ファーストリテイリングで取り組んだ「仕組み・制度・施策」も、これまで紹介した「思考のフレーム」を用いて、同じプロセスをたどって導き出したものである。

ここからは、あえてファーストリテイリングという実社名ではなく、「FR社」と、またブランド名を「UNQ」と表記する。その意図は、正確さを追求するあまり、前提や例外などをふくめた膨大な情報をお伝えするよりも、モデル化することで、状況を単純化し、「企業理念（社外規範・社内規範）」と「コア・コンピタンス」を強くするための「仕組み・制度・施策」の必要性やその効果をよりわかりやすく伝えられると考えるからだ。

FR社の残すべき「良い企業文化」、変えるべき「良くない企業文化」の事象を洗い出し、事象のグループ分けを行った。その見出しには、「いわれたことをやるのが美学」とか、「納得いくまで上司と話ができていない」「自社商品を愛していない人がいる」をはじめ、リアルな

言葉が並んだ。「企業理念を実現する」「製造小売業を強くする」「チェーンストアとして強くする」などの「理想の企業文化」を想定して、思考をジャンプさせながら、取り組むべき「仕組み・制度・施策」を決めていった。

これから紹介するものは、「思考のフレーム」を用いて見つけた課題を、わかりやすいように組織を想定した図の上に並べ、何を解決してゆくのかにスポットをあてたものだ（詳細までお伝えすることはできないので、あえて簡略化し、ぼかしていることはご了承いただきたい）。

これらの図は、上部に企業の本部の組織や正社員、下部に準社員とパートが描かれる二層構造になっている。FR社には全国に大勢のパート社員が働いていたので、正社員向けに行う「仕組み・制度・施策」と、準社員やパート社員向けに行う「仕組み・制度・施策」を、それぞれの視点で考える必要があったからだ。

次ページのレイヤー①は「現状の問題点に対して真っ先に進めた解決すべきテーマや実行策を表している。社員を職種別、階層別にモデル化し、幹部社員層が抱える課題や、メンバーからマネジャー層に昇格する際にどのような課題があるか、社員層にはどのような課題があるかなどを整理している。

たとえば当時、急拡大していたFR社は、優秀な社員ほど新しい店舗や難易度の高い仕事を任せざるをえなかった。そのため、人事異動のタイミングが早く、次々と部署を変わる社員も

レイヤー①
現状の問題点に対する解決すべきテーマや実行策（イメージ図）

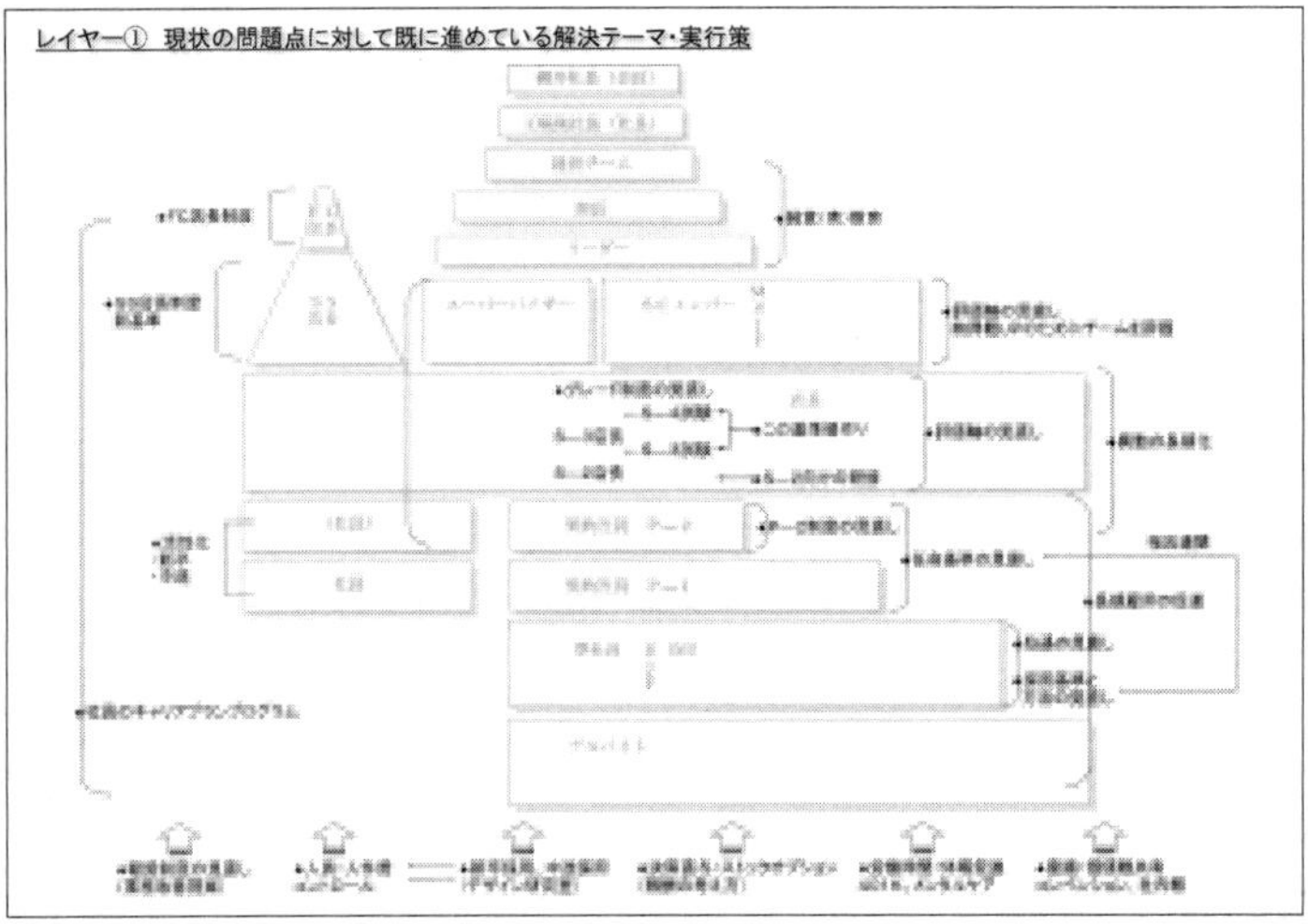

いて、疲弊している状態だった。それゆえ、任命基準の見直しなどが求められていた。そうした顕在化している問題を表現したのが、レイヤー①の図である。

「企業文化」や「組織風土」の改革のために取り組むべき課題を示したのが、次ページのレイヤー②の図だ。

そこでは、次のような課題が挙がった。部長、課長、スーパーバイザークラスまで、自信を持って判断できるように判断基準を共有するための方策の実行。上司と部下のコミュニケーションがうまくいっていない部署も多かったので、全社的に「360度評価」の研修の実施。また、他部署との人材交流の機会を増やすための施策。現場の意見が上層部にタイムリーに届く仕組みづくり。これらは、社員から出る不満

レイヤー②
「企業文化」や「組織風土」の改革のために取り組むべき課題（イメージ図）

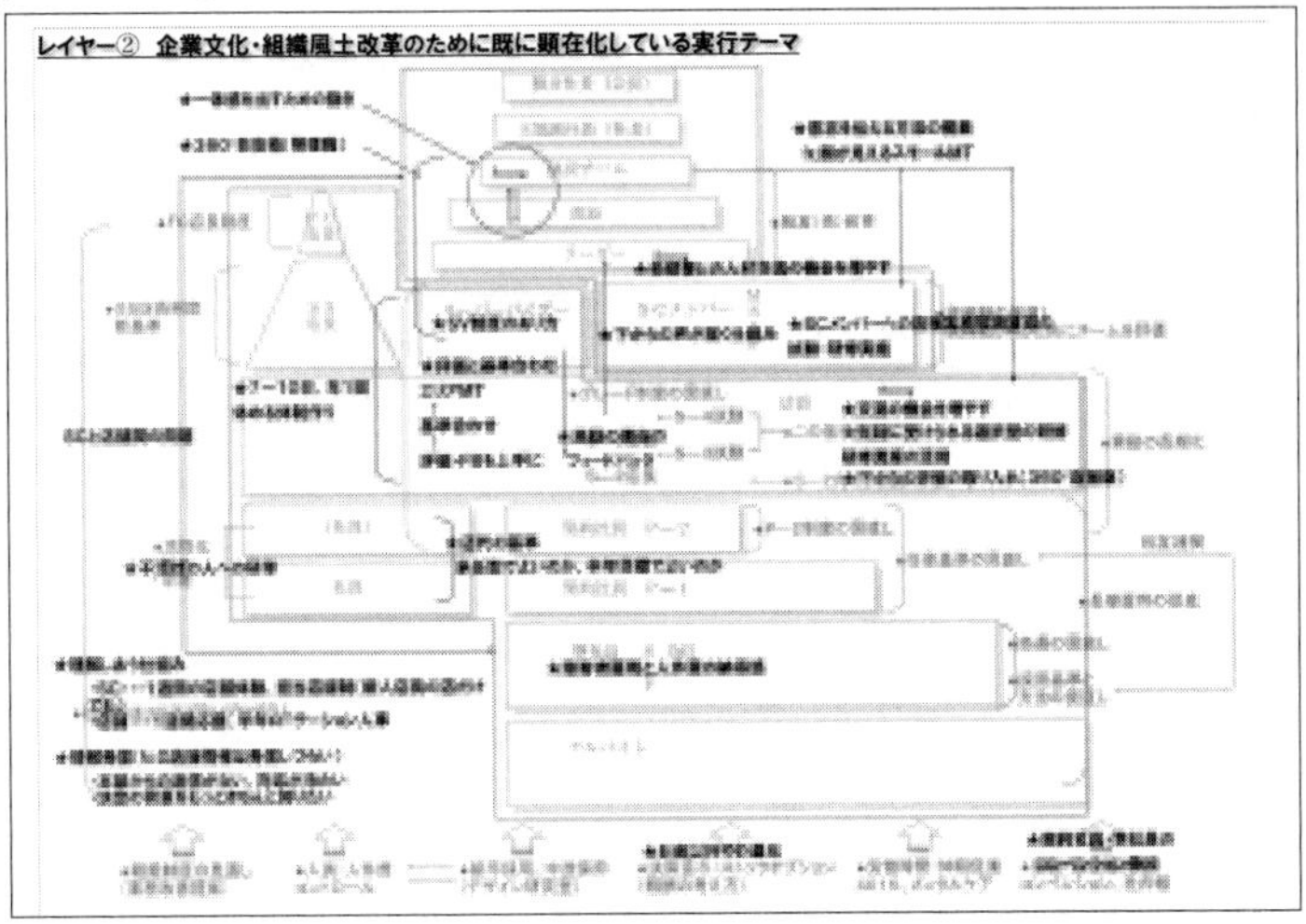

を解消するだけではなく、長期的にFR社が強くなっていくための課題をふくめて丁寧に洗い出している。

課題を整理するために、「KJ法的アプローチ」による分類をもとに、「コミュニケーションに関するカテゴリー」「店舗正社員に関するカテゴリー」「店舗スタッフに関するカテゴリー」「その他のカテゴリー」の4つが浮かび上がった。

たとえば、「店舗スタッフに関するカテゴリー」では、次のような課題があった。

店舗スタッフが会社の考えを理解できていなかった。それに対する解決策として、月に1回の朝礼で経営トップの考えや主要な役員や部長が話す内容をビデオで撮影し、全店舗で見られるようにした。それだけでも店舗スタッフの理解度は変わる。店長の店舗スタッフに伝えるス

レイヤー②
「企業文化」や「組織風土」の改革のために取り組むべき課題（イメージ図）

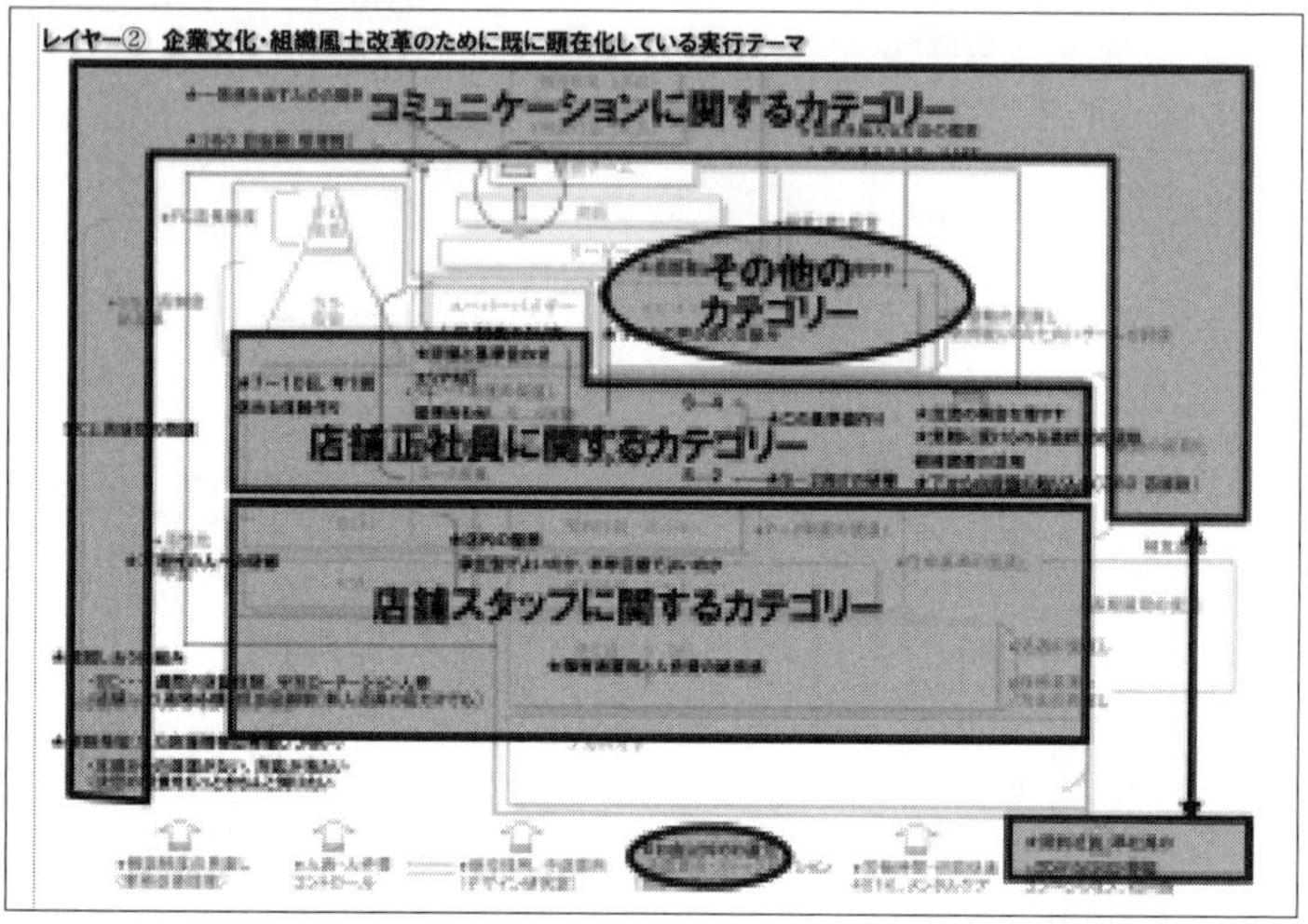

キルの巧拙にかかわらず、ビデオが補完してくれるからだ。

続く次ページのレイヤー③は、レイヤー①、レイヤー②に該当しない、問題の核となる可能性のあるテーマを列挙している。「良くない企業文化」として、重要なものを整理したものである。ここに挙げられた項目を俯瞰すると、そのときの社風が浮かび上がる。同時に、これを整理すれば、変えるべき点が特定できるのだ。

実際に挙がった課題から、いくつか拾ってみたい。括弧内は課題に対する当時の感想である。

「いわれたことをやるのが美学」
（その「規律性」の強さが、反面強みにもなっていたのだが、もっと「主体性」を発揮して自

レイヤー③
問題の核となる可能性のあるテーマ（イメージ図）

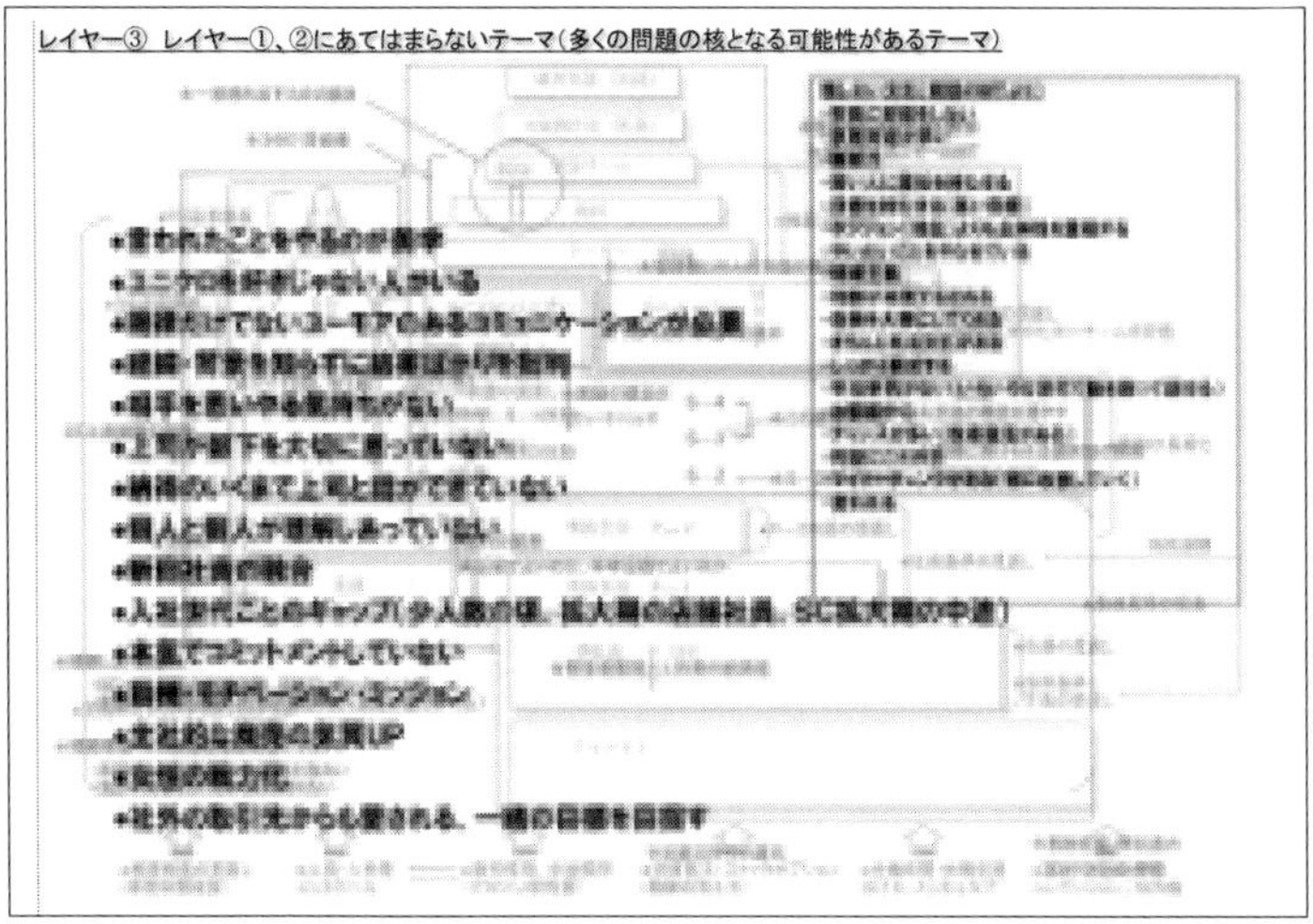

ら動いてほしい）

「自社商品を愛していない人がいる」

（これは大問題だ。自社の商品の良さを何としても伝えなければならない）

「規律だけでないユーモアのあるコミュニケーションが必要」

（雰囲気が硬い。もう少し力を抜く場面があってもいいのではないか）

「上司が部下を大切に思っていない」

（現実問題として、上司は自分が課せられたミッションを達成するのが大変だから、部下を育てる余裕がなく、自分のミッションを達成するための手足のように考えてしまっている）

「個人と個人が理解し合っていない」
（誰もが忙しいから、コミュニケーションをとる余裕がない。チームとして仕事はしているものの、人と人とのつながりが希薄になっていた）

「新旧の社員の融合」
（業務拡大のため、中途入社の社員を大量に採用していた。その結果、プロパーの社員と中途入社の社員との間に溝が生まれた。同時に、入社世代ごとのギャップもあった。まだ規模が小さかった頃の社員、拡大期に入ってきた社員、本部の急拡大期に本部に中途入社した社員、それらの間に微妙な意識のギャップが生まれていた）

「全社的な『商売人』の気質アップ」
（「商売人」、これは社員に求められる重要な価値観だ。自分で考え、自分でやり切る。「商売人」にはさまざまな意味がふくまれている。「ＰＤＣＡサイクル」を回すことをふくめて「商売人」気質が求められている）

マイナスの面だけでなく、「良い企業文化」も数多く挙がった。

「安易に妥協しない」
「意思決定が速い」
「判断が本質でなされる」
「徹底力」
「若い人に責任を持たせる」
「目標を持たせる」
「ポジション（地位）よりも主体性を重視する」
「やりたいことをやらせている」
「年功序列がない（いろいろな世代間で腹を割って話せる）」
「チャンスが多い（敗者復活がある）」
「現場主義」
「店長を大事にしてくれる」
「きちんと叱る文化がある」
「お客様中心」
「利益にこだわる」
「マイナーチェンジがある（常に改善していく）」
「変化できる」

ＦＲ社は「思考のフレーム」を用いて、会社の課題を特定し、解決するための「仕組み・制度・施策」を考え抜いて実行していった。

会社の「強み」でもある「良い企業文化」から生まれる事象に対しては、再現性を高められるような施策を考え抜いた。社員が疲弊し、モチベーションを下げる要因でもある「良くない企業文化」は、そうなっている真の原因を探っていった。そして、「理想の企業文化」をめざして「仕組み・制度・施策」を考え抜き、実施した。それこそが、次の4章で紹介する内容である。

「思考のフレーム」からはじまる一連の「企業文化」の変革を理解していただければ、その奥深さを実感していただけるのではないだろうか。そして、読者のみなさまが、自社の「企業文化」を変革し、さらに強い会社になるための「仕組み・制度・施策」を構築される際の参考にもしていただきたい。

第 4 章

強い会社に
変わるための
「仕組み・制度・施策」

ケーススタディ「FR社の組織変革」

強い会社に変わるための「思考のフレーム」を用いて、「企業理念（社外規範・社内規範）」「コア・コンピタンス」「仕組み・制度・施策」をもとにどのように組織変革をしていくか、具体的なケーススタディを通して詳しくお伝えしたい。この章でも、あえてファーストリテイリングという実社名ではなく、「FR社」と、ブランド名を「UNQ」と表記する。

ここで登場する「FR社」は、「はじめに」でも記したが、売上800億円から4000億円に急成長し、多くの人が知るようになった頃の話だ。この頃の「FR社」の事例には、一般的な多くの会社で起こる課題を解決するためのヒントがあふれている。そして、ここで取り上げる「仕組み・制度・施策」は、「FR社」に特有のものではない。これは、どのような会社にも活用できる事例だ。商社やメーカー、IT系企業などでも、「企業理念」や「コア・コンピタンス」に合った「仕組み・制度・施策」を構築していくという意味では同じなのだ。

会社を変革するにはここまでやらなければ変わらないという前提で読んでいただきたい。1つや2つの「仕組み・制度・施策」を導入しても、会社は変わらない。強くもならない。どこまで徹底してやらなければ変わらないのか。それをFR社のケースで体感していただきたい。

それとともに、「仕組み・制度・施策」や組織開発のための打ち手には、1つひとつに意味があることもご理解いただきたい。

社内には、解決すべき課題が山積み

■「ビジネスモデル」を変える──「製造小売業」への脱皮

これはFR社がまだ自社商品だけではなく、メーカーや問屋から仕入れていた頃の話だ。業績の推移に危機感を覚えた経営トップの発案で、新聞にある広告が載った。

「UNQの悪口言って100万円」

顧客から寄せられる生の声の重要性を熟知する経営トップならではの施策だった。当時を知る人に聞くと、おびただしい数の投書が来たという。悪口をいって100万円もらえるなら、誰だって投稿したくなる。それを幹部全員で読んで、課題のカテゴリー別に仕分けをしていった。

当時のFR社は、今のように百貨店やショッピングセンターに入居する店舗が中心ではなく、郊外型のロードサイド店が中心だった。店舗の建物も倉庫のような形態である。店舗自体を倉庫と見立てて、商品を保管するバックヤードを持たないというコンセプトだ。商品を低価格で提供するために、当時は接客サービスにもそれほど力を入れていなかった。1つの店舗に社員もそれほどいなかった。

たとえば、お客様が試着をしているときに、百貨店や専門店のようにカーテンの外で待機するようなことはしない。お客様から呼ばれてはじめて行く。お客様も安い商品を手に入れるのが主眼なので、接客についてはそれほど期待していなかったはずだ。

それゆえかもしれないが、広告で集まった「悪口」は、接客に関することよりも、商品に関するものが多かったようだ。せっかく買ったのに、たった1回洗っただけで、首回りが伸びてしまうなどのクレームだ。

そんな広告の反応を見て、経営トップは、安いだけではダメで、商品の品質にもっと責任を持たなければならないと感じた。そこから、FR社の「製造小売業」への転換がはじまった。店舗には、FR社のタグが付いた商品しか置かないと決断したのだ。すべての商品の品質を、FR社がコントロールする。小売業界を変える、アパレル業界を変える。これが大きな転機となった。

これは、当時の日本の「服に対する価値観」を変えることを意味した。欧米人は、そもそも骨董品や掘り出し物を好む傾向があると聞く。それは、値段ではなく、自分の目利きで品物を選ぶことを楽しむからだ。服も同じである。自分の個性に合う服を自分で選択して、自分で着こなす。一方、日本人には「安かろう、悪かろう」という価値観が根づいていた。逆にいうと、高いものは良いものだと盲目的に考えがちだ。だから、安くて良いものをなかなか信じてくれない。FR社は、それを打ち破ろうと考えた。品質に対する責任、商品に対する責任を持つ覚悟を決め、これまでの「ビジネスモデル」を変え、「製造小売業」への脱皮に舵を切った。

■「考える組織」への脱皮

当時のFR社は、トップダウン型（上位下達型）の企業だった。1章で説明したが、企業にはトップダウンのほうがうまくいく段階がある。企業のトップがやるべきことを正確に認識している成長ステージであれば、意思決定から行動までの速度が重要になる。そこでは百の御託を並べるより、トップからの指示を、どこよりも速くやり切ることが重要になる。

かつて、FR社の経営トップは社員教育を専門の講師に依頼した。講師は社員に「もっと自分たちで考えてください」と強調した。経営トップはそれを見て「何ということをいってくれるのだ」と腹を立て、講師をすぐにクビにしたという。

講師のこのような指導は感謝こそすれ、怒るようなものではないのではないかと思った人も多いと思う。しかし、ＦＲ社の置かれたその当時のステージでは、「もっと自分たちで考えてください」という内容はふさわしくなかったのだ。どのようにすれば勝てるかが見えているのが経営トップだけの場合は、議論などせず、経営トップの指示を一刻も速く全員でやることに徹したほうが勝てる。つまり、上意下達のほうがいい状況だったのだ。研修講師は、このことが理解できておらず、一般的な研修をしてしまったのだろう。

この頃のＦＲ社は、規律性が高く、トップの指示を何としてもやり切ろうとする「企業文化」であり、実際に求められる質の高い仕事を本当にやり切ることで成長していた。

当時のＦＲ社は、まだ売上高が８００億円台半ばの頃だ。前々年６００億円、前年７５０億円と成長はしていたが、１０００億円の壁が立ちはだかっていた。

ＦＲ社のさらなる成長のために必要な組織戦略面の方向として、２つ必要だった。

１つ目は、そろそろ、現場が自分たちで考えられる組織に変わらなければならないということ。これからは、現場で察知した変化をタイムリーに経営に活かしていくことが求められる企業ステージだ。つまり、現場から情報がきちんと上がり、経営層までその情報がきちんと届き、適切な意思決定ができる。その意思決定は、背景や理由までふくめて現場に降りていき、その意図を汲んだ行動へと変わっていく組織である。やがては、現場がその判断基準を会得して、自分たちで考え、一定の意思決定ができるようになる組織への転換だ。めざすべきは、

UNQの三位一体モデル

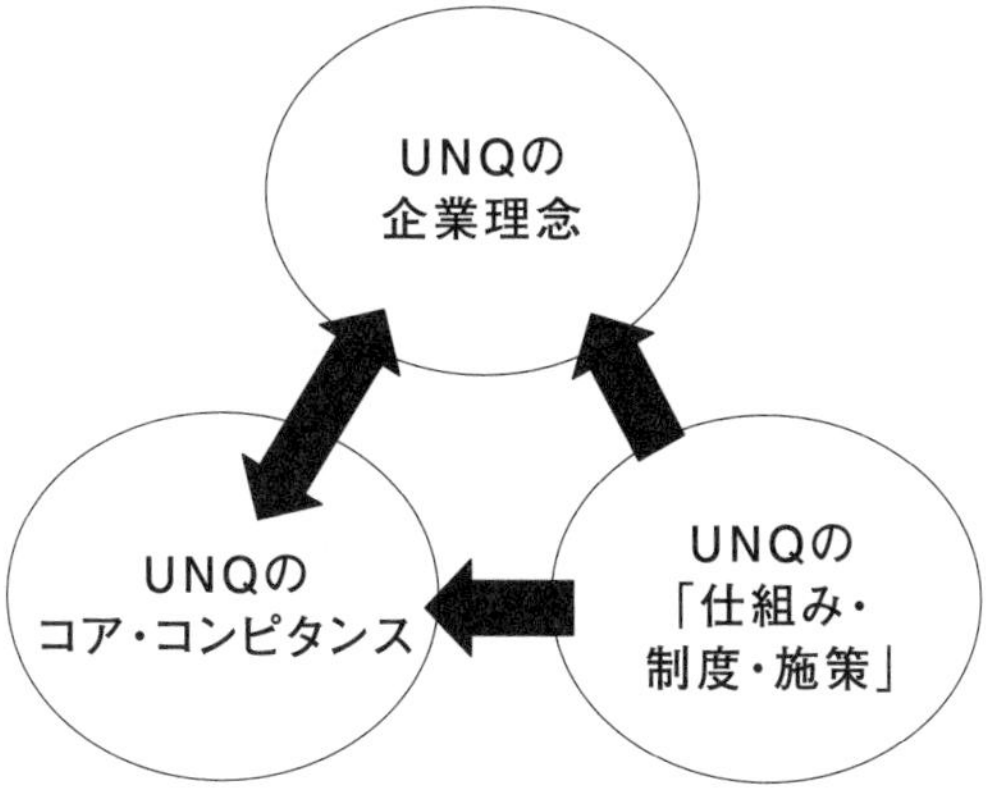

トップダウンとボトムアップが融合した組織に変わることだった。

2つ目は、「製造小売業」に転換しようとしているが、それに合わせて、「企業風土」や「企業文化」をはじめ、仕事のやり方を変えなければならないということ。「製造小売業」に変わるからには、新しい「ビジネスモデル」としての強みが強化されるような人事の「仕組み・制度・施策」が必要になる。1章で「企業理念」「コア・コンピタンス」「仕組み・制度・施策」は三位一体でなければならないと述べたが、まさにこの構造に変えていくのだ。そのためには、やらなければならないことや解決しなければならない課題はたくさんあった。

たとえば、社員が自分たちの商品に自信を持っていない。社員ですら「安かろう、悪かろう」の気持ちがどこかにあったのだ。これも払拭していく必要がある。

多くの社員が、自分の今後のキャリアや求められることが見えていないので将来的なキャリアプランが描けていないという問題もあった。

当時は、非正規社員であるパートやアルバイトの方々が中心となって店舗運営を回していた。社員は、店長と育成中の社員が数名ということが通常である。大学を卒業して、数年で店長になる若手店長とベテランのパート社員の方との確執もあった。

それらの解決に向けたものもふくめて、さまざまな取り組みを列挙していく。とくに人事の面で「仕組み・制度・施策」づくりの取り組みは、課題に対して、一対一で対応するような何かを行うだけではなく、相乗効果を生み出しながら進んでいく。そのことも念頭に読み進めていただきたい。

■情報共有の場としての「店長コンベンション」の活用

一般的に、小売業やサービス業の人材マネジメントは、本社や支社のように大勢の人が1カ所に集まっている業態の会社よりも難しい。なぜなら、全国に店舗網が広がり、1人の店長が店舗という「出城」を1つずつ守っている状態だからだ。しかも、店舗によっては社員が1人か2人しかいないので、店舗やサービス拠点を簡単に離れられないからだ。

マネジメントサイドが何か新たな方針を打ち出したとき、それを直接伝えることができないという難しさがあるのだ。対面で伝えたときに顔色を見れば、納得しているかどうかが把握できる。しかし目の前にいなければ、その反応をつかみにくい。メールの文字や電話の音声だけではなかなか真意やニュアンスまでは伝わらない。現在は、ネットを使ったテレビ会議のシステムなども整っているが、その情報を聞いて漏れるため息や、表情が変わってゆく変化まで確認できなければ、どこまで背景や真意を理解してくれたのか、その機微までは把握できない。

また、とかく情報は人づてに伝えられる。組織なので当然だが、部長から、課長、メンバーへと伝わっていく。FR社も一般的には、部長からエリアマネジャー、そして5～8店舗ぐらいを統括しているスーパーバイザーに伝えられ、スーパーバイザーが店長に伝える。その伝達のなかで、中間管理職の解釈や誤解が入り込み、少しずつニュアンスが変わることもある。

その情報が事務的で無機質な内容であれば、人づてでも内容が変わることも少ないので、それで構わないのかもしれない。だが、考え方や価値観に関わるような微妙な内容は、やはり情報の伝達側と受け手が直接面と向かい合いながら、表情を確認しつつ対話を続け、理解度を高めていくことが求められる。

このコミュニケーションを直接取れる貴重な機会が「店長コンベンション」だったのだ。「店長コンベンション」は、年に2回、全国の店長、スーパーバイザー、それに本部社員全員が集まる会議で1泊2日で開催される。

また、集まることにはもう1つの価値がある、それは、集まることによって、「グループ・ダイナミクス（Group dynamics）」が生まれるのだ。心理学者のクルト・レヴィン氏によって研究された集団力学のことで、集団においては、人の行動や思考は、集団から影響を受け、また、集団に対しても影響を与えるというような特性があるのだ。同じ情報を共有し、やりとりを共有し、同じ想いになることで、組織集団としての凝集性が高まる。理念を共有し、理想を共有し、より強固な絆で結ばれてゆくのだ。

組織変革を本当に起こすには、凝集性が高まった状態で、組織の壁を壊し、全社が一体となって動くことの重要性や、今後求められることが変わることを伝え、変革の必要性を痛切に感じてもらう必要がある。

これも、どのような業種・業態でも、社員が一堂に集まらないとダメというわけではない。FR社の場合、全員にきちんと納得するまで伝えることができるかが勝負となった。だからこそ、全員が集まれる機会である「店長コンベンション」の機会を最大限に活用した。

ただし、「店長コンベンション」で変革を働きかけても、それはキッカケにすぎない。その後の具体的な変革は店舗ごと、部署ごとに行っていく必要がある。また、変革を具現化するには、全体に伝える機会を一度持つだけで済むわけではない。「店長コンベンション」でも何度も何度も働きかけ、現場でもありとあらゆる働きかけを行って、やっと変化が生まれる。そして、変化を変革にまで成し遂げるには、そこから先にもやるべきことは山ほどある。

「自部署主義」という組織の壁を壊し、「全社最適」へ

■まずは、事実の共有。自社の商品に対する自信を取り戻す

当時のFR社には、自社の商品に自信を持っていない社員が多かった。当然のことながら、そのような社員は、会社や職場、仕事への満足度が上がるはずがない。商品を義務感で売っているだけでは、仕事も楽しくないし、業績は伸びない。商品に自信を持っていないのは、商品を自ら企画して販売までを一貫して行う「製造小売業」としては、とりわけ見すごせない問題である。そういう状態で競合他社と戦って、どうやって勝っていくというのか。早急に、自社の商品に自信を持てるようにするための「仕組み・制度・施策」が必要になる。

「なぜ、自社の商品に自信を持っていないのか」。その原因を探っていくと、自分たちの商品がどのように製造されているか、実際に商品を企画し、製造する側は知っていても、出来上がった商品が送られてきて売る店舗側には、その価値が伝わり切れていなかったのだ。

それを解決するには、まず全員が商品についての事実を知る必要があった。商品が企画され

る過程で、企画担当者がどれだけ念入りな計画を立てているか。デザイナーやパタンナーがプロトタイプの製作にどれだけ試行錯誤しているか。工場への依頼や品質を管理する製造担当者がどれだけ工夫して商品をつくっているか。真っ先に手をつけたのは、それらをまとめた「ビデオによる全従業員への情報共有」だった。これまで知らずにいた商品の製造過程を、隅から隅まで共有したのだ。

たとえば、その具体例の1つに「匠《たくみ》プロジェクト」がある。

かつて、日本の繊維業界は世界を牽引する存在だった。しかし、人件費の問題などで生産拠点が日本から海外に移り、日本国内では衰退していた。だが、空洞化が進んではいるが、かつて世界をリードした頃の確かな技術を持った「匠」が日本にはたくさんいる。すでに60歳をすぎた匠の方たちをFR社が雇用し、中国の協力工場に技術指導者として派遣した。それが「匠プロジェクト」である。

中国の工場側からすると、当初はありがた迷惑な話だったかもしれない。取引先の管理を受けるようで、本音としては来てほしくなかったのではないだろうか。しかし、その技術は、その心配が吹き飛ぶほどだ。たとえば、ある染色の匠の場合、「朝起きたときの顔にあたる湿度の感じで、染色の成分をどのように変えれば良いかがわかる」という。染色はとても繊細で難しい技術である。アパレルの店で、同じ色の靴下の棚のはずなのに、一定数量ごとに微妙に色が違うのに気づいたことはないだろうか。これは同じ色にしたかったのだが、同じ色に仕上がらなかったのだ。染色は、窯に布を入れて行うので、その窯が違うと、微妙な色ブレが起きる。それを起こさないために、染色の匠は、朝起きたときの顔にあたる湿度感で、調整の加減を判断できる能力がある。このような匠の方々の活躍があってはじめて、たとえばフリースで51色を展開するという前代未聞の企画が実現できたのだ。同じように、縫製の匠は「歩きながらミシンの音を聞くだけで、誰がミスをしているかがわかる」という。

匠たちが、まさに職人技で中国の工場で起こっている問題を解決してくれるので、現地の現場の人たちは匠を受け入れ、感謝するようになった。匠の方々も、感謝され、かつてのやりがいを取り戻された。ＦＲ社の社員もこのような匠の存在があって、他社が真似できないような自社の商品がつくられていることを知ると、意識が少しずつ変化してきた。

ビデオによる情報共有の「仕組み・制度・施策」は、製造現場の「匠プロジェクト」の話だけではない。

商品企画は、会社の命運を左右するほど重要な役割だ。商品を企画する担当者は、単なる思いつきで企画を上げているわけではない。その企画に必然性と魅力があるか、常に問い続けている。商品を企画するために、世界中を回り情報を仕入れてくる。道行く人のファッションを常にウォッチする。世界中で行われるコンベンションにも足を運び、今後の色やデザインを予測する。商品を企画するために、考えられるあらゆる情報を集めているのだ。デザイナーとパタンナーは、企画者の綿密なプランを受けてデザイン画を描き、着心地まで考え抜いて商品に仕上げていく。素材の調達を担当する人は、たとえばアメリカの「スーピマ」と呼ばれる繊維が長く柔らかい超長綿など、世界各地の素材の情報を集め、低コストで調達するための努力を重ねている。その他、商品が完成するまでに関わるすべての人の努力を撮影し、全員が見られるようにした。あの価格でありながら、どれだけ高品質な商品を提供しているかを実感してもらったのだ。

一方の店舗も、買いたくなる売場、美しい売場を保つために、たゆまぬ努力を続けている。買いやすいように、常に商品を整理し、商品の案内であるＰＯＰの見え方などにも神経を使う。美しさを保つという観点であれば、お客様は陳列棚から引き出した商品を、きれいにたたまずに棚に戻してその場を離れることが多い。そのままにしておくと、後から来店されたお客様にご迷惑がかかる。乱れた商品をきれいにたたんで美しく陳列していく終わりのない努力を重ねている。この事実も共有した。

このように部署の垣根を越えて、全員で事実を共有するだけで、自分たちの仕事や商品に誇りを持てるようになっていった。

このような「情報共有」の取り組みは社員だけにとどまらず、パート社員にもした。休み時間などに映像で見られるようにしたのだ。まずは社員が自信を持つのが先決だが、実際に現場で店舗運営や販売を担う方々にも自信を持ってもらう。そういうところまで徹底して行った。

こうした活動によって自信をつけていなければ、UNQの商品が大勢の消費者に広まったがゆえに、世間からバッシングを受けたとき、もっと大量の社員とパートが会社を去ったはずである。しかし、世間から何といわれようと、自分たちが提供している価値を理解し、自信を持っているからこそ、「絶対にこの価値を伝えてやる」という強い気持ちになれたのだ。

■組織の壁を薄く、低くする――「ビジネスモデル」の強化・その1

仕事をしていて自分のところにバトンが来るまでに、どれだけの努力が積み重ねられているのか。自分のバトンが渡った先で、何が行われているのか。それらを理解すると、他の部署への尊敬が生まれる。そして、それと同時に、自分の部署の役割も再認識する。

自分が価値の連鎖である「バリューチェーン」(マイケル・ポーター氏が著書『競争優位の戦略』の中で用いた言葉で、「価値連鎖」と訳されている。1つの製品や商品が顧客のもとに届くまでには、さまざまな業務活動が関係している。その流れに着目して、どの部分に強み・弱みがあるかを分析し、事業戦略の有効性や改善の方向を探ることを提唱)の重要な一員であることを認識するのだ。これは自社の商品に自信を持たせると同時に、組織の壁を薄く、低くする効果がある。

FR社が進める「製造小売業」を軌道に乗せるためには、組織の壁を極力壊し、全社が一体となることがもっとも重要になった。まずは自分たちが提供するものの価値、それぞれの部署が生み出す価値を共有することが欠かせない。そして「製造小売業」には、自らがリスクを取ることで費用対価値の高い商品を提供できる仕組みが必要になる。自ら商品を企画し生産するので、売り切らなければ利益は出ない。リスクを最小化するために、全社で情報を共有し、一丸となって売り切ることが求められる。

また逆に、販売の機会ロスを減らすために、現場からの情報発信も重要になる。追加生産のために必要な潜在ニーズを予測するための情報や、次年度に向けた商品開発に活かせる生の顧客の声を共有できなければならないのだ。

「製造小売業」としての競争優位性を発揮するためには、全社的な情報共有がいかに必要かを理解し、自分の役割を認識すること。そして、全社が一丸となって価値のバトンをつなぐ仕組みを機能させ続けることの重要性も共有していった。

もちろん、映像を見ただけでこれだけのことを理解してくれるわけではない。「製造小売業」という「ビジネスモデル」の成功のために、全社が一体となって動く仕組みが必要なことを、手を替え品を替え何度も説明を繰り返した。

理念に紐づいた話や、現場で起こっている値引きの話など、さまざまな次元で腹落ちしやすいように伝えていった。

それらのメッセージをいくつか紹介しよう。

「『いつでも、どこでも、だれでも着られる、ファッション性のある高品質なベーシックカジュアルを市場最低価格で継続的に提供する』。このミッションは、突き詰めれば、継続的に販売するための『仕組み』をつくることになる。リスクを取って、良い服を安く提供できる仕組みである『製造小売業』を完成させることだ」

「この概念と価値観を定着させるために、『社内規範』を決めた。『自立・自律した個人がコラボレーションしながら、高い付加価値を創造し、その結果、高い処遇を実現する企業。成長しようと努力する人を応援する企業』。このコラボレーションこそ、『製造小売業』が成功するために求められる行動だ」

「『製造小売業』は、工場を自前で持っているわけではない。ただ、何をつくるかを自分たちで決め、それをどれだけつくるかも決め、発注し、出来上がったものをすべて買い取り、売り切って利益を得る『ビジネスモデル』である。商品の売れ残りのリスクを抱え、売り切れば利益率は高くなるが、売れ残れば損失が大きくなる。だからこそ、『製造小売業』で勝つポイントは、全体が一体となって動く仕組みにできるかどうかだ」

「一般的にどこの会社も、商品を企画する側と、商品を売る営業側とは、仲が悪いケースが多い。『いいものをつくらないから売れないのだ』『いいものをつくっているのに、営業力がないから売れないのだ』というのは責任のなすりつけ合いだ。しかし、『製造小売業』の場合は、そんなことをしている場合ではない。『製造小売業』で勝つポイントは、いかに売れるものをつくるか、つくったものをどうやって正価で売り切るか。わかりやすくいうと、値引きをせずに売り切ることだ。最悪のケースは、商品が売れ残って廃棄せざるをえなくなること。そうするぐらいなら、価格を下げてでも売り切ったほうがいい。問題は、どの段階で、どの程度の値引きをするかだが、これは究極のノウハウだ。ただし、この意思決定は簡単ではない。さまざまな部署の情報を集めて、最適なタイミングで意思決定を行わなければならない。そのためには、全社が一体となって動けるようになることが求められる」

「『全社が一体となって動く』という言葉だけを見れば、それほど難しくないように聞こえるだろう。しかし、すべての部署の意思と行動が連動して動かなければ実現しない。商品を企画する人、商品を工場でつくる人、商品を運ぶ人、商品を店舗に並べて販売する人、工場に素材や資材を納める人、マーケティングや広告宣伝をする人――。これらすべての息が合わなければうまくいかない。たとえば、テレビＣＭの枠を押さえ、新聞の全面広告の枠を取り、チラシにも目玉商品として大々的に宣伝した商品があったとしよう。にもかかわらず、商品が店舗になければお客様を裏切ることになる。組織が一体として動けなければ、同じようなことがいたるところで起こる」

「売上の『初速』を見て、もっと売れると判断したならばシーズン中でもすぐに素材や資材を調達し、工場の製造枠を押さえなければ間に合わない。反対に、予想していたよりも売れないと判断したら、すぐにその商品の製造を止め、他の商品の生産に切り替える。そのためには、情報のスムーズな共有が必要だ」

このように概念的なことだけでなく具体的な事象とメッセージを通して、「製造小売業」で勝つための考え方や行動を共有していったのだ。

「製造小売業」というのは、社員が経営トップから褒められることは少ない業態なのかもしれない。

売上が好調で、その商品が売り切れて欠品させれば経営トップに怒られる。

「何しているのですか、何でもっと数量をつくておかなかったのですか」

今度は逆に、欠品させてはならないと、つくりすぎて売れ残ると経営トップに怒られる。

「何しているのですか、こんなに商品をつくって、会社を潰す気ですか」

売れても、売れなくても経営トップに怒られる。それほどギリギリのところで、どのように利益を最大化するかを考え続けなければならないのが「製造小売業」なのだ。そのためには、こうした組織の連動を常に全社レベルで進めていかなければならない。文字通り、全社が一体として動く仕組みを構築するのだ。

組織間の相互理解の視点で見ると、仕事の前後に関わる部署を体験することは大きな価値がある。ただ、そこまでの取り組みができない場合、別の部署の仕事をきちんと理解するだけでも組織は一体化する。いわば社員1人ひとりが「全社的思考」で考えられるようになるのだ。

これらの施策は、一般的には人事がやっても、経営企画室がやっても、どの部署がやってもいい。問題意識を持ち、解決しなければならないと考える人がやるべきだ。私は、人事部門は、会社を強くする役割を担うと定義している。だから、これは人事の仕事だと考え行った。

「求められる人物像」が変わることを明確化する

■「求められるコンピテンシー」が変わることを宣言する

全社が一体となって動く組織、現場が自分たちで考えられる組織に変わるために、求められる思考や行動が今までとは大きく変わることを伝えた。

「従来の仕入れて売るという形態から、『製造小売業』に舵を切ったからには、みなさんに求められる資質も変わります」

社員にそう宣言したのだ。

ここでいう資質とは、「行動特性」のことである。2章の「人材の『質』と『量』」のところで触れた「コンピテンシー」について思い出していただきたい。「コンピテンシー」とは、職務や役割で求められる成果に結びつく「行動特性」のこと。「行動特性」とは、「思考」と「行動」が一体となって表れる特性である。

ＦＲ社のこれまでと、今後具体的にどのような「行動特性」を求めたかについて説明する。それを詳しく説明しているのが次ページの図である（最初に断っておくと、社員に共有する際には、コンピテンシーという言葉は使っていない。自分たちはどう変わるべきかを理解してもらうこと自体が大切だからだ）。

本書では変わってほしい「行動特性」が伝わりやすいように、人材の氷山モデルの下側に近い部分、つまり人間性にやや近い部分を「スタンス」、上側に近い部分、つまり知識やスキルにやや近い部分を「スキル」と表現する（読者のみなさまには図を見ていただく際やこの後の文章では、コンピテンシーについての話であることを理解しておいていただきたい）。

まず、「スタンス」についてだが、４象限の縦軸に、「自律指向」と「他律指向」を置いた。横軸に「革新指向」と「維持管理指向」を置いた。変わる前に多かったのは、左下の象限に該当する「規律性」と「堅実指向」を発揮している人だった。

自分で考えるより、経営トップの指示を完成度高く遂行する習慣が身についていたからである。現場では、革新を起こすより、今、取り組んでいることをそのまま続けていこうと考える習慣が強かったのだ。これは強力な「やり抜く文化」が根づいていたともいえる。まさに、この点がＦＲ社の強みであり、そもそもこの「企業文化」自体が悪いわけではない。だから、「求める資質を変える」といっても、「規律性」や「堅実指向」を否定するわけではない。

コンピテンシー①
必要とされるスタンス

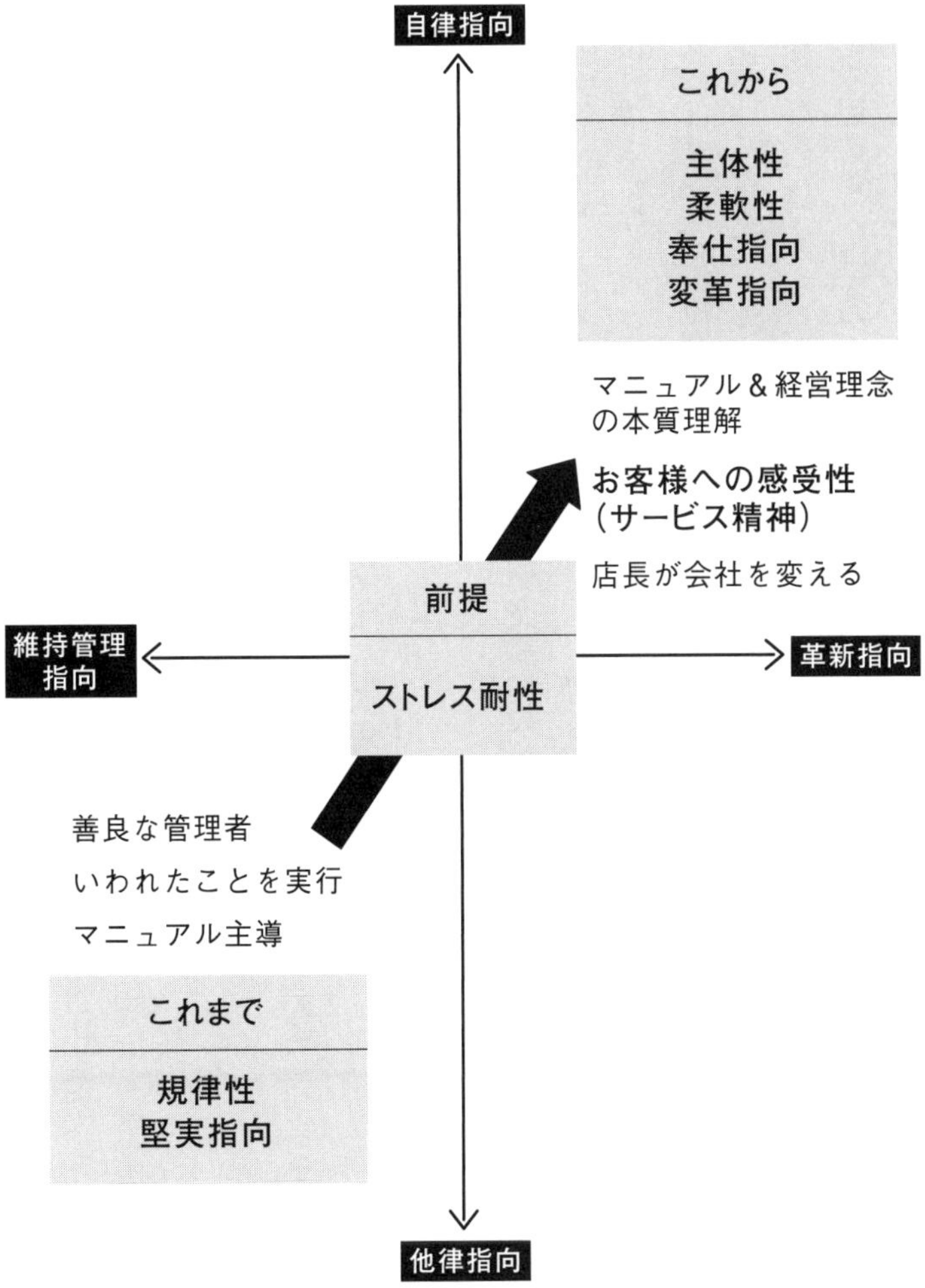

ただし、これらの資質だけでは、さらに強い会社にはなれない。「製造小売業」を成功させられる企業にはなれない。これから必要となるのは、右上の象限である「自律指向」と「革新指向」からなる要素だ。それらを新たに習慣づけるよう求めた。具体的には、「主体性」「柔軟性」「奉仕指向」「変革指向」である。今後は、これらの資質を重点的に身につけてほしいと宣言した。

もっとも重要なのは「主体性」である。「主体性」を発揮できるかどうかは、仕事をするうえで重要なポイントだ。「主体性」を言い換えれば、「現場で考えること」になる。「自分の頭で考えて行動すること」ともいえる。また、現場で得た情報を適切に上司に伝えることができるのも「主体性」があってこそ行えることだ。

「柔軟性」も重要な資質になる。「製造小売業」で勝つためには、状況の変化によって意思決定を変えた場合も、柔軟にそれを受け止め、新しい行動を取れるようにだ。

それまでは、少人数のオペレーションで過剰なサービスをしないことを良しとしてきたが、世の中に広く知られるようになり、お客様の期待値が上がると、そうもいっていられなくなる。よりメジャーになっていくには、今以上にお客様に喜んでいただけなければならない。スタッフも、顧客に喜んでもらいたいと思う奉仕の気持ちや行動が必要になる。

現状を変える面白さ、誰もやっていないことをやる楽しさにも気づいてほしい。そもそも、それがFR社の存在意義であり、日本でほとんど行われていなかった「製造小売業」に乗り出すことである。社員にはそう宣言した。

ただし、スピードが重視されるのは変わらない。スタッフにかかるストレスは今後も変わらないと予測されるので、「ストレス耐性」は今後も持ち続けてほしいと宣言した。

次ページにある図は「スキル」についてで、これは、縦軸の「自律指向」と横軸の「革新指向」の象限を拡大したものであることをご理解いただきたい。「自律」し「主体性」を発揮し、新しい「ビジネスモデル」に変革していく際に求められるものだ。FR社はとくに店長職が人数的にも多く、またビジネスの中核でもあるので、この図は、店長として今後何が求められるのかを伝えている。

それまでは、本部からの指示を聞き、店舗としては顧客に向けるベクトルだけで良かった。しかし、店舗を牽引する店長が身につけるべきスキルには、「企画構想力」もある。「こういう取り組みをやれば、もっと売れるのではないか」「こういう商品を売り出せば、もっとお客様に喜んでいただけるのではないか」というように新たな企画を構想し、実現する力が必要になると伝えた。

そして、店長をふくむ社員数人で、数十人のパート社員やアルバイト社員をまとめる必要がある。そのためには「影響統率力」が欠かせない。影響力を発揮してはじめて、リーダーとしてみんなを統率できるようになる。

店舗では、日々さまざまな問題が起こる。そのとき、自分で考えて判断する「思考判断力」

コンピテンシー②
必要とされるスキル

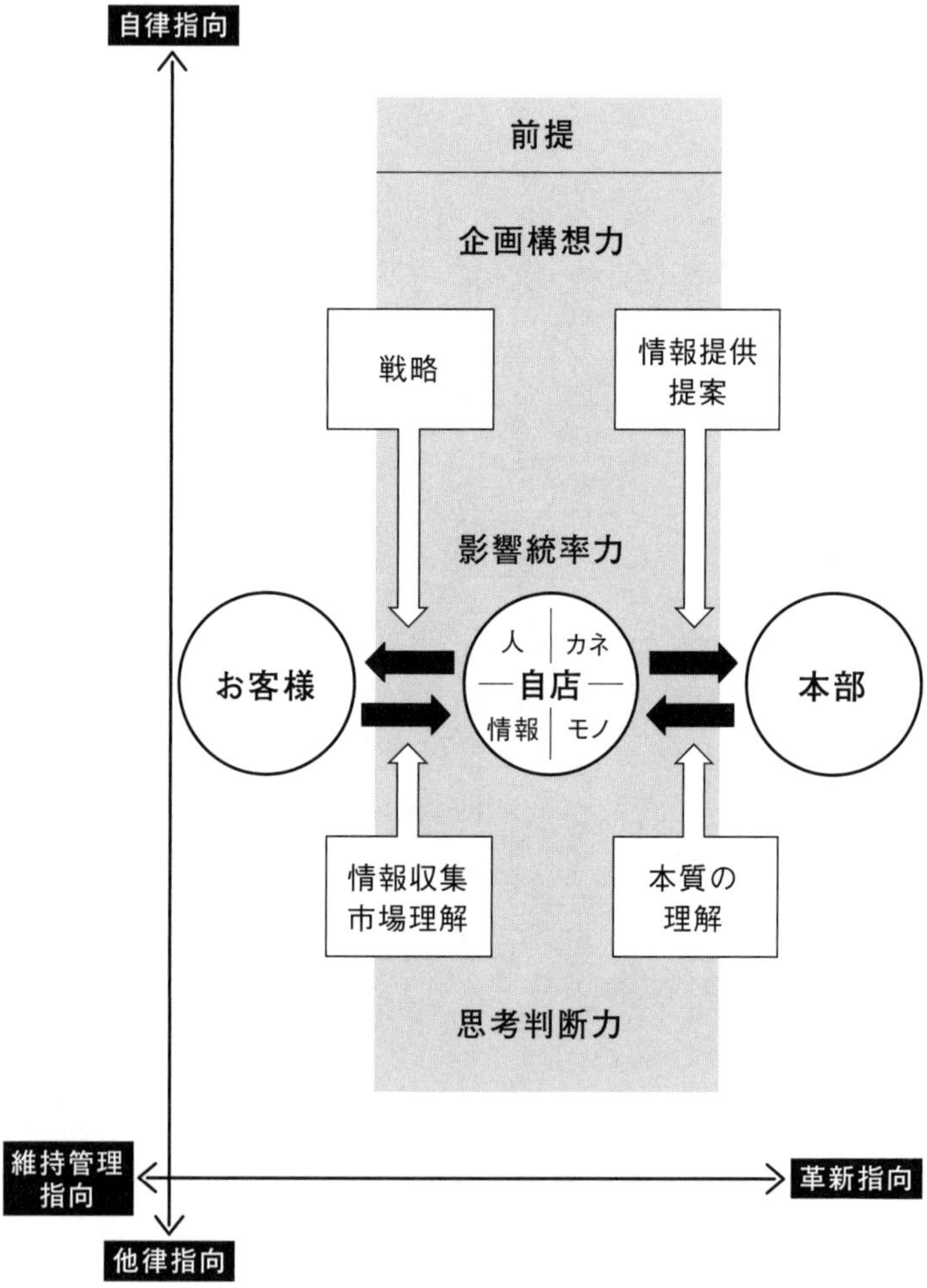

必要がある。

も重要だ。表層的な部分だけを見るのではなく、本質的な部分まで見て判断できるようになる

こうして、1人ひとりが本気になって変わらなければならないことを「行動特性」によってきちんと伝える。正直にいえば、宣言したからといってすぐに変わるわけではない。しかし、明確に宣言するのは変革の大前提であり、意識改革の端緒である。

「企画構想力」「影響統率力」「思考判断力」の集大成として、「全社に影響を与える」ことを求めた。新しい企画、革新性のある取り組み、収益性の高い仕組みなどを1人ひとりが考える力を身につけ、それを自分だけに留めるのではなく、全社に広げていくことができれば、大きな変化が顕在化し、会社は強くなる。そのような存在になってほしいと明言した。

この宣言を表明したときから、新卒採用も中途採用も、「採用基準」を変更した。この「行動特性」のある人かどうかを判断する方法を極め、それをクリアした人に入社してもらうようにしたのだ。多様な能力を持ちながらも、共通で大事にしていく「行動特性」をそろえることで「企業文化」まで変わってくる。

「権限委譲」の大前提となる「価値観」と「判断基準」を共有する

■「大切にしている考え」「なぜ、そうするのか」という理由や背景を共有する

社内で行われている事実だけでなく、その「背景」や「理由」もきちんと共有する必要がある。何度か触れてきたが、「そもそも会社として何をめざしているのか」「どのような『ビジネスモデル』なのか」、それゆえに「どのような考えや行動が求められるのか」。それらをきちんと丁寧に伝えることが大事だ。しかも、伝え続けること。一度や二度では、本当に理解などしてくれない。だから、腹の底から理解できたといってもらうまで、何度も何度も伝え続ける必要がある。めざすものと、その背景や理由をきちんと理解していることは、「価値観」や「判断基準」を共有するための下地のようなものだ。

人が自ら動く組織になるには、「権限委譲が大事だ」とよくいわれる。日本でもかつて権限委譲がブームのようになった時期がある。だが、うまく機能しているとは言い難い会社も多いのではないだろうか。笑い話のような、実話がある。権限委譲をしたものの、思うようにうま

く機能しない企業があった。思案の末、権限委譲した先の意思決定が正しいかどうかをチェックするために、部署を新設したというのだ。権限委譲どころか、さらに複雑で無駄の多い仕組みになっていることにも気づかずに。

「価値観」と「判断基準」の共有が大事なのは、「権限委譲」がうまくいくための前提となるからだ。むしろ、「価値観」と「判断基準」が共有されていないにもかかわらず、権限委譲をするのは、必ず失敗すると断言してもいい。もちろん、人間である以上、考え方が他の人と１００％同じになることなどありえない。しかし組織には、「こういうとき、うちの会社はどちらに行くのか」という羅針盤のようなものがある。それを共有することが、「価値観」と「判断基準」の共有ということなのだ。

「価値観」と「判断基準」を共有すると、何か問題や課題が持ち上がったとき、いちいち上層部の判断を仰がなくても、正しい判断をし、自らの権限で決められるようになる。また、「価値観」と「判断基準」を共有しているからこそ、このケースはどう判断すればいいのかと迷う場合には、今回は上層部に確認をしたほうがいいということに自ら気づけるのだ。よくわからないのに、勝手な判断をすることがなくなるということだ。

また、既存の判断では答えが出ない場合には、そこから新たな「判断基準」の構築につながることもある。外部環境の変化により、現場で新しい事態が起きたときなどは、即座に情報が上層部に届き、会社としての新たな「判断基準」が生まれる可能性があるのだ。「価値観」や「判断基準」の共有によって実現した「権限委譲」が、今度は「価値観」と「判断基準」をより強化する役割を果たすようになる。

■「価値観」「判断基準」を共有するためだけの研修

「権限委譲」は、中間管理職にはとりわけ必要である。

FR社で、「権限委譲」をとくに意識したのはスーパーバイザー職以上の社員だった。およそ7店舗ぐらいを管轄するのがスーパーバイザーの役割だが、FR社は500店舗ほど展開していたので、スーパーバイザーは70人規模である。その上司としてエリアマネージャーや部長、また本部の課長職以上も重要な中間管理職だ。「価値観」や「判断基準」をかなりのレベルでそろえる必要がある人は100人規模だった。

そこには、中途採用で入ってきた人も大勢いる。採用の段階で「社外規範」や「社内規範」を伝え、それに共鳴する人材を選択してはいるが、彼らは新たに入ったため会社の具体的な仕事上の意思決定に関わる「価値観」や「判断基準」まで理解しているわけではない。そこで、それらを理解してもらうための研修を毎月のように開いた。人数が多いので、いくつかのグループに分けて実施した。

そこでは、経営トップが大事にしてきた「価値観」と「判断基準」の共有を行うことを目的にした。対象となる管理職が集まり、5～7人でテーブルを囲んでもらってチームのように分かれ、過去に起こったこと、今起こっていることを、FR社だったらどう考え、どう判断し、どう対処するのがいいのかを自分たちで考えてもらったのだ。

その場では、誰もがFRらしいとはどう考え、どのようにすることかを考え抜いて、議論していく。しかし、各テーブルで判断は異なる。そのうえで、このセッションの最後には経営トップにも入ってもらって議論する。過去の事例であれば、経営トップは、そのときどう考えて、どのように判断したのか。現在の事例であれば、FRらしさとは、どう判断することかを、経営トップの話を聴き、自分たちとの違いをぶつけ、あるときは議論して、それぞれが納得しながら、FR社としての「価値観」と「判断基準」を身につけてゆくのだ。誰もが、自分ごととして考え、議論のプロセスを参加者全員で共有するからこそ、FR社としての「価値観」や「判断基準」を共有することができるようになるのだ。

ただし、これも一度や二度の研修ですぐに身につくわけではない。だからこそ、テーマを変えながら何度も繰り返し行うのだ。「価値観」と「判断基準」の共有は、それぐらい時間とパワーをかけるべきことである。

「判断基準」にまつわる、1つの事例を紹介しよう。

商品を店頭から欠品させるのは、小売業にとっては致命的な失態だ。基本的には商品の欠品は叱責される事態といえる。

「商品が売り切れて、足りなくなりました」

（担当者が営業会議でそう報告すると、当然ながら経営トップは怒る）

「中国の工場にはあるのでしょう。どうしてエアー便で運ばないのですか」

（「エアー便」とは、その名の通り飛行機で物品を運搬するので、費用はかなり高くつく。担当者がそういうと、経営トップは「コストをかけてもいいから入れてください」と怒る）

このことを知っている社員が、ある商品が欠品しそうになった段階でエアー便を使って入れたとする。すると、経営トップはまたしても怒る。

「どうしてエアー便なんか使っているのですか。あなたは会社を潰す気ですか」

（経営トップはそう激怒する）

しかし、前回のケースと今回のケースの違いがわからない。いったいどのように判断すべきなのか、そこを論点に議論したとしよう。

経営トップの真意はこうだ。

チラシや広告を打つと、その商品を目あてにお客様は店舗に足を運ぶ。その商品を安く売ることを宣言したキャンペーン期間中にもかかわらず、その商品の在庫がないのは、お客様に嘘をついていることになるのではないか。その事態を避けるためには、たとえ高額の費用がかかるエアー便を使ってでも商品を運ばないと不誠実である。ＦＲという会社は、お客様に不誠実なことは決してしてしないという覚悟。それがあるがゆえに「どうしてエアー便で運ばないのですか」という言葉が出る。怒った真意はこれなのだ。

一方、安く提供することを宣言して集客している商品でなければ、話はまったく別だ。商品が欠品した場合は、お客様に「申し訳ございません。その商品は、ただいま在庫を切らしております」と誠実に謝罪し、そのうえで、いつ入荷予定か、どこの店舗であれば入手可能なのかなど、必要な情報を誠実に提供すれば良い。それなのに、わざわざエアー便を使って取り寄せるから、「どうしてエアー便なんか使っているのですか。あなたは会社を潰す気ですか」となるわけだ。

答えを明かしてしまえば簡単なことだが、大切なのはお客様を騙すような真似を絶対にしてはいけないということだ。その場合は、たとえ多少の赤字になっても約束を守る。しかし、そのようなケースに該当しない場合には、適正な手続きで入荷するまでお客様にお待ちいただければいい。経営トップには当たり前としてある、「商売人」としての鉄則を具体的に実行しているのだ。
しかしながら、FR社に入社したばかりの社員は、そこまで「商売人」としての考えが定着しておらず、その感覚がわからない。だからこそ、このような議論を重ねることで、FR社としての「判断基準」を理解し、日々の行動に落とし込んでいく必要があるのだ。

会社には、こうした「目に見えない当たり前の基準」が数多くある。それを顕在化し、それについて議論を重ねることで、徐々に「価値観」と「判断基準」が共有されていく。議論の結果より、正確にはそのプロセスによって本当の意味を理解するという感覚だろうか。

もちろん、「価値観」や「判断基準」には絶対的な良し悪しはない。それぞれの会社特有のもので構わない。「クレド」を大切にすることで有名な外資系高級ホテルは、宿泊した顧客がホテルに忘れ物をしたとき、すでに空港に着いてしまっていて戻る時間がない場合、タクシーを使ってでも時間内に届けると聞く。そのつど上司におうかがいを立てなくても、自分の判断で実行できる。そのホテルでは、そのような対応をしなさいという「価値観」が共有され、そのようなケースで使っていい予算まであらかじめ提示されている。
だが、同じことを低価格のビジネスホテルの従業員が行ったら「あなたは会社を潰す気ですか」と叱責されるだろう。そのビジネスホテルのサービスが悪いわけではなく、先述の外資系高級ホテルほど高額な宿泊料を設定していないからにすぎない。

「ビジネスモデル」に良し悪しがないように、「価値観」や「判断基準」にも良し悪しはない。だからこそ、一般的な「良し悪し」ではなく、「わが社だったらどうするか」という共通認識を持つことが大切になる。「強い会社」になるには、自社の「業種」や「業態」「ビジネスモデル」をも考慮した、自社ならではの適切な「価値観」や「判断基準」を持つべきであり、それが共有されていなければならない。

■「中途採用」によって、「ゼロベース思考」を加速させる

中途採用には、その任務を任せられる人材を確保できたという以上の価値がある。

一般的に中途入社者は、「従来と異なる視点を会社に入れてくれる」「専門的立場から指摘してくれる」などのメリットがあるといわれている。しかし、それ以上の価値がある。それは、会社にあるこれまでの常識や規則、枠組みを疑い、本当に正しいかどうかを考察し、白紙の状態から結論を打ち出していくために必要な「ゼロベース思考」を芽生えさせるからだ。

FR社には、当然ながら小売業の出身者やアパレル出身者が多かった。ただし、小売業にいた人は、どうしても小売業の発想から抜け出せない。アパレル業界出身の人も、放っておくとアパレル業界の発想に凝り固まりがちになる。もちろん、必ずしもそれが悪いわけではないが、過去の成功体験や既存の発想から自由にならなければ、斬新なアイデアは生まれない。

アパレル業界を根本から変えるには、旧来の小売業出身、アパレル業界出身の人材だけではダメだと判断して、メーカーや商社、ＩＴ系の企業など、異業種で活躍するさまざま勇士を中途採用した。新しく中途採用で入ってくれた人たちは、ＦＲ社の「価値観」や「判断基準」を知らない。会社で飛び交う「専門用語」も学ばなければならないし、新たに覚えなければならない知識の量も膨大である。しかし、それを乗り越えたところで起こったのは「ゼロベース思考」だった。

新しく入社した人たちが、会社のことや仕事の内容だけでなく、「価値観」や「判断基準」を理解していく過程で、従来からの社員に対し素朴な疑問をたくさん投げかけてくれたのだ。

「何でそうするのですか？」
「どうしてこれじゃダメなのですか？」
「われわれは、いつでも、どこでも、誰でも着られる服をつくっているのですよね？　だったら、もっとこうやってもいいのではないですか？」

中途入社組は、その会社の「常識」に悪気なく疑問をぶつける。そうなると、従来からの社員も原点に返って考えざるをえない。

この「原点に返って考える」ということが大切なのだ。原点に戻って考えるから、新しいことが実現できる。中途採用は、単に人手不足を補うため、頭数をそろえるためだけではなく、会社や業界を変えようとしているときには、異業種からの人材が新しい何かを生むための起爆剤になってくれる可能性がある。今までは、どこかで無理だと思っていたことや、やっても無駄だと思っていたことも、もう一度「ゼロベース」で考え直そうという雰囲気が生まれる。まさに人材が多様化することで、新しいアイデアをみんなで考えようとする「企業文化」が生まれたのだ。

ただし、外から来た人だけで会社を変えるのはうまくいかない。従来からの会社のことに詳しい人たちも巻き込んで、既存社員と中途入社者によって優れたコラボレーションが生まれるのだ。

「価値観」と「判断基準」の共有が重要なのは、いうまでもないが、同時にこれまでの常識を疑い、あらゆることを「ゼロベース」で考えることで会社はさらに進化する。

「チャンスを与える人事制度」と「キャリアプラン」の提示

■人事制度には「価値観」と「判断基準」の体現を織り込む

自分の今後のキャリアプランが見えないと、人は閉塞感を感じる。今の状況が永遠に続くイメージを持ってしまうからだ。どうなれば昇格するのか、何をすれば上位職になれるのか、やるべきことがわからなければ、頑張る意欲さえ低減する。

そこで、人事制度も「役割等級制度」にもとづいた考え方で再整理した。「役割等級制度」の発想とは、それぞれの役職や仕事に求められる「役割」の大きさに応じて等級を設定し、その社員がどの役割を担うかで格付けを行い、賃金管理を行う制度のこと。年齢や入社後の年数に関係なく上がることもある。また、役割を果たしているかどうかで判断するため、力量不足の場合、等級が下がることもありえる。会社によっては、等級を下げる運用をしないケースもあるが、もともと備えている能力と違い発揮している役割なので、理論上は上下の変動がありえる。難易度・期待度の高い役割を担えれば、それに見合う報酬が得られる仕組みだ。そのあたりが「職能資格制度」（職務遂行能力のレベルによって等級を設定。一般に能力はなくならないので下がることはない）との違いである。

当時のFR社の人事制度を大胆に変更し、「役割等級制度」にもとづいた考え方で再整理することで、「どんなことができるようになるか」、つまり、「どんな役割を果たせるようになると社内の等級が上がるのか」がわかるようにした。店長に求められる役割とそれにもとづく行動、その上位職であるスーパーバイザーになるには、どんな役割を果たせるようになる必要があるのか。同じように、エリアマネージャー、部長も、どんな役割が求められるのか、それにはどんなことができなければならないのかなどを社員にわかるようにしたのだ。

もちろん、期待される役割や、そこで行ってほしいことを文章で伝える以上、多少は抽象的になってしまうが、今の自分が次のステップに上がるためには、何をどのレベルで身につけていくべきかがわかる。上位職の責任の大きさや大変さもわかる。それらを理解することで、自らのキャリアプランを考えることができる。上司もメンバーが何を身につけるべきか指導しやすくなる。

FR社の場合、それぞれの等級で「PDCAサイクル」をどれだけ回せるかという視点で、期待する役割を整理していった。理由は明確だ。さまざまなことを「企画（Plan）」し、実際に「行動（Do）」し、自ら「評価（Check）」でき、さらに大きな「改善（Action）」と企画・行動につなげることを確実にできることが重要であり、それを高速で回していくからだ。

成果を出してくれた人への報い方は、2章でも少し紹介したが一般的には大きく分けると2つの方法がある。それは、「地位」と「お金」だ。

「地位」の変化とは、「昇格」や「昇級」といわれる社内の等級などの格付けが上がることと、「昇進」といわれる課長や部長という肩書きが与えられることがある。評価が低いと降格や降職ということもある。昇降格や昇進・降職により、「お金」である給与（月例給与）も増減することになる。実際の昇降格や昇進・降職までには、企業の評価期間の関係で、3カ月～1年近くのタイムラグがあることが多く、また、月例給与の変化なので、急激には変わりにくい。よって、これによるお金の変動は「遅効性」があり、「安定的」といえる。

一方、「お金」の面でわかりやすいのは、「賞与」や「報奨金（インセンティブ）」だ。こららは、評価されたタイミングで渡されるか、直近の賞与のタイミングで支払われる。金額も大胆に変動させせられるので、かなりのメリハリがつけられる。よって、こちらは「即効性」があり、安定性はなく「一時的」だ。

この2つの報い方を、上手に組み合わせることが重要である。わかりやすくいえば、「どんな人を偉くするのか」「どんな人がお金をきちんともらえるようにするのか」、それをきちんと設計していくのだ。

「偉くする」場合、たとえば単純に営業の成果をあげた人を、すぐに「昇格」や「昇進」をさせる会社もあるが、本当にそれで良いのだろうか。結論からいうと、「役割等級制度」の各等級に求める役割の中に、会社の「価値観」や「判断基準」が理解でき、それに従って自分自身が行動でき、それに従ってきちんと後輩やメンバーを指導できることを入れておく必要がある。それを入れないがゆえに、会社の「企業文化」がダメになるケースも多い。会社の「価値観」とは異なる我流で成果を出す人が、我流を後輩やメンバーに伝えるからだ。我流でも一瞬の成果は出るかもしれないが、長期的にその会社らしさや、その会社の強さは醸成されない。

また逆に、昇格まではさせられなくても、本当に頑張ってすごい業績をあげてくれたのであれば、賞与や報奨金で大胆に還元すべきである。今の等級のままで良いが、その代わり大胆に還元する。ただし、大胆に還元しても、極端にいうと一時的にである。長期にわたって人件費に影響を与えるわけではない。

「昇格」すべきは、業績をあげられるだけでなく、会社が大事にする「価値観」や「判断基準」を体現でき、しかもそれに則って業績をあげる方法を指導できる人である。

そのことが伝わる人事制度に仕上げ、その意味を説明して回った。

■「チャンスを与える昇格と降格」の背後にあるのは再チャレンジできる社風

日本企業には少ないケースだが、ＦＲ社では降格が普通に行われる人事制度を設計した。降格が珍しいことではないのだ。理由は、明確である。昇格のハードルを低くしたからだ。言い換えれば、チャンスがあれば昇格できるようにしたわけだ。抜擢に二の足を踏んでしまうのは、一度昇格させると降格させられないからである。けれども、ＦＲ社では昇格、降格が日常的に行われる前提で抜擢した。

会社によっては、その等級や役職で求められることを完璧にできていそうでなければ、昇格や昇進をさせないところもある。だが、「立場が人を育てる」という言葉通り、チャンスを与えてその地位につけてみることで、伸びる人もいる。それに、昇格して苦しんでも、どんなことを学び身につけなければならないかを理解できるので、たとえその後、降格したとしても、一度昇格したことで自分の課題が見えてくることも少なくない。

そして、降格しても再挑戦の機会は与えられる。多くの企業は、一度でもキャリアに傷がつくと実際は再浮上できないことが多いが、ＦＲ社では、一度うまくいかなくても、それがキャリアに永久に影響するわけではない。だからこそ、社員も過剰な不安を抱くことなく積極的にチャレンジができる仕組みなのだ。たとえ降格しても、もう一度再挑戦し、昇格や昇進がある。

実際に、店長からスーパーバイザーになる際には、自ら希望し、上長からの推薦も得られた人は、昇格試験を受けることができる。そして、その面接では、可能性を判断した。

役職者が絶対に判断を間違えてはならないような業種や職種の場合には、この限りではないだろう。しかし、許容される業種や企業の成長段階によっては、上位職に求められるスキルが完璧ではなくても、できる可能性が高ければ抜擢することも大切である。会社の「価値観」や「判断基準」を一定水準身につけていれば、チャンスが与えられるほうが人は育つ。

その代わり、挑戦したがダメだった場合には、大胆に降格を行わなければならない。組織上の役割を果たせていないのであれば、実害が生じるからだ。その場合には、降格、そして再昇格という流れをつくっていかなければならない（それを生み出すための注意点は、この後の「象徴」に関する項目で詳しく解説する）。

■「スーパースター店長制度」というキャリアの複線化

当時のFR社は「スーパースター店長制度」を導入し、キャリアの複線化を実現していた。これは、本部スタッフでないと偉くなれないのではなく、店長としての能力を極める専門職として活躍し続けるシステムである。立候補してもらい、「スーパースター店長（略称、SS店長）」として認定された人は、スーパーバイザーの指示命令系統に入らず、通常の店長よりも多くの権限が与えられた。

SS店長は、本当の意味での「商売人」になってもらう人ともいえる。だから、自分で考え、自分で判断し、改良し、新たな仕組みを考えてもらい、それを全社に広げる役割を担う。多様な人がいる会社は強い。全員が本部スタッフをめざす必要はない。とくに小売業には多様な人が必要だ。SS店長は、小売業が強くなるうえで貴重な存在となる。真の商売人気質の人が自由に「PDCAサイクル」を回せないと、会社としては、官僚的で時代に取り残される判断をしてしまう可能性が出てくる。

現場で高度な実践者として活躍できる道、マネジメントを極める道、本部スタッフとして専門性を高める道などを用意することで、社員は自分の人生やキャリアを考え、主体的に何を身につけなければならないかを考え、変わっていくはずだ。

「人と企業の価値の交換」という視点でいえば、「その人がどのようなキャリア観を持っているか」「どうしたいと思っているのか」を考慮し、個人も企業もWin-Winになる「仕組み・制度・施策」を見出さなければならない。これも、組織戦略として重要なことである。

■変わるキッカケとなる「360度評価」の別の意図

当時、FR社の多くの店長たちは、パートやアルバイトとして勤務してくれているスタッフのマネジメントに苦しんでいた。早いと大学を出て、1、2年で店長になる。当時の郊外型の一般的な店舗では、社員は店長と育成中の社員数名で、何十人ものスタッフをマネジメントしていくことになる。ただし、すべての領域で店長がスタッフよりも仕事ができるということは現実的にありえない。現場の作業は、長年店舗を支えてくれているスタッフのほうが速いというケースも多いのだ。

もちろん、商品の発注や在庫調整、スタッフの勤務シフトの作成、地域や近隣との関係づくりなど店長ならではの仕事はたくさんある。しかし、それらは現場のスタッフからは見えにくいので、店長に対してスタッフには不満がたまる。店長は若く未熟な部分も多いため、その不満を解消できない。そうすると、店長とスタッフの間に溝ができてしまい、店舗運営がギクシャクしてしまうのだ。

その現状を打破するために「３６０度評価」を用いた研修を行った。「３６０度評価」の研修では、上司や同僚、部下が、その人をどのように評価しているのかを項目ごとにサーベイ（測定）して数値化し、本人のスコアとのギャップを洗い出す。その結果から、ギャップが生じている理由を自ら考え、またアドバイスをもらうことで、どのように行動や考えを変えるべきかを学んでもらうための研修である。

ＦＲ社には、パートやアルバイトのスタッフふくめて、職場を良くしていこうという気持をもってくれている人が多かった。だからこそ、店長に厳しく、多くの店長のサーベイの結果は低い点数が多かった。店長たちは項目ごとに、その点数の意味を理解して、自分の言動がどのように受け取られているのか、何が足りないのか、どのように変わるべきなのかを１つずつ考えていったのだ。

このことは、店長たちが変わる大きなキッカケとなった。これが、「360度評価」を用いた研修の大きな目的であり、この研修の本来の目的を果たしたともいえる。


ところが、この「360度評価」による研修の活用は、これだけでは終わらせない。

多くの店長たちが、深く考え、自分の言動をどのように変えるべきかに気づき、変わることを決意した。しかし、自ら変わると決めても、急にスタッフとの関係を変えられるだろうか。溝を埋められるだろうか。答えは否だ。自分だけが変わってもうまくいかないのだ。スタッフとの関係性を変えるためのキッカケも必要になる。

店長とスタッフの関係性を変えるキッカケとしても、この「360度評価」の研修を活用した。具体的には、各店舗でこの研修のフィードバックを店長自らスタッフに行ってもらうのだ。スタッフにサーベイに協力してくれたことへの謝意を伝え、何に気づいたか、今後どのように変わっていくつもりか、今後どのような協力をしてほしいのかを本人の口から直接伝える。サーベイに込めたさらなる真意を語るスタッフもいたり、店長が気づいてくれたことを喜ぶスタッフがいたりと、まさに関係性に変化を生み出すキッカケになったのだ。

人が言動を変えようとするキッカケづくりも大変だが、人と人との関係を変えるためにもキッカケが必要になる。それなくして、一方が変わっても、なかなか気づかないし、うまくいかない。店長が「変わる」と宣言することで、スタッフたちにも変わるキッカケを与えたことになる。店長の想いが理解できると、それまでお手並み拝見や、ただいわれたことをやるだけというスタンスだった人たちも、店長を助けようとする態度に変わっていった。結局、人と人との関係は、双方が変わらないとうまくいかない。そのためには、キッカケが必要になる。

店長が現場でスタッフにフィードバックをする際にも、細心の注意を払った。なぜなら、このフィードバックも一歩間違うと危険だからだ。「店長はまったくわかっていない。こりゃダメだ」となれば、関係性が壊れることもありえるからだ。

そこで、店長がスタッフにフィードバックする際には、必ずスーパーバイザー以上の役職者に同席してもらった。とくにスタッフとの関係性が悪い店舗や、予想以上に低いサーベイ結果だったスタッフの店舗には、エリアマネージャーに同席をお願いした。このフィードバックで、スタッフが受け入れる状況や雰囲気を何としてもつくってもらうためにだ。

これはスーパーバイザーやエリアマネージャーにとっても、難易度の高い真剣勝負の仕事である。だが、それぐらいの想いで行えば、良い効果が現れる。もちろん、いちばん楽になったのは、店舗で四面楚歌の状況に置かれていて孤立し、苦しんでいた店長たちだ。

一方、「360度評価」のサーベイを実際の人事評価に活用する会社もあるが、私はそれには懐疑的である。人事評価に使うことがわかっていると、サーベイをつける側にさまざまな忖《そん》度《たく》や逆に悪意の感情が発生し、その恣意性によるバイアスが生じることが多いからだ。だから、純粋にその人の成長のために協力してもらう形でサーベイをつけてもらうほうが確かな結果が生まれる。

「360度評価」は、用いる会社の状況によってはとても危険なものである。周囲の大多数が、モチベーションが低く、腐りかけた組織の場合、やる気があり、前向きに取り組んでいる人の評価が悪くなる。なぜなら、そんなことをされたら迷惑だからだ。もし、「いわれたことだけをやっていればいいものを、何を1人だけ頑張っているのだ。あなたがそんなことをしたら、われわれもやらなければならなくなるではないか」という本音がある会社で、「360度評価」を使った研修を行えば、やる気のある社員から辞めていく。バカらしくて、こんなメンバーとは一緒に働けないと実感するからだ。

これは実際によくある話で、「企業文化」を変えようとしている会社などは、とくに要注意である。企業変革の協力者から辞めていくことになりかねない。「360度評価」の本質的な構造を理解できていないと、逆にレベルが低い人に合わせる仕組みになってしまうことすらあるのだ。

自発的な情報発信を生む「フロー型のナレッジマネジメント」

■「チェーンストア・オペレーション」を極める──「ビジネスモデル」の強化・その2

FR社の組織変革では、「製造小売業」という「ビジネスモデル」と並ぶ、もう1つのポイントが「チェーンストア・オペレーション」としてどう勝つかということだった。

「チェーンストア・オペレーション」とは、小売業や外食、サービス業などで、チェーン本部の主導による標準化された店舗運営を行い、出店、商品計画、仕入れ、宣伝、採用などの大部分を本部で集中的に管理し、効率的に多店舗展開を行う経営手法のことである。消費者は、その看板がついているお店であれば、そのブランドに期待する価値あるサービスが受けられると信じてやって来てくれる。

勝つためのポイントは、結論からいうと1つの店舗での成功事例を瞬時に全店で実行できる仕組みを構築できるかどうかだ。1つの店舗で100万円、200万円の売上増となっても、全社への影響は軽微だ。しかし、同じことを同時に500店舗で実現できたとしたら、5億円、10億円規模の売上増になる。成功事例をいかに速く、多くの店舗で共有し実現できるかどうかで、まったく異なる業績になるのだ。ただし、「チェーンストア・オペレーション」における、このポイントの重要性を理解していても、現実に実行できている会社は少ない。

これから、「チェーンストア・オペレーション」を強化するために導入した仕組みを解説していく。私はそれを「フロー型のナレッジマネジメント」と名づけている。

まず、「ナレッジマネジメント」とは、社員たちが業務を行うなかで得た「知識＝ナレッジ」を、会社全体で共有し活かすという経営手法の1つである。個々の社員の工夫や具体的な思考錯誤とその結果を共有し、それを全員が活かすということだ。それぞれの経験やそれぞれの技術で培われてきた勘や知恵のようなものを「暗黙知」という。その「暗黙知」を、文章や図解のように誰もがわかり活用できるような形にしたものを「形式知」という。「暗黙知」を「形式知」に変えていくと同時に、その両方を組織の財産として活用していけるようにする取り組みである。

一般的な「ナレッジマネジメント」の場合、「ストック型」で設計されることが多い。わかりやすくいうと、データベースに過去の成功事例やそのときどきの企画書、経緯書、または、困ったことを解決した事例などを保存して、検索機能をつけて探しやすくし、必要なときにすぐに取り出して参考にできるようにしたものだ。その多くは、組織の誰かが過去に生み出したノウハウを「ストック」するかたちで構築されているパターンである。

しかし、ファッションの流行、季節や天候の影響を受け、商品も顧客の要望も変化するアパレルの小売業や、急激に取り巻く環境が変化している企業の場合、過去の成功体験が必ずしもそのまま参考になるわけではない。今年戦ったやり方が、来年も通用するわけではないのだ。とくにアパレルの小売業の場合、常に新しい問題や課題が生まれるので、過去よりも、今困っていることをどう解決するかのヒントを共有したり、うまくいった例を瞬時に共有したりすることのほうがより重要になる。だから、「ストック」の反意語的な意味を込めて、「フロー型のナレッジマネジメント」なのだ。

具体的には、店長、スーパーバイザー、エリアマネージャー、本部の各セクションの課長以上を1つのグループとして、情報が行き交う仕組みをつくった。

店長は、困ったことや解決したいことを、そこで発信する。同じような問題で困っている店舗も多い。だから、同じ状況を経験した店舗の中には、それをすでに解決したところや、まだ解決にまでは至っていないが、解決をめざして試行錯誤しているところがあるのだ。そこで、「困った」という発信があれば、すでに解決した店長や、思考錯誤中の店長がすかさず情報を発信する。助けを求めた店長や同じ悩みを抱えた店長は、すぐに同じことをやってみる。

しかし、他店から薦められたことをやってみたものの、なかなかうまくいかないケースもある。それは、立地や客層など細かな条件が違うからかもしれない。その場合、その事実をまた発信する。やがて、解決する方法を考え出す人が出てくる。それらの情報をもとに、多くの店舗で自店の状況に合わせて実践してみるという具合に進展していく。

本部の課長以上もそのネットワークに入っているのは、全社的な視点で本部として取り組むべきこともたくさんあるからだ。会社の構造的な問題の場合、すぐに本部が動く必要がある。また、個別の店舗で行うよりも、本部で一括して行うほうが効率的であれば、本部の該当部署がすぐに取り組むのだ。本部の人間も、常にこの情報を見ておかなければならない。

実際に、店舗の駐車場が常に満杯で周辺に迷惑をかける事態があちこちで発生したとき、商品がすぐに売れて在庫切れが頻発したときなど、多くの店長が知恵を出し合い、全国に解決のヒントを与えてくれた。このように、全社をあげて問題を解決する仕組みや、そこで生まれた成功事例を瞬時にすべての店舗に展開できる仕組みこそが、会社の成長を加速させるのだ。

参考までにお伝えすると、現在のFR社は、この瞬時に共有できる仕組みは前提として、さらに強くなるために「脱・チェーンストア・オペレーション」の域をめざしている。全国で共通で求められることはできたうえで、地域の店舗ごとに特徴を出し、他の地域ではやっていないことをやれるところまで到達するためだ。「チェーンストア・オペレーション」の価値を維持しながら、その店舗にしか売っていないもの、その地域でしか提供できないものを用意するなどローカライゼーションの価値を出していく。全社のOSの上に、ローカライゼーションというアプリを乗せているイメージだ。

ここで、「チェーンストア・オペレーション」を機能させるために、もう1つ特筆しておきたいことがある。それは、本部を「サポートセンター」という名称に変えたことだ。本書では「本部の各セクションの課長以上を」などと表現し、本部という言葉を使っているが、正確には「サポートセンター」のことである。本部は「店舗を支える役割」を担っているということを明らかにするためのネーミングであり、組織図の位置も意図的に下に書き、現場で困ったことが起こったら、「サポートセンター」の主要な部署が現場を支えるという位置付けにした。人のことで困っていたら人事部門、配送のことで困っていたら物流部門というように、それぞれの部署がすぐに関与し、解決方法を発信する役割にしたのである。

組織として「知の共有」をしていくには、もちろん「ストック型のナレッジマネジメント」も重要になる。これも自社の「ビジネスモデル」や「置かれた状況」によって、「ストック」すべき情報と、「フロー」で瞬時に共有すべき情報のそれぞれの価値や役割を考えて「ナレッジマネジメント」の仕組みを構築する必要があるということだ。「ストック」と「フロー」の配分も、業種や会社によって異なるため、適切に判断しなければならない。その際に大事なのは、「フロー型のナレッジマネジメント」と「ストック型のナレッジマネジメント」、それぞれの特徴を理解して、自社はどのようにそれぞれを使いこなすと情報が共有され、組織としてより強くなれるのかを意識しながら真剣に考え抜くことである。

「評価制度」は経営からの最大のメッセージ

■「評価制度」を変更するキーワードは「全社への影響」

「評価制度」は、経営からの最大のメッセージとなる。

どんな人も評価されるとうれしいし、評価されるに越したことはない。けれども、その評価の仕方によっては本人だけでなく会社全体に影響を及ぼし、プラスにもマイナスにも作用する。

人は良い評価をされると、会社は自らを良しと判断したと受け取る。だが、仮に会社が望むべき考えや行動とは異なるにもかかわらず、目立った売上をあげた人物がいたとしよう。そこで、売上という結果だけで評価をしてしまうと、下手をしたら会社にとってふさわしくない考え方や行動を容認したこととイコールになってしまうのだ。しかも、それは評価された本人だけでなく、それでいいんだと会社全体にも悪影響を及ぼす。

だからこそ、「何を評価するのか」、つまり「どんな行動や考えや、その結果、生まれたどんな成果を評価するのか」、そして「それは、なぜなのか」を明確に伝えるのだ。これが伝わらなければ、その会社ならではの「価値観」や「判断基準」に則って、理想の成果を出すための行動などしてくれないからである。「評価制度」を設計する側、伝える側は、それぐらい重いテーマを扱っているという認識と覚悟が必要になる。

とりわけ「ビジネスモデル」や「企業文化」を変えようとする際には、新しい「評価指標」を通して、「何をめざして、何をしようとしているのか」「今後は何を重視するのか」を伝えていかなくてはならない。

ＦＲ社は「製造小売業」への変化を促すために、「評価指標」も変えた。ただし、それまでの「評価指標」自体が間違っていたわけではない。それは営業成績を重視する会社では、当然のように取り入れられている指標でもある。たとえば、店長であれば、店舗の目標金額の達成率で評価される。任された売上目標に対して１３０％、１５０％の結果を出せば、高い評価が得られる。それも大事なことだ。しかし、新しい「ビジネスモデル」である「製造小売業」として勝つには、今までと同じ発想では会社は潰れるといっても言いすぎではない。

「製造小売業」は自社で企画し、生産した商品を売り切らなければならない。商品ごとに細かく計画して発注するので、すべての商品で、発注した数量を売り切ることが求められるのだ。そうなると、１つの店舗で２００％売り切ることが、必ずしもいいことではなくなる。もちろん、数字が悪いよりは良いほうが評価される。だが、商品ごとに細かく計画して、商品ごとに売り切っていかなければならない。それまでよりも、より緻密に考え、より詳細な販売計画が求められるのだ。

さらに、商品はシーズン前に計画して発注しているが、販売の初期の動きしだいでは、シーズン中に生産を増やすという判断も行う。各店舗でもそれに対応して販売計画を変えていく必要がある。そのような販売方法を行いながら、任された売上を達成し、与えられた経費の中で人件費ふくめてやり繰りし、きちんと利益を出せることが評価されるのだ。これまでとは違う仕事の脳や筋肉を使うようなイメージで、慣れるまでは大変である。

この「評価指標」の変更は、まさに「製造小売業」という「ビジネスモデル」を強化するということに紐づいた変更だった。

また、それと同じくらい大事な「評価指標」として重視することにしたのが、「全社への影響力」だ。これも、前述した通り、「チェーンストア・オペレーション」という「ビジネスモデル」を強化することに紐づいた変更である。

「フロー型のナレッジマネジメント」のところでも解説したが、きちんと情報を発信すれば、困っていることがあっても、すぐに知見を得ることができる。また、成功した店舗があれば、自ら全社に共有することで、多くの店舗でもその成果を手に入れることができる。そのように全社を良い方向に向かわせるためにどれだけ貢献したかを問うたわけだ。

その「評価指標」を説明する際に私が伝えたのは、次のようなメッセージだ。

「全社への影響力は、アイデアや事例を発信するだけではありません。その店舗、その人が使えるように配慮し、本当に困っている人が問題解決できるところまで徹底的にやってください。そして実際に話を聞きたい人には、教えてあげてください。アドバイスしてあげてください。現場を見たいのであれば、見せて解説してあげてください。それが本当の意味での、全社への影響力です」

「影響力」とは実際に相手や周囲に何かしらの変化が見られて、その結果として認識されるものだ。だが、よくあるのは「私は教えましたよ」と自己完結で終わるケースである。ただ単に「教えましたよ」「伝えましたよ」で終わらせず、実現させるところまで手伝い、その人が達成してはじめて評価するとした。

この「評価指標」を満たすのは、決して簡単なことではない。とくに店舗という遠隔地同士の場合、なおさらだ。だが、それをやり遂げることで、会社は強くなる。それゆえ、情報を共有できる「フロー型のナレッジマネジメント」の仕組みが重要視されていったのだ。

■「全社最適」のために「決算賞与」を導入

評価の高い人、つまり高業績者への報い方は、会社内の格付けの変更である昇格や昇進と、金銭面があると説明した。ここでは、その金銭面の報い方の変更を紹介したい。

一般的に「賞与」は、「目標管理制度（ＭＢＯ：Management By Objectives）」を活用して、その結果をもとに評価し、各人の賞与額を決めるケースが多い（この「ＭＢＯ」の結果を昇降格や昇進・降職に使うケースもある）。ＦＲ社でも、そのような仕組みが導入されていた。

「MBO」は、上司と握った目標を達成することをめざす重要な評価の方法である。丁寧にやる会社は、メンバーがきちんと自分で目標を立て、それを上司とすり合わせる。また、上司は「全社の目標」と「自分の部署の成果」の関係を把握して、「メンバーの目標」までつなげていく。「各個人の目標達成」が「課の目標達成」と紐づき、「各課の目標達成」が「部の目標達成」や「全社の目標達成」と紐づくのだ。

まず、「ＭＢＯ」の特徴として、目標を自ら立てるので押しつけられたものではなく主体性が発揮される。Ｐ・Ｆ・ドラッカー氏が提唱した本来の「ＭＢＯ」の思想も、まさに「Management by Objectives and Self Control」だ。つまり、各人が自ら目標を設定し、その目標を通して自らの仕事のやり方や進捗をマネジメントするということであり、それを自らコントロールすることの重要性をふくんでいる。だが、日本語で「目標管理制度」という訳で普及したがゆえに、言葉が独り歩きしてしまい、立てた目標を管理するというニュアンスが強いことが残念でならない。目標というものを通して、育成的視点をふくめながらマネジメントしていくという視点が欠かせないのにだ。そこで、真の意味での「ＭＢＯ」を定着させようと、ＦＲ社では、夏と冬の賞与は「ＭＢＯ」と「業績評価」をもとに算出したのだ。

それに加えて、「決算賞与」の仕組みも大胆に導入した。

「決算賞与」とは、年度末にその年の業績にもとづき、社員に還元するタイプの賞与だ。これをふくめると、夏、冬の賞与と合わせて、賞与が３回あることになる。

賞与を、一部の企業に見られるような保障された生活給という側面からではなく、本当に業績に合わせて出るものであると定義し、その趣旨を伝えた。そのため、次のようなことを何度も説明した。

「賞与をあてにしてローンを組むのは、最低限にしてください。できれば組まないほうがいいです。とくに決算賞与は、業績によって大きく変動するので注意してください。仕組みを理解しておいてください」

もちろん、夏と冬の賞与は、よほどのことがなければ一定額が支給される。しかし、３つの賞与に占める「決算賞与」の比率を大幅に高めたのだ。だから、「決算賞与」を見込んだ多額のローンの支払いは危険だと伝えたのだ。「決算賞与」は業績と連動するので必ずしも出る保障があるわけではないからだ（業績が良かった場合は、それに見合った金額となる）。
そして、同時に伝えたことがもう1つある。

「なぜ、決算賞与を導入し、その比率が高いかというと、われわれは、各組織が一体となり動かなければ利益が出ないビジネスの仕組みです。ですから、全社で協力すればするほど、業績も良くなり、みんなの決算賞与も増えるのです。個人のMBOと半期の業績にもとづいた夏と冬の賞与も大切なものですが、全員で協働して利益をあげて、高い決算賞与を実現させましょう」

これは、全社で一体となって目標に向かう歩みを進め、それを達成すれば相応の報酬を得られるという、全社最適を実現させるための仕掛けでもあった。

この仕組みは、店舗だけではなくサポートセンター（本部）でも同様に取り入れた。結果、部門や立場ごとにいがみ合うことなく、同じ目標に向かうことで組織の壁も低くなった。協力体制を構築するための施策の1つとして機能したわけだ。

そして、実際に成果に見合った「決算賞与」が出ると、全社で協力したほうが、損得勘定からも合理的であるという実感がわく。それまでは、自店の数字にしか興味がなかった店長たちも、全社の数字に関心を持ち、全社の方向に関心を持つようになっていった。

「何を評価するのか」、そして「その評価をどのように反映させるのか」、その思想や背景、理由をきちんと共有することこそ、仕組みの要となる

■詳細まで把握していないと歯が立たない「評価会議」

人事評価のプロセスで、大きなウェイトを占めるのが、部長会議でのメンバーの評価のすり合わせだ。

「製造小売業」の場合、全社が一体となって価値を生み出す。前の部署からバトンをもらい、次の部署にバトンを渡すようなイメージだ。他部署との連携が欠かせない。情報共有だけでなく、実際の業務での共同作業も発生する。だから、たとえば関連する部署のメンバーの仕事ぶりは、案件によっては直属の上司と同じくらいかそれ以上に他の部長が詳しいケースもある。「評価会議」では、部長クラスが集まり、自分の部下の評価を表明する。そこでは、えこひいきした下手な評価はできない。関連する部署の部長が詳しいだけに、すぐに物言いがつくからだ。「評価会議」に臨む部長間では次のような言葉が飛び交う。まさに真剣そのものだ。

「あなたは、○○さんの評価を低くつけているけれど、われわれにとってはすごく良くやってくれる人です。だから、もう少し高い評価でもいいのではないですか？」

「あの人がどうしてそんなに評価が高いのですか？　あの人のせいで、うちはどれだけ迷惑を

被っているか、あなたはわかったうえでその評価をつけているのですか？」

この仕組みにはもう1つ効能がある。部長自らが、評価対象者の言動や成果を細かく理解するようになるのだ。通常、直接の評価者である課長がいる場合、部長は課長が査定した評価を鵜呑みにする。評価対象となるメンバーを直接見る機会は限られるので仕方がない。しかし、この仕組みだと、「評価会議」で部長は質問攻めに合い、もしメンバーの仕事の中身を知らないとなると、責務を果たしていないことになり恥をかく。だから部長たちはみんな、一生懸命メンバーの仕事を課長からヒアリングし、必要であればメンバーから直接聞いて、仕事内容を把握したうえで会議に臨むのだ。実際のマネジメント上でもプラスに働く仕組みとなっている。

評価対象者も、その仕組みがあると思うと、直属の上長だけを見ずに、関連する部署のために、おのずと正しい方向の努力をするようになる。会社のために、求められることをしようとするのだ。直属の上司だけでなく、「評価会議」に参加する部長という評価者の存在価値は非常に大きい。これも、仕組みとして評価が確定するまでのプロセスそのものを考え抜いてこそのものだ。

ただし、1つ留意していただきたいのは、ここでも紹介したやり方が絶対的に優れているといっているわけではない。この評価の仕組みは、全社が一体となって動く必要がある「ビジネスモデル」だからだ。

評価についても、その会社に適した決め方がある。絶対的な正解があるとしたら、「企業理念（社外規範・社内規範）」を実現し、「コア・コンピタンス」を強化するためには、どのような評価の仕組みやプロセスにするのがもっとも効果的か、それを計算しながら構築する必要がある、ということである。

■「評価制度」で忘れられがちなのは「見える化」の仕掛け

「評価制度」には、必ず「見える化」が必要である。2章で述べた「発見の仕組み」のことだ。「評価制度」をつくる際に、何を評価すべきか、それを一生懸命に議論し、「評価指標」を固めていく会社は多い。しかし、それと同じぐらい大切なのが「見える化」だ。

「評価指標」が「メジャラブル（Measurable）」なもの、つまり測定可能なものは「見える化」を意識しなくても、たいていは結果が数値として出てくる。営業目標の達成率や人件費比率などもそう。新規営業の場合などは訪問件数を、商品企画などの場合は提案件数などを「評価指標」にする場合もあるだろう。これらは、数字できちんと把握しやすい。ところが、数字だけでは測りにくいものの場合、「見える化」がおろそかになりがちになる。

いくらどんなに考え抜いて「評価指標」をつくっても、その指標で求められることをやったのかやらなかったのかが周囲に見えなければ、誰も本気で取り組みはしない。取り組んだとしても、結局誰も気づかずに評価されないことがわかれば、人は徐々にやらなくなっていくものである。だからこそ、必ず「見える化」が必要なのだ。評価すべき人を、的確に評価する。評価制度の設計の際には、「見える化」まで一緒にやらなければならない。これは人事制度をつくるときの1つの大きなポイントになる。

では、たとえば前述の「全社への影響力」を評価する場合、どのようにすればいいのか。ここで、「フロー型のナレッジマネジメント」の仕組みが、それを可能にしてくれる。

困っている人は、それを発信する。すると、誰かがアドバイスをする。発信した人は、すぐに誰かのアドバイスや、うまくいった店舗の事例を得ることができる。それを使って解決に動く。うまくいけば、「ありがとうございます。うまく解決できました」とすぐに反応が出る。

仮にアドバイス通りにやってみたとしても、店舗の立地、客層など、さまざまな条件の違いによってうまくいかない場合もある。その場合は、その結果を受けて、うまくいかなかったことを発信する。すると、別のところから「私の場合、こういう形で解決しましたが、どうでしょう」と新たなアドバイスが流れてくる。それを試した店舗がさらにノウハウをプラスしてゆく。こうやって知見がどんどん広がっていく。そうしたプラスのスパイラルが構築されていくのだ。

このようなかたちで、発信と結果を共有し続けると、誰が全社に良い影響を与えているのか、誰もが認識することができる。この仕組みを見ていると、全社的な価値を出している人が一目瞭然になる。これも、まさに「見える化」である。

■結果が継続して出るための「評価指標」も大切

「見える化」と同様に、「評価制度」を設計する際のポイントをもう1つ紹介したい。それは、成果の結果として現れる「評価指標」だけではなく、結果を継続的に出し続けるための「評価指標」も織り込ませることである。

成果の結果として現れる「評価指標」とは、たとえば店舗であれば、売上額やその達成率、人件費や人件費比率などのように最終的に示されるものだ。もちろん頑張ったうえでの結果なので、これらは評価されるべきだが、それだけではダメで、その良い結果が持続的に生まれるための行動も評価しなければならない。

たとえば、店舗の業績のためには、パートやアルバイト社員との円滑なコミュニケーションが欠かせない。そのための行動である店舗でのスタッフミーティングの質と量や、従業員満足度なども「評価指標」として織り込むのだ。

また、「組織が一体として動くようになること」をめざすのであれば、それが実現するためには、どんなことが起こるとそれが加速されるかを考えていく。

店舗から、顧客の生の声や近隣の競合情報などを商品企画をする部署に伝える行動、商品を企画する部署が店長たちにきちんと商品の企画意図や狙いを伝える行動、このような行動が頻繁に起これば、組織の一体化が加速するわけだ。つまり、このような行動をきちんと評価すれば、めざしている姿へと近づくのだ。

実際には、そのような行動をきちんと行ってもらうために、最初は店長やスーパーバイザーたちと商品企画部との定例のミーティングを強制的に開催した。そして、そこでの言動も評価した。

すると、やがて店長とスーパーバイザーの間に、自然とコミュニケーションが生まれるようになった。強制的に会議を開かなくても、情報を伝え合う行動が自発的に起こったのだ。そうすれば、「見える化」の仕組みを利用して、組織が求める行動をした人をきちんと発見し、評価する。これも「自社がめざす強い組織」という観点からの「評価制度」という仕組みを導入した効果である。

「表彰」は効果の最大化を考える

■「そもそも表彰制度は、何のために行うのか」から考える

「表彰制度」を実施している会社は多い。とくに営業系の部署では必ず行われる。ところが、表彰の効果を最大にすることまで考えている会社は意外と少なく、業績が長期にわたって好調で、成長を継続している会社ほど、このことを常に考えている。

表彰する際、わざわざ壇上に上げて褒め称えるのはどの会社でもしていることだ。そうするのは、それなりに重要な意味があるからだ。本人のモチベーションを上げ、チームのモチベーションを上げ、さらに頑張ってほしいという想いも当然ある。見ている観客席側からは、次こそは私があの舞台に上がるぞ、と思わせる刺激にもなるだろう。しかし、もっと重要な「表彰制度」の狙いがある。良いお手本として、他の人にも表彰された人と同じ行動をしてほしいというのを暗に伝えることだ。

だが、多くの会社の表彰イベントでは、壇上に上がった成績優秀者がコメントを求められ、

どこかで聞いたようなお決まりの挨拶をするケースばかりだ。

「みなさんのおかげで、この賞がいただけました。とてもうれしいです」

「ご指導いただいた◯◯さんのおかげです。本当にありがとうございました」

もちろん、これらの感謝の発言を否定するつもりはまったくない。しかし、もっとも語ってほしいのは、「その成果を上げるためにどのような行動をしたのか」である。それを共有するのが表彰の目的なのに、なかなかそれが出てこない。

当時のＦＲ社の表彰も「指導していただいた上司や、店で働いてくれているスタッフのおかげです。ありがとうございます」というパターンばかりだった。感謝の言葉だけの挨拶を打破するため、事前に表彰される人の店舗に映像を撮影しに行った。撮影を担当するビデオクルーのスタッフ、とくにディレクターには、ＦＲ社の標準的なやり方を理解してもらった。そうしなければ、何がすごいのかわからないからだ。わからなければ、その部分を撮影できない。

たとえば、パート社員のチームワークのつくり方が絶妙な店舗がある。一例として、朝礼のちょっとしたやりとりを見るだけでも参考になる。店長がパート社員に仕事を任せるときのやり方が非常に上手なケースもある。そのような場面を撮影し、その店舗のすごさがわかるように編集したうえで表彰のイベントで見せるのだ。

表彰の映像は参考になるだけでなく、映像を流した後に成績優秀者にスピーチしてもらうと、触発されてプラスアルファの内容まで語ってくれる。それが全員にとって参考になり、これだけで表彰の価値がまったく違うものに変わるのだ。

しかし、「表彰の効果の最大化」はそれだけでは終わらない。当時のFR社は、現場で自分たちで考えるという習慣がまだ弱かったので、表彰の映像の視聴と成績優秀者のコメントだけでは「良い話を聞いた」だけで終わってしまう可能性も高かった。そこで、映像と表彰者のスピーチから学ぶべきことを、自分の店舗でどのように導入し、応用するかについて考えてもらうために、7人ほどのグループに分かれて気づきや思ったことを共有するセッションを設定した。その仕組みを取り入れたことで、映像を自分の店舗に置き換えて見るように変わった。当事者として見ると、質問したくなる。

「表彰の映像にはなかったけれど、こういうことが起きたらどうしているのですか？」
「そうするのはわかるが、こういう問題は出ないのですか？」

多くの質問が出て、それに対する答えがあり、さらに突っ込んだ質問が出る。そのプロセスのなかで、「知の共有」が進んでいく。同じ表彰でも、そこまでやってはじめて表彰の意味がある。

この取り組みも、最初は7人ほどのグループに分かれても、気づきや思ったことを共有することが下手であった。「指示を聞き、やり抜く」という習慣が強く、「自分で考えて、自分の意見をいう」という習慣が弱かったからだ。

詳しくは5章でお伝えするが、情報の共有の仕方、情報の伝え方、会議のやり方なども共有して、自分で考え、自分の意見を人前でいえるような支援も必要である。それを行いながら、表彰者が取り組んでいることの中で、自分が応用すべきことを考える、そしてそれを仲間と共有し、「なぜできるのか」「自分の店舗と何が違うのか」を深めていく作業が習慣化することで、自ら店舗に取り入れるということが実現していったのだ。ここまでやらないと、会社は変わらない。

「表彰」という施策ひとつを取ってみても、「何のために行うのか」「その目的を最大化するためにどんな工夫をすべきか」という視点で自社を分析してみてほしい。そうやって、どうしたら会社が良くなるかを考え抜いた「仕組み・制度・施策」によって、人が自ら動く組織に進化していく。

「仕組み・制度・施策」を定着させるには、「象徴」をつくる

■「象徴」を見て、はじめて人は「仕組み・制度・施策」の成果を信じる

「強い会社」になるために、さまざまな「仕組み・制度・施策」を取り入れても、急に、一気にすべてが変わるわけではない。1つひとつの「仕組み・制度・施策」が全社的な変化として認識されるようになるためには、「象徴」をつくることが大切である。つまり、わかりやすい事例としての「象徴」があれば、変革が加速するのだ。

たとえば、「全社に影響を与えた人を評価する」といっても、言葉だけではなかなかピンとこないだろう。「全社の業績に貢献した人には、決算賞与で報いる」といっても、どこまで本気なのか、誰もすぐには信じないだろう。そこで、こんな「象徴」となる事例があったとしたら、社員はどう思うであろうか。

店舗の駐車場は常に満車で、商品が飛ぶように売れ、店頭の商品はすぐに底をつき、バック

ヤードから補充しようとすると、売り場に運ぶまでの間に商品がなくなる。

ＦＲ社のＵＮＱは郊外型の店舗の場合、そもそもお店そのものが洋服の倉庫というコンセプトの店づくりになっているので、裏に商品を置く場所もわずかしかない。だから店頭の陳列棚が天井に届くほど高く、そこにぎっしりと商品が陳列されているのだ。ありがたいことに、商品が飛ぶように売れたため、十分な在庫を置いておけるはずの棚がスカスカになってしまった。だが、その状態が続くのは、小売業としては失格だ。このままではいけない。

１人の店長が行動を起こした。幸いに、郊外型の店舗の場合、駐車場が広かった。それを利用して、鉄道輸送やトラック輸送に使われる荷台（コンテナ）を駐車場に置こうという発想だ。そうすることで翌日販売するための商品を準備し、店頭から在庫がなくなれば、そこから速やかに補充する。

これは駐車場が広い店舗であれば、どこでも可能な方法である。そのノウハウは他店舗にも瞬時に広がり、トラックの荷台の要望が各地の店舗からあった。そうなると、１店ずつ借りるのは手間とコストが高くつく。サポートセンター（本部）が一括して借りたほうがいいという話になる。ある１人の発案だが、全社に影響してゆく。

この店長が、スタッフのマネジメントの問題や店舗で起こっているさまざまな課題に対してもアイデアを出し、実行し、課題を解決してゆく。そしてその手法を全社に広める。もしも、この店長が全社の業績に貢献したとして決算賞与を１０００万円与えられたとしたら、他の社員にはどのように映るであろうか。
その事実を知れば、社員の誰もが「全社に影響を与えた人を評価する」「全社の業績に貢献した人には、決算賞与で報いる」という言葉を信じるだろう。

社員は常に、経営陣の本気度を見ている。何か新しいことをはじめ、それを徹底したいときには、経営陣も本気度を見せなければならない。たとえば、従来の「評価指標」をあらため、新たな「評価指標」を定めても、その評価した報酬が1万円程度だったら、誰も動かない。名実ともにその仕組みを広げる側の覚悟を見せるのだ。そのための方法はいくつかあるが、お金にしても地位にしても「報い方」が大胆でなければならない。

通常の制度設計では、たとえば原資が1000万円と限られている場合、一番手に500万円、二番手に200万円、三番手に100万円とするなど二番手以降にもかなりの額の報酬を与える仕組みにしがちである。しかし、原資が限られている場合でも、一番手に1000万円、二番手以降はわずかな金額でもいいのだ。インパクトという点では、最高の額がどれだけなのかが重要である。原資が1000万円で、10人に100万円ずつ手渡すくらいなら、本当に評価したい人に1000万円払ったほうが効果的だ。

なぜなら、組織変革をうまくいかせるための最大のポイントは、「象徴」をつくることだからだ。つまり、「象徴的な事実」をつくることが何よりも重要になる。インパクトのある金額の「決算賞与」を受け取った人が「象徴」となり、本当に起こりえることを知った社員が「象徴」を追って実行しようとする。その人がまた評価されれば、実行する社員が増えて全社に定着する。そうやって「象徴」の事実を通して、経営の本気度を社員は見ているのである。経営陣の本気が伝わるからこそ、社員1人ひとりも真剣に変わろうとするのだ。

「象徴をつくる」というのは、何かを広める際に普遍的に作用することを覚えておいてほしい。

■「象徴」をつくるためには、見えないところで支援する

何かを広め定着させるためには「象徴」となる事実をつくる必要がある、という話をこれまでしてきた。「象徴」に関して、別の事例を共有したい。

FR社では、若い人を抜擢し、難易度の高い職位にチャレンジする機会を与える仕組みにしたことは、「チャンスを与える昇格と降格」の部分で述べたが、それを定着させるための方法についてである。

1つ上の等級や役職にチャレンジするために昇格したが、求められる役割を果たせない場合は降格や降職してもらう。ただし、そうなっても再挑戦の機会は与える。けれども、降格や降職した人に本当に再挑戦の機会が与えられ、本当に返り咲けるのか、そのような人が出てくるまでは信用されない。それを証明するのも、「象徴」である。

当時、陰で支援して再昇格の「象徴」もつくった。そのときには細心の注意を払った。人事

が中心となり、上司にも働きかけ、再び昇格できるよう支援したのだ。

それは、俗にいう「下駄を履かせる」ことでも、不正を働くことでもない。降格した人のモチベーションが下がらないように支援し、日常の業務のなかで上司が再び昇格するに見合うように育てたのである。対象者が実績をあげられるように、ときには人事や上司が間接的にヒントを与え、ときには直接指導して成長を促した。

しかし、支援した事実は誰にも知られてはならない。そのように気にかけて支援したことが知られてしまうと、「象徴」としての存在感が弱くなってしまうからだ。もちろん、本人も1つ上の仕事に挑戦したからこそわかる、自分の課題を必死に改善し強化した。それに、もともと能力が高かったゆえに抜擢された人材だ。次のような程度のヒントでも十二分に活かすことができる。


「あの件は、九州の○○店の店長に相談してみたらどうかな」


再昇格後は、その人には抜擢、降格、再昇格に至る一連のストーリーを語ってもらう。

「スーパーバイザーになってはじめて、自分では当たり前のようにできていたことが、すぐにはできない店長もいることを知りました。その場合、指示するだけでは人は動いてくれない。

そして、なぜそうするのかを教えることの難しさもわかりました。期待に応えられず一度は降格しましたが、私はそれを克服するために努力を重ねました。その結果、再び昇格することができました」

そのような事実をつくり、それを上手に共有する。「象徴」になりえる事実が、人の気持ちを動かすポイントとなる。

「FR社はチャンスを与える会社だ」
「一度トライする価値がある。仮に失敗して降格しても恥ずかしいことではない。永久のバツなどつかず、また上がれるチャンスがある」

それらが当たり前の「企業文化」になってしまえば、チャンスを与える昇格も、降格もやりやすくなる。社員の間に「降格は恥ずかしいことではない」と認識される。その状態をつくれないから、降格させられずに組織全体が淀んでいく。

もちろん、ここでもすべての企業で降格があったほうがいいわけではない。「業種」や「企業文化」によっては、降格する可能性があるとミスを怖がってチャレンジしなくなるところもあるだろう。むしろ、降格しないことを売りにしたほうがいいケースもあるかもしれない。

ただし、多様性が求められ、かつ変化が激しい今の時代、チャンスの門戸は年齢や性別、国籍を問わず開かれていたほうがいいのも事実だ。ここでも、どんな「企業文化」が本当に自社にとってプラスになるのか、ゼロベースで吟味する必要がある。

そして、そのときに覚えておいてほしいのは、「象徴」をつくることで、変革が事実として伝わるということ。そしてもう1つ、「象徴」を意図してつくったことは決して知られてはならないということだ。

■あえて違うタイプの「象徴」をつくる

「象徴」をつくるうえで、もう1つポイントがある。

良い成果をあげる人は、毎年のように成果をあげる。結果として、表彰を受ける人は、毎年固定されがちになる。だが、毎年のように同じ人が表彰され賞賛されるとしたら、他の社員はどう思うだろうか。とくに、その人とタイプが違う人であれば、どう思うであろうか。

「自分のようなタイプは、この会社では評価されない。自分は、この会社には向かないのかもしれない」

もしかして、そのように思う人もいるかもしれない。

もちろん、他の人と明らかな差があった場合には、同じ人を評価するべきである。そこに恣意性を入れてしまうと、公平さが担保されないからだ。しかし、ほぼ同じ成果だったら、あえて違うタイプの人をクローズアップする。「象徴」となる人を異なるタイプにしたほうが、現場のモチベーションは間違いなく上がるのだ。


「うちの会社は、もともと強力なリーダーシップを持っているタイプで、パート社員への指示の出し方も上手な人しかヒーロー・ヒロインになれないのだな」


このようなイメージが定着してしまうより、口下手で人前に立つのが苦手なタイプの人であっても、きちんとパート社員との信頼関係を築き、高い業績をあげることができ、表彰されることを見せてあげたほうが、多くの人が夢を持てる会社になる。

だからこそ、さまざまなタイプの人が、そのタイプの特徴を活かして活躍し、ヒーロー・ヒロインになれるという事実を見せたほうが、多くの人のモチベーションが上がる。

ただし、お金が絡むことに恣意性を入れすぎると、仕組みが破綻する恐れがある。だから、それらのリスクも勘案し、全体を俯瞰したうえで、「象徴」としてクローズアップする対象は慎重に選ばなければならない。

「象徴」をつくる場合は、そうやって会社にはさまざまなタイプの社員がいることを前提に、さまざまなタイプの社員にスポットライトがあたる工夫をする。そして、それを社員に気づかれてはならない。気づかれた瞬間に、「象徴」をつくる価値は毀損する。

仕組みが機能しない場合は、「うまくいかない本当の原因」を突き止める

■マニュアルを進化させる側へ
――「仕組み・制度・施策」が機能しないケース・その1

「仕組み・制度・施策」は、良かれと思って実施してみても、なかなかうまくいかないことも少なくない。「明らかに効果があると思われるのに、なぜやらないのだろう」となることも起こる。そのような事態には理由を解明し、解決していかなければならない。

とくに人事に関する施策は、人の気持ちの有りようが影響するだけに、想定通りには進みにくい。また、想定通りに進んだと思っても、それが実現してはじめてわかる新たな課題が、浮き彫りになることもある。あくなき改善への取り組みをやり続けるうちに、元いた場所よりも、気づけばいつしか高みに登っていたというのが、「仕組み・制度・施策」を実践していくリアルな実感かもしれない。

たとえば、ＦＲ社ではこんなケースがあった。良い事例や取り組みを、全店で活用できるようにすべく、高い業績をあげている店長に「ぜひ、そのやり方やノウハウを発信して広げてください」と頼んだ。しかし、その店長は「はい、わかりました」といったはずなのに、なかなか発信してくれない。

その店長はなぜ発信してくれないのか不思議になり、あるとき店舗出身で運営に詳しい人事部のスタッフにその店舗を見に行ってもらった。すると、発信できない理由が確かにあったのだ。

チェーンストアである以上、どの店でも一定のサービス内容やサービスレベルを維持しなければならない。そうするために、必ず全店共通のマニュアルが存在する。しかし、その店長はマニュアルから少しはずれた店舗運営をしていたのだ。不正などではなく、成果を出すために工夫して、臨機応変に対応するために、マニュアル通りではなくなっていたのである。だから、業績をあげても、マニュアル通りの店舗運営ではなかったので、堂々と発信できなかったのだ。知られると上層部から怒られるかもしれないという恐怖感さえ持っていたのかもしれない。だから、当然いえるはずはなかったわけだ。

このことがわかったので、全店舗の店長が集まる「店長コンベンション」で次のように伝えた。

「われわれは、チェーンストアです。お客様は、UNQの店舗のどこに行っても、期待する商品があり、期待するサービスを受けられると思われています。だから、勝手なことをすることは認められません。でも、考えてみてください。現在のマニュアルを守るだけでなく、進化させることもできるのです。それができたら、大きな価値になるのではないでしょうか」

マニュアルは、変えることができる。本当に良いことであれば、変えた人こそがヒーローやヒロインだ。店長の発想をそのように変えようとした。さらに、こうも。

「みなさんがマニュアルと異なることをやりたいと思ったときには、スーパーバイザーと相談してください。許可が出れば、ぜひそれを試してください。そして、うまくいったら、それを共有しましょう」

決して店長の独断ではやらせない。店長には場数を踏んだベテランもいるが、大学を卒業して間もない若い店長もいる。若い店長が勝手に行動するのを許してしまうと、本当に間違えるケースもあるからだ。だから、必ずスーパーバイザーと相談してやってもらうようにした。

マニュアルを守ることは大切だが、マニュアルをより良いものへと進化させることの価値を伝え、良いと思うことがあればトライする。結果につながり再現性が高いと判断できるものであれば、全社で行えるようにしたのだ。そして、1つの足かせがはずれると、情報は流通しはじめた。

経営者やとくに人事部門の人間は、何かを試みてうまくいかないときに、「なぜだ。うちの社員は意識が低いのではないか。やる気がないのではないか」などと憤慨しがちである。そうではなく、まず、そうさせている「何か」があるかもしれないと立ち止まって考えてみたほうがいい。

「うまくいかない原因」や「奥底に潜む本当の理由」を追求し、解明しようとすることが大切である。理由がわかれば手を打てる。やってほしい行動をしてくれるようになるまで、心のストッパーになっているものは何かを徹底的に考え抜くのだ。

■交通費と宿泊代は人事持ちに
──「仕組み・制度・施策」が機能しないケース・その2

全店に影響力を発揮している店舗があると、他店の店長はその現場を見に行きたくなる。話を聞くだけよりも、実際に見たほうが勉強になるからだ。実際に、「店長コンベンション」で「表彰した店舗へ視察に行きたいですか」と尋ねると、ほぼ全員がうなずいた。

そこで、表彰された店長に確認すると、次のような返答があった。

「集中すると困りますが、調整していただければ問題ありません。受け入れ可能です」

けれども、店舗を見に行くことを会社として公式にOKし、視察される店舗の受け入れ態勢を整えたのに、肝心の視察者が現れない。あれほど見たいといっていたのに、実際には誰も行かないのだ。そこで、視察したいといっていた店長のところまで行き、本音の話を聞いた。

「あれほど実際の運営場面を視察しに行きたいといっていたのに、どうして行かないのですか」

そこで明らかになったのは、経営側からすれば些細なことだが、現場側からすると重要なことだった。それは、店舗の視察に関わる交通費と宿泊代の問題だった。

店長は、売上と利益の責任を任されており、コストについては、日常から敏感になっている。いくら勉強になるからといっても、交通費や宿泊代を使えば店舗の利益に多少なりとも影響を及ぼしてしまうために躊躇していたのだ。

実際に、視察対象の店舗は遠方にあったため、エリアの離れた店舗から行くにそれなりのコストがかかる。そこで、視察に行く交通費、宿泊費を店舗の経費にしなくて済むように、その予算を人事部で確保することにした。これは店舗の経費にしたとしても、人事部の予算にして全社の経費にしたとしても、経営的視点で見れば経費の総額に変わりはないからだ。そのルールを変えただけで、視察の勢いは増した。

この事例から伝えたいのは、あらためて「人の気持ちを汲み取ることの大切さ」である。視察するための交通費や宿泊代が、1つの店舗の支出の大きな割合を占めるわけではない。にもかかわらず、表彰された店舗の視察の大きなボトルネックになっていた。もしかして、交通費と宿泊代を躊躇なく使うような店舗経営をしていて、利益目標に達成することができなかったら、ふだんからのお金の管理の仕方によって自分の評価が下がってしまうと思ったからかもしれない。それだけでなく、スタッフ全員に迷惑をかけるからかもしれない。だからこそ、このような店長の責任感を理解し、その気持ちを理解したうえで、人の行動を阻害している要因が何かを特定することが重要になる。

目の前の経費をどの部署で負担するかという、一見些細と思えるところまで目を向けて施策を行う。そこまでやって、はじめて「人が自ら動く仕組み」となるのだ。

「進化する組織」への変革

■「上司」「同僚」「関連部署」「外部」という4つの評価がモチベーションを高める

一般的に、人事評価は上司から部下に伝えられる。しかも、一方通行のケースが多い。とくに会社という組織で働く人にとっては「上司が最大のリスク」とよくいわれるように、もし上司とソリが合わないと評価もそれなりになりがちである。

もちろん、上司からの適切な評価は大事だが、同僚、関連部署、社外からの評価をふくめた4つのフィードバックが重要である。それが社員のモチベーションを変える。評価が、①上司から、②同僚から、③関連部署から、④社外から伝わると、本人は客観的に自分の強みや課題を知ることができ、今後を考える参考にもなる。そして、マイナス面の評価だけではなく、プラス面もしっかりと評価する。そうやって多面的に仕事に対する感謝やプラスの評価が伝わると、社員のモチベーションはさらに上がる。

ＦＲ社では、上司からの仕事に対する評価は、必ず上司と本人が目標を立てる面談を行い、評価のフィードバックも面談形式で行ってもらった。面談ではきちんと面と向かって、良かったところ、改善すべきところ、今後の成長目標、今後のキャリアの可能性などを話す。

同僚からの評価も、「３６０度評価」の実施で赤裸々となった。まず、ここでは良い部分に焦点をあて、それをさらに強化してもらう。一方、改善すべき部分では、率直に振り返って、どのように行動を変えるべきかを考えてもらう。その際にメンバーからの温かい直筆のメッセージは、日常の業務のなかではなかなか伝えきれない感謝や期待を教えてくれる。

関連部署からの評価は、日常の業務での感謝の言葉や、ミスをした際には叱責という形でフィードバックされる。そして、「評価会議」での関連部署の部長からの評価も間接的に伝わることにより、本人に刺激を与える。

そして、とくに大切なのが、社外からのフィードバックだ。これを上手に活用するケースとしてよく挙げられるのが、夢と魔法の王国のディズニーである。誰かが実際に行ったおもてなしに対し、感激したお客様から感謝の言葉が送られると、それを誰もが読めるように公開している。当時のＦＲ社でも、感謝の手紙が届いたり、マスメディアにＦＲ社をたたえる記事が載ったりすれば、それらを共有した。外からのフィードバックで、自分たちの仕事の価値を再確認できるからだ。

そのような刺激があってはじめて、現状維持ではなく、個人でいえば成長へ、組織でいえば改善や改革につながってゆく。

■人事には、トップをもコントロールする覚悟が必要

組織戦略を実行していくうえで、とりわけ人事担当者の心構えとして持ってほしいのは、「人事の仕事をする人は、経営者もコントロールするぐらいの覚悟で職務に臨まなければ変革を完遂することなどできない」ということだ。

このことにまつわる、ある1つのエピソードを紹介したい。

FR社の経営トップは、極めて厳しい人だ。自らのポリシーも明確である。仕事の基準も高い。だから、おのずと厳しい言葉が多くなる。

「まったくダメですね。全部やり直してください」

これは、トップがよく発する言葉だ。何ごともゼロベースで考えて、本質を突いたものでなければ納得しない。常に高みを目指すがゆえの発言でもある。

そのようななか、トップダウンで規律性の高い「企業文化」から、情報が上下や左右を行き来し、現場でも考えられる「企業文化」に変わろうとするタイミングの「店長コンベンショ

ン」ではかなり気をつかった。経営トップによる店長たちへのちょっとした発言で、変革の行き先を左右しかねないからだ。

「店長コンベンション」では、まず店長たちが小さいグループに分かれて議論し、その結果を発表してもらうことからはじめた。急に「これからは、自分たちで考えて発言しよう」といわれても、すぐにできるわけではないからだ。

そのとき、的外れの意見も出てくる。おそらく、聞いている経営トップは頭にくるはずだ。

「何をレベルの低いことをいっているのですか。まったくダメですね。もっと真剣に考えてください」

だがそこで、いつものように経営トップがそういってしまうと、店長たちが萎縮し二度と発言しなくなる。その結果、結局、自分たちで考えようとしなくなるのだ。そうなると、そこから先の変革は進まない。だから私は、経営トップに常にこう伝え続けた。

「これは自分たちで考えられるようになる練習です。スタートしたばかりなので、期待しているレベルの発言はおそらくないでしょう。でも、怒らないでください。しばらくは耐えてください」

私は「店長コンベンション」の司会進行をしながら、経営トップが店長の発言を急に遮らないように、常に表情の変化を観察し、全方位に気を配っていた。このようなことを行うのも人事の仕事である。経営トップをもコントロールするぐらいの覚悟がなければ変革などできない。

もちろん「コントロール」といっても、経営トップを上から動かそうとする意味ではない。本質がわかる経営者は、理に適っていることは理解してくれる。それを納得してもらうまでが人事の役割だと腹をくくらなければならないということである。

理想の方向に変えるためのシナリオは、社員に対することだけではなく、経営トップをコントロールすることもふくめて描いていくことが求められるのだ。

■3つの時間軸で進化する会社。それを支える「仕組み・制度・施策」

ＦＲ社は、３つの時間軸を大事している。

１つ目は、「週」単位の時間だ。私が在籍していた当時のＦＲ社では、毎週月曜日の朝から営業戦略の会議が行われていた。日曜日までの売上状況を踏まえて、どのような商売の方向にしていくのかを確定させるためだ。「うまくいった要因は何か」「売れなかった商品と、その理由は何か」を徹底的に議論し、次の土日の戦い方を考えるためだ。

その分析結果を踏まえて、火曜日には全国からスーパーバイザーが集まり、本部と一緒に会議を行う。そこでは、月曜日に考えた本部の意向と、現場の意見とのすり合わせが行われ、具体的に土日の戦い方を決めていく。そうして店舗の土日のレイアウト変更や、その後のチラシで打ち出す商品などが決まる。この「ＰＤＣＡサイクル」を1年間52週のマーケティングとして愚直に回し続けていく。

2つ目は、「シーズン」という時間軸だ。春夏、秋冬というそれぞれのシーズンに突入すると、商品の売れ行きの兆候が見えてくる。初期の動きからシーズン全体の売れ行きを予測するのだ。生産数が多いので、簡単ではないが、追加生産できるものは大急ぎで追加をかける。この場合、商品企画部門と現場の店舗との連携が重要になる。数値の具体的な動きから読み取れること、数値には現れない現場でのお客様の反応、それらをトータルに考慮して判断してゆく。

3つ目は「来シーズン」という、いわば未来に向かう時間軸だ。ＵＮＱの商品は、毎シーズンごとに進化する。白が黄ばみやすいという声があれば、翌シーズンには改良して出す。個別の商品も保温性を高めたり、速乾機能やデオドラント機能を付加したりと、毎シーズン進化させ続けている。

そのため、FR社の強さの秘密を聞かれた際には、いつもこう答えている。

「FR社は、アパレル業でもあり、製造小売業でもあるが、マーケティングの会社に変われたことが強さのポイントです」

ここでいっている「マーケティングの会社」とは、顧客の声を聴き、新しい商品を生み出し、愚直に商品を改良し続けることができる会社であり、顧客の変化を察知して販売方法まで変革できる会社ということだ。そのように進化を続けられる会社になったことが強さの秘密ともいえる。

これらの3つの時間軸で共通していえるのは、どれもが全社が一体となって動く組織でなければ、高い次元では実現できないということだ。ただし、「全社」という表現を使ってはいるが、結局は1人ひとりが同じ方向を向き、影響力を発揮した結果、全体が強くなる。「強い会社」に変わるには魔法のようなものなどなく、それを実現させるための「仕組み・制度・施策」を設計し、導入までのシナリオを描いて、1つひとつを着実に行うのみである。

コラム 3

「人と企業の価値の交換」を具現化すべく、日本企業ではじめて導入された施策「ユニクロ型401k」

「人と企業の価値の交換」ができる社会をつくりたい、というのは私が「仕組み・制度・施策」を考えるうえでも原点となっている考え方だ。それは、人も、企業もそれぞれの価値を大事にしながら、Win-Win が実現できる関係である。

そんな私の理念を具現化した1つに、厚生労働省と何度もかけ合って実現させた「ユニクロ型401k」という年金制度がある。これは日本の企業の年金史上、エポックメイキングな出来事となった。「ユニクロ型401k」ができたことによって、企業型の年金といえども個人の自由度が大幅に向上したからだ。

「ユニクロ型401k」は、私がファーストリテイリングに在籍していたときに、年金制度の見直しを担当することになったことがきっかけだった。当時の中堅中小企業で主流だった適格退職年金が、政府の意向で実質廃止されることが決まり、新しい年金制度への変更が求められていた。そこで、ファーストリテイリングでは、当時スタートして間もない企業型401kといわれる確定拠出年金に移行することにしたのだ。しかし、当時の401kは、企業型なので当然だが、その年金への掛金の額を企業が一方的に決める方式しか存在しなかった。

そのときの私の想いは、「会社が年金を払うとしても、老後の生活は個人のもののはずだ。今の生活も老後も個人のものなので、それを会社がコントロールするのはおかしいだろう」というものだった。

もちろん、その人の働きを評価して、年金ふくめて、年間にいくらを払うかを決めるのは会社であっていい。だが、その人が会社からもらえる金額の中から、いくらを年金に回すかというのは個人が決めるべきではないか。たとえば、親が倒れて病院の費用がかかるとしたら、将来の年金が大事なのはわかるけれど、やっぱり今、現金が必要なはずだ。そんなときは、将来への備えである年金を、今のために割いても良いのではないか。だから、私が主張したのは、「掛金の金額を個人が決められること」と「掛金を、極端にいうと一時期止められ、また再び掛けられるようにできるものでないと、ダメなのではないか」ということだ。それこそが「人と企業の価値の交換」という理念にもとづいた制度である。

とくに私が具体的にこだわったのは、次の4つである。

①企業型401kでありながら、掛金の額を社員個人が決定することができること
②そのときどきのライフスタイルや将来に対する考え方の変化に応じて、掛金の額を社員個人が変更することが可能であること
③旧来の退職金制度の延長ではなく、ファーストリテイリング独自の人事思想にもとづきゼロベースから発想されたものであること
④社員個人のライフデザイン、キャリアデザインを全面的にバックアップするプランであること

4つのこだわりを実現するために、まず、企業が支払う年金額を全員一律とし、当時の税制優遇の満額とした。その金額の中から、401kの掛金として老後のために積み立てる分と、退職金の前払い制度として今現金で受け取る分の比率を、個人が選択できるようにしたのだ。

ただ、この仕組みを導入するまでには、紆余曲折があった。前例のない新しいスキームなので、厚生労働省と何度も協議を重ね、やっと承認されたという経緯がある。

厚生労働省は私が主張した掛金をゼロ円にまで減らせる案に対して、「拠出ゼロは掛金の中断を意味するものであり、これを認めれば確定拠出年金は年金制度ではなく貯蓄と変わらなくなる」という見解を示した。何度も話し合い、最終的には掛金の最低額の「ゼロ」を「100円」にあ

らため、災害や疾病、多重債務といった非常時に資金が必要になった場合は、この額を選択できるという内容となった。実質的には、私の想いを理解していただけたのだ。

このまったく新しいスキームの401kは、業界紙でも記事になり話題になった。やがて、「ユニクロ型401k」と呼ばれるようになり、その後、多くの企業で導入されている。

確定拠出年金に対しては、確定給付年金と違い、運用の責任が個人にあるので、デメリットが大きいという人もいる。だが、私は逆に、所有権が明確に移動するので、将来の企業の業績の影響を心配する必要がないことは、個人にとって良いことだと考えている。

組織変革の話を中心にした本書で、なぜここで年金制度の話をと思う読者もいるかもしれない。個人の人生は、個人のものであり、企業はあくまでそれをサポートするという考えを貫くための実例として紹介した。そして、「ユニクロ型401k」のように、理想の「仕組み・制度・施策」というのは、企業内だけではなく、社会の仕組みもふくめて実現すべきであるということを伝えたかったからだ。

第 5 章

強さを支える陰の主役は「コミュニケーション」の仕組み

「視野・視座」×「影響の範囲」の理解が、コミュニケーションの前提

会社を強くする「仕組み・制度・施策」の中でも、「コミュニケーション」に関するものはとりわけ重要になる。「コミュニケーション」は会社の強さを支える陰の主役だからだ。

人と人とのコミュニケーションがうまくいかずに困っている会社は想像以上に多い。いや、ほとんどの会社がこれが問題となっている、といっていいくらいだ。

コミュニケーションの問題は、人数が増えるほど複雑化する。よく語られることだが、人が増えるとコミュニケーンが複雑化するのは、人と人を結ぶ線が増えていくからだ。人が2人いれば1本の線、3人集まれば3本の線でコミュニケーションがとれる。しかし、4人になると、もはや人数分の4本の線ではコミュニケーションはとれない。そうやって、人が増えるごとにコミュニケーションの線は「n×(n－1)÷2」の数式で表され、10人だと45本、20人だと190本というように加速度的に増えていく。

複雑性が増したコミュニケーションの世界では、さまざまな問題が起こる。しかも、組織の

場合には、複雑さがさらに乗じられる。それは、役職なども絡んできて、対等ではない人たちとのコミュニケーションの問題も起こるからだ。上司と部下との間、経営者と一般社員との間、というようにさまざまな齟齬が起こる。

たとえば、上司と部下とのコミュニケーションでは、そこには恐怖や遠慮だけでなく、「視野」の広さの違い、「視座」のズレなどがあるため、同じ言葉で話しても理解できるかどうかは人によって異なる。上司が自分の目線で理解して当たり前だと思って出した指示が、部下は「視座」の違いから上司の期待通りに解釈できないこともある。部下なりに理解した範囲で一生懸命やっても、上司の期待値を大きく下回るというケースも日常的に起こりえる。

部署と部署の「間」のコミュニケーションにおいても、似たようなことが起こる。単刀直入にいえば、部署によって見ているものが違うからだ。つまり、「視野」の違いによって、同じ情報を渡しても行動が異なるのだ。

このような組織のコミュニケーションの問題を解決するためには、2つのことに取り組む必要がある。1つは、「視野」と「視座」を共有し合うこと。もう1つは、仕事の「影響の範囲」をきちんと認識することだ。

1つ目の、全社的な「視野」と「視座」の共有について。ここでいう「視野」とは、各部署が何に関心があるのか、その影響による見え方のことだ。「視座」とは、メンバーは、課長は、部長は、経営者は、何に関心があるのか、その立場ごとによる見え方ともいえる。この「視野」や「視座」が異なると、同じ情報に触れても、その中からピックアップする点も変わる。基本的に、人は自分の関心のあるものしかアンテナには引っかからない。だから、このギャップを埋める必要がある。

ただし、役職や立場による「視座」の差を理解し合うための施策は、なかなかひと筋縄ではいかない。実際にその立場になってみないと見えてこないものがあるのも事実だからだ。

しかし、だからといって、「視座」の差を理解し合う努力は続けないと、その組織はコミュニケーション不全になりかねない。「視座」の差をメンバーまで伝えていくには、マネジャーをはじめ上の立場の人から「自分はなぜその情報がほしいのか」「なぜこれをお願いするのか」をことあるごとに必ず伝えて仕事の依頼をしてもらう、というのが大前提となる。役員が部長へ、部長が課長へ、課長がメンバーへそれぞれが伝え続けるのだ。それを日常聞くことにより、少しずつ理解できるようになる。

また、1つ上の「視座」を身につけてもらうための研修を行うこともある。参加者に、全社を改善するような何かを実現するための方法を考えさせるのだ。そして、実際に研修の対象者が部長であれば社長や役員に、研修対象者が課長であれば部長にプレゼンテーションするイメージを想定した課題を行う。実際の上司にプレゼンテーションをさせることもある。そして、どんどんダメ出しをしてゆく。ダメ出しをするポイントは、上司の「視座」を理解しているかどうかだ。上司はどんなところを注視するのか、その立場になって考え続けることで、少しずつ「視座」が変わっていく。「視野」の改善策については、次の「影響の範囲」とともにお伝えする。

2つ目の、「自分が今している仕事は誰にどんな影響を与えるのか」、その「影響の範囲」をきちんと認識することについて。そのことをもっと正確にいうと、「自分の仕事は、誰からバトンをもらい、誰にバトンを渡すのか、そしてそのバトンが遅れると、どんな影響を受け、どんな影響を与えてしまうのか」だ。それを、みんながきちんと把握するのだ。

もちろん、このバトンは1つではないことがほとんどである。複数のバトンを受け取り、加工して、また新しいバトンにして渡すケースもあるだろう。また、そのバトンの行方は、自分の前後だけを知っておけばいいわけではない。バトンを渡した影響は、その先まで続いていくし、もし、自分がバトンをもらえないときは、自分の前のもっと前の担当者が原因かもしれない。

組織のコミュニケーションを円滑にするために、「視野」の違いを理解し、「影響の範囲」を認識するカギとなるのが、4章で紹介した「バリューチェーン」だ。「バリューチェーン」の「全体像」を認識させるための活動には、さまざまな方法がある。FR社の事例で解説したように、全社に自社のビジネスの仕組みを映像なども使いながら、何度も何度も説明することもその1つ。社内報を使って紹介するという方法もある。

また、「研修」という形式も効果がある。私は、よくマネジャー研修のプログラムに「バリューチェーン」を取り入れる。マネジャーに、自社の「バリューチェーン」を書かせるのだ。研修なので、チームに分かれて作成してもらうことも多い。すると、きちんと書けることはほとんどない。みんな自分に関係がある部署や身近な部署のことしか知らないのだ。チームが多様な部署から集まったメンバー構成だと、やや全社的な絵になるが、それでもすべてを知っていることなどない。研修では、各チームからの発表の後、必ず全員で共有しながら自社の全体像を理解してもらうようにしている。

マネジャーの研修で「バリューチェーン」を知ることが有効なのは、マネジャーこそが部署間をつなぐ役割を担っているからだ。マネジャーが各部署の役割を理解し、会社の価値の連鎖であるバリューチェーンの絵が頭に入っていると、部署間の連携が生まれやすく、組織の壁が低くなる。また、何かイレギュラーなことが起こった場合、速やかに関係ある部署に情報が伝わりやすい。

そして、さらなるメリットは、マネジャーが「バリューチェーン」を理解していると、日常の仕事のなかでメンバーに必要な情報を共有してくれることが多くなるのだ。既存のマネジャー全員がこうした状態になっていると、新任のマネジャー研修に組み込むだけで、すべてのマネジャー間の連携がしっかりと取れた組織になる。

「バリューチェーン」の「影響の範囲」を理解し、お互いに円滑な協力関係を築く方法としては、自分がバトンを渡したり、もらったりする部署と交流を深める施策が有効だ。一定の期間、その部署の仕事を体験に行くプログラムを実施したり、関連のある部署同士で交流を深める費用を会社が支援したりするなど、お互いを知り合う機会を増やすというものである。「バリューチェーン」がわかり「影響の範囲」が見えてくると、他部署の「視野」もおのずと理解できるようになる。

部署の違いによる「視野」の違い、役職や立場の違いによる「視座」の違い、磨き上げた「バリューチェーン」の「全体像」と各部署の「影響の範囲」が共有されると、自分の役割がどこまで及ぶのか、各部署がどこでどのようにつながっているのか、それらを認識できる。これらは、組織のコミュニケーションが円滑に進むためのベースとなる。

「会社の強み」と「会議の質」は相関する

「会議」は、会社のコミュニケーションの中でも重要な場である。自社の「会議」の在り方について、どの会社でも何かしら課題や問題点を感じているかもしれないが、どんなやり方をするのが最適かまで徹底的に考え抜いている会社はそれほど多くない。しかし、「強い会社」は「自社に最適な会議のやり方」を模索し、会社の強みに結びつけている。

ここで私がかつて在籍した、リクルート、ファーストリテイリング、ソフトバンクの会議の特徴を紹介したい。もちろん、この3社のすべての会議を紹介できるわけではないので、特徴的な事例を切り取ったものになる。ここで紹介する会議のやり方は、「企業の特徴」と「会議の特徴の関係」を考えるための素材として読み解いていただきたい。

会議の在り方も、「企業理念」である「社外規範」「社内規範」の実現と、「コア・コンピタンス」の強化に結びついている。「何のためにその会議をやるのか」、その意味や目的がわかっていれば、会議の有りようも研ぎ澄まされる。自社に合った会議のやり方に気づき、それを実践することで、「強い会社」にまた一歩近づく。

①リクルートの会議は「全員参加型」

リクルートでは、1つの会議に参加する人の数がとりわけ多かった。リクルートには社員以外に、契約社員やアルバイトなど異なる雇用形態の人がいた。普通の会社であれば、会議に参加するのは社員に限定される。しかしリクルートでは、その会議の内容に関係する人であれば、すべての雇用形態の人が参加していた。

転職してきた人たちは、よくこういった。

「人件費もかかるわけだから、もっと人数を絞って、参加者は社員だけにして、社員以外は会議に出る必要はないのでは」

ところが、リクルートの人間は無駄だと思ったことはない。客観的に見ると、会議に参加している全員の時間を拘束することになるので、コストは多大になる。しかし、それ以上の価値があるのだ。関係する全員が会議に出ていると、誰がどのような意見を持っていて、どのようなプロセスを経て何が決まったか、全員が知っていることになる。

たとえば、契約社員やアルバイトも予期せぬことが起こったときに、誰に何を報告しなければならないかすぐにわかる。なぜなら、どのようなプロセスで何が決まったか、契約社員もアルバイトも一部始終を知っているからだ。自分で判断して動けるのだ。

また、1つの指示で、何をしてほしいかの全体像を理解できるようになる。1つひとつの指示内容を説明する手間や時間は、逆に短縮されるのだ。社員、契約社員、アルバイトと立場に関係なく、1人ひとりが自らで判断しながら動けるようになるからだ。

一見すると、会議の参加人数が多いというのは、コスト的に悪く時間も無駄に思えるかもしれないが、日常の行動の効率は上がる。もともとリクルートには、「企業文化」として「1人ひとりが主体的に動くことを大事にする」という価値観がある。そして、「自ら機会を創り出し、機会によって自らを変えよ」という「企業理念」は、社員だけでなく契約社員やアルバイト社員にも求められている。だが、動くための情報がなければ、誰も主体的にはなれない。そのため、これは会議に出て社員と同じように情報を得て、当事者として動くのが当たり前のこととなるような仕組みともいえる。

また、リクルートの業務は、もちろん定型業務もあるが、企画や営業の仕事が多いので、どちらかというと臨機応変な対応が求められることが多い。提案型で高付加価値を志向する「ビジネスモデル」を支えるには、雇用形態を問わず全員が、自らの判断で、主体的に行動できなければならない。企業の有りようと、会議の有りようはつながっているのだ。

②ファーストリテイリングの「ワンテーブル・ミーティング主義」

ファーストリテイリングでは、会議を行う際に、そのテーマの関係者全員がそろっていることを重視した。これは「ワンテーブル・ミーティング主義」と呼ばれている。

マーケティングに関する会議で、ある商品の売れ行きが速く、「追加生産」がテーマだとする。その商品の担当のマーチャンダイザー（ＭＤ）はもちろんだが、追加商品の納入のタイミングで販促を仕掛けるためにマーケティング部長とその商品の販促担当者、そして生産部長とその商品をつくる工場の担当者、販売を担う店舗運営部長が出席する。会議中に、追加生産のために通常とは異なる方法で商品を運ぶ必要がありそうだとわかったら、すぐさま物流の責任者と担当者が呼ばれる。このように、必要な関係者が一堂に集まって会議を行うのだ。

多くの企業では、会議の場で決めたことをそれぞれの部署に持ち帰り、部署として可能かどうか判断している。その判断を携えた参加者が、もう一度集まって協議する。場合によっては何度も会議を開かなければならず、スピードが遅くなる。

組織の意思決定のスピードを変革するには、まず「判断できる人間」が一同に集まって議論を尽くすことである。「判断できる人間」とは、具体的には組織の長と現場のリアルを知っている担当者だ。「判断できる人間」が一同にそろう会議は、その場でものごとが決まっていく。意思決定の速さと行動の速さは、会議の仕組みからも生まれている。ファーストリテイリングが「ワンテーブル・ミーティング主義」を大事にしたのも、実質的に関係のある人が集まることで、「製造小売業」という「ビジネスモデル」に必要な即断、即決、即実行が可能になるからだ。意思決定が迅速にできるわけだ。ここでも「会社の強み」と「会議の質」は関連している。

③ソフトバンクは「ブレスト」を重視

ソフトバンクで、大きな意思決定をする際には、毎日のようにブレインストーミング（以降、「ブレスト」）。詳細は後述）が行われていた。正確にいうと、上層部から現場の社員まで、すべての人が行っているわけではない。常にブレストをしていたのは、経営トップを中心とした幹部クラスだ。新しいビジネスに参入するためのシナリオ、既存事業の強化のための方策など、ブレストのテーマは尽きない。

ソフトバンクは新しいことを常に模索している。既存の延長だけでは決められない案件ばかりだ。だから、アイデア出しは重要になる。調べられることは徹底的に調べ上げたうえで、それを材料に徹底的にアイデアを練り上げていく。感覚ではなく、事実ベースを大切にしている。データもふくめた事実を共有し、それを踏まえて発想することが求められる。幹部には、その感覚が染みついているので、知らず知らずにブレストによる会議の効率と効果は高まる。

幹部で行うブレストの主催者は、経営トップである。参加者のアイデアを取り込みながら、それを上回るアイデアを自ら出し、さらに議論の質を高め、最終的には主催者が意思決定していく。ソフトバンクという企業のベースに流れる挑戦心とスピード感も、会議と密接に関係があるのだ。

以上の3社に共通するもう1つの特徴がある。それは、既存の延長や他社の物真似を嫌い、「ゼロベース」からの発想（ゼロベース思考）を求めることだ。求められるのは会議だけではないが、当然、会議の場でも強烈に求められる。「ゼロベース思考」とは、他の章でも少し触れたが、これまでの常識や規則、枠組みを常に疑い、本当に正しいかどうかを考察し、白紙の状態から考えていくことである。ゼロベースから、あるべき姿やあるべき方法を考えて結論を導いていくのだ。

どのような会社でも、「なぜ、それを行うのか?」「なぜ、そのような方法で行うのか?」「なぜ、そのようなタイミングで行うのか?」をゼロベースで根本から考える習慣は持っておくべきだ。会議でも、この視点で議論を尽くすべきだ。この習慣が組織にあると、1つひとつの仕事の質が上がるだけでなく、組織としての変化への対応力が増す。

会議には3種類ある
――「目的」と「特徴」を把握して使いこなす

リクルート、ファーストリテイリング、ソフトバンクでも重視していたが、会社におけるコミュニケーションの代表的な場として「会議」がある。会議には、「営業会議」のように、参加メンバーの属性や営業数字の予実管理のように取り扱う内容から名称がつけられているものや、「役員会議」「本部長会議」のように参加者の役職で名称がついているものなど、さまざまある。

最近は、「会議」そのものが悪者扱いされ、会社で減らすべき上位に入ることも多い。経営者の中には、会議不要という人までいる。もちろん、生産性の低い会議など、誰も望まないだろう。だが、世の中には時間もコストも無駄にするような会議が日々繰り広げられている。そうなる理由として、次のようなことが考えられる。

1つは、時間の無駄、生産性が低い、結論が出ないなど、会議で良い体験をしたことがない人が運営したり参加しているからだろう。「効率的、効果的な会議の仕方を知らないケース」

といえる。しかし、会議が終わった後にはスタート時とは別次元の発想に行き着くような素晴らしい体験をした人は、会議の価値を実感しているはずである。自分たちの会議の運営力のなさを理由に、会議そのものを否定しているとしたら、もったいない話だ。じつは会社で、「会議の仕方」をきちんと教わった人は、あまりいないのではないだろうか。会社ごとに見様見真似で伝承されていくことが多いためである。

２つ目は、会議の場を設けて話し合うより、経営者が指示を出して、それを社員がやり切るほうがうまくいくケースだ。前述の通り、企業の成長ステージのある段階までは、経営者が自社内の事業の細部に精通していて、またマーケットの状況も把握している場合も多い。そこでは、社員は経営者の指示に従って全力で実行することに徹したほうが競合との勝負に勝ちやすい。そのような上意下達型の会社には、議論や、アイデアを出し合うような会議は不要で、指示、伝達と、知りたい情報を吸い上げるための場があれば済む。自社の会議が短時間であることを自慢する経営者には、このタイプが多い。極端にいうと、社員は目的を達成するための駒にすぎないのだ。ただし、成長や規模の拡大を狙うのであれば、このやり方のままでは、やがてどこかで限界がくる。

３つ目は、「参加者の意識の問題」である。参加者に「当事者意識」がなければ、「主体性」がなければ、どんな会議もうまくいかない。主体的に参加しているふりをしながら、本当は真剣に考えていない。責任を取りたくないので、結論を出すことを恐れる。言い出しっぺになると面倒なので、自分からは何もいわない。空気を読んで、偉い人の発言に追随する。このような会議の状況に、心あたりはないだろうか。これは、会議自体の問題ではない。「参加者の意識の問題」であり、会議の話より以前に、人が自ら動くような「仕組み・制度・施策」が必要だ。

私は経験上、「会議」をシンプルに3つのタイプに分けている。それらの会議の効果や効率を高めるために、「会議で、何をしたいのか」という目的と、誰もが認識しやすく、日常で活用しやすいかという視点で整理した。具体的には、次の3つである。

・情報共有のための会議
・結論を出すための会議（ディスカッション）
・発想を広げるための会議（ブレインストーミング）

これから紹介する「会議の3つの種類」を、全社員に共有して臨むと、会議の質は大きく変化する。参加者の意識が変わるだけで、会議の効果も効率も上がる。会議によるアウトプットの精度が高まると、おのずと成果もそれに比例する。

「情報共有のための会議」は4つの要素を準備する

「情報共有の会議」は参加者に同時に知ってほしいことや理解してほしいことを伝えるのが目的となる。決定事項の共有などだけではなく、マネジャーが今月の方針などをメンバーに伝える場合もこれに該当する。

私は経営コンサルタントという仕事柄、多くの会社の会議を拝見させていただくなかで、不思議な光景を山ほど目にしてきた。発言者が情報共有のつもりで話しているのに、誰かが意見を言い出す。それにつられて、また別の人が意見をいう。すると、「なぜ、そのように決めたのだ。もっとこうすべきだと思うが、これまでどんな議論をしたのか」など、意見や質問が入り乱れて、長い時間を消費しているのだ。何かを議論して結論を出すのが目的の場であれば、何も問題はない。しかし、すでに決定事項で、これから議論しても結果が変わらないのであれば、それは時間の無駄である。心あたりはないだろうか。

そうなる理由は、会議の進行役や発表者が、この場が「どんな場か」をいわないからでもある。明確にせずに話しはじめるので、聞き手も自由に意見をいう雰囲気が生まれてしまうのだ。

「これから、情報共有をします」

まず、こう宣言すべきなのだ。さらに、言葉を足しても良い。

「これから、○○プロジェクトで決まったことの、情報共有をします。理解しにくい部分があれば、説明の後、質問していただいても大丈夫です」

つまり、「情報共有の場」であることを宣言し、聞き手の意識を、内容の理解に集中させなければならない。

仮に、その場で変更可能なのであれば、はっきりと伝える。

「これから、○○について、情報共有します。その後で、本当にこれで良いか、変えるべき部分があるかを相談したいと思いますので、まずは聞いていただいて、その後で意見や質問をお願いできますか」

このように、「この会議では何をするのか」「参加者には何をしてほしいのか」を明確にすべきだ。これが「情報共有の会議」の第一のポイントである。

2つ目のポイントは「伝え方」である。

これは、人に何かを伝える究極のコツともいえる。「結論」「理由」「具体例」「だから、どうすべきか」の4つの要素を、この順番で話すことだ。スピーチの上手な人の事例を参考に考察し、自分でも講演や研修などをはじめ大勢の前で話す機会が多いので、そこで実際にいろいろな伝え方を試しながら導き出した。経験上、これがもっとも伝わる方法だと実感している。

4つの要素には、それぞれ大切な役割がある。

①結論

これは、いちばん伝えたいことだ。PREP法の（Point, Reason, Example, Point）でも先頭にくる「Point（要点）」にも似ている。ただし、「要点」ではなく、この話でいちばん伝えたい「結論」だ。これを最初に伝える。

②理由

結論を受けて、それがなぜなのか、理由や背景、意図や根拠をきちんと伝える。

③具体例

相手が納得するような具体例を挙げる。聞き手のキャラクターや生きてきた背景を想像して、相手に合わせた具体例を使う。相手が納得できる事例であることが大切だ。

④だから、どうすべきか

これは、最初の結論を踏まえながら、「だから、あなたはどうすべきなのか」「そうしたほうがいいのか」「私は、あなたにどうしてほしいのか」など、この話を聞いた後の相手の行動を直接伝えるのだ。

この4つの要素を、この順番で伝えると、聞き手の頭の中で何が起こるのか。

「結論」から伝えると、相手がその結論に対して賛成の人も、反対の人も、最初から話に意識が向く。賛成であれば「その通り」と共感が集まり、反対であれば「え？　何で？」と不信感を募らせるかもしれないが、いずれにしてもこちらを見てくれる。賛成でも、反対でも、話を聞く態勢が築かれる。自然と話に意識が集中するわけだ。

それを見計らったところで、「理由」を話す。結論を導いた根拠に言及するのだ。背景や意図をきちんと伝えると、賛成だった人は自分の意見の正しさを再確認するかのようにうなずいてくれる。理由の内容しだいで、反対していた人は「なるほど、そういうことか」と少し納得

もある。

した顔をする、しかし、どこかまだ100%は信じないぞ、という空気を醸し出している場合が多い。

さまざまな企業の現場を見ていると、残念ながら「結論」と「理由」だけで終わってしまう人だから、それだと、話にリアリティがないので聞き手に実感がわかないのだ。

「具体例」を入れることが重要になる。というのも、人が誰かの意見に対して納得するのは、その話が自分の腹に落ちた場合だけだからだ。腹に落ちるときのポイントは、自分も過去に同じ経験をしたか、もしくは、同じ経験はしていないけれども、明らかに起こりえると実感できたときである。腹に落ちてはじめて、人は本当に納得する。このプロセスがないと、どこかに疑心暗鬼が残る可能性が少なくない。

ここで伝える「具体例」は、聞き手が自分事としてとらえられる事例でなければならない。私が実際に講演などで話す際には、会場に少し早めに入れていただき、どんな方が来ているか観察するようにしている。いくつか用意している具体例の中から、どれを話すのが、より身近に感じられるかを見極めるためだ。

そして、「結論」「理由」「具体例」で納得してもらったうえで、最後にもう一度「だから、みなさん（あなた）はこうする必要があるのです」「こうしたほうがいいのです」「こうしてほしいのです」と具体的な行動まで提示する。

実際に企業の中で「情報共有」として伝える話は、行動化まで結びつけてほしい内容が多いはずだ。新しいルールを導入したという話であれば、その新しいルールに従って今までとは違う行動をしてほしいと願って話しているはずだ。また、良い事例やノウハウを情報共有する場合には、それを取り入れて、良い成果を上げてほしいと思っているはずだ。

しかし、よほど意識的に聞いていない限り、たいていは話を聞いただけで、すぐに自分事として行動にまでは結びつけられない。多くの場合、「良い話を聞かせてもらいました」で終わってしまう。しかし、良い話だけで終わってしまっては目的を達しない。情報を共有したうえで、「だから、どうすべきか」が重要なのだ。

この4つの要素は、この順番で伝えるのがいちばん効果が高い。ただし、相手の心理的変化がどのように起こるのか、その構造を理解して、あえて順番を変えることは構わない。しかし、この4つの要素を省くことはない。この4つの要素によって、聞き手は納得し、行動へとつながってゆくからである。

また、この4つの要素は、話をする準備のチェック項目としても活用できる。この4つの要素があるかを事前に確認するのだ。とくに、人に何かを伝えるのが苦手な人には役立つ。この4つの要素を準備する習慣を身につけるだけで、社内の発表でも、社外へのプレゼンテーションでも、みるみる力がつくだろう。

「情報共有型の会議」では、必ずこの4つの要素を意識してほしい。

「結論を出すための会議」は「推論のはしご」を共有する

会社で行われる「会議」の中でいちばん多いのが、この「結論を出すこと」が目的のものではないだろうか。「会議」という名前をつけるほど大げさではなくても、2人以上が集まって、何かを相談して決める。それも立派な「結論を出すための会議」だといえる。

「結論を出すための会議」で、よく行われるのがディスカッションである。議論を深めて結論を出すことが主眼で、そのポイントは次の4点だ。

①自分の意見をいう

基本的なことだが、きちんと自分で考え、自分の考えを述べる。

②「推論のはしご」を共有する

自分の意見は、どんな事実や事象から、何を考え、どのように推測・推論して、その結論にたどりついたのかを、みんなが理解できるようにきちんと伝える。つまり、自分の意見としての結論だけではなく、思考のプロセスをふくめて共有する。

③「結論」「理由」「具体例」「だから、どうすべきか」を端的に伝える

これは、「情報の共有の会議」でも述べたが、人に何かを伝えるときの必須項目である。

④相手の意見の背景を理解しながら議論を進める

話し手が、自分の思考のプロセスもふくめて伝えるのと同時に、大切なのは聞き手の意識である。聞く側も、相手の意見の背景や理由、根拠を理解しようとしながら耳を傾ける。そのうえで、議論を深めるのだ。

①~④のうち、とくに重要な点が2つある。

1つ目は「相手の意見の背景を理解しながら議論を進める」ことだ。それぞれが考える結論だけを言い合っても、結局は声の大きい人、役職が上位の人の意見で決まってしまいがちだ。当人たちはディスカッションのつもりでも、まるでディベートのようになり、異なる意見を批判し合うような情景もよく見かける。批判したり、責めたりしても良い結論にはたどりつかない。組織における意思決定では、説得力を競い合う前に、まずは、そう考える「根拠」を理解

「思想の背景」の的確な共有

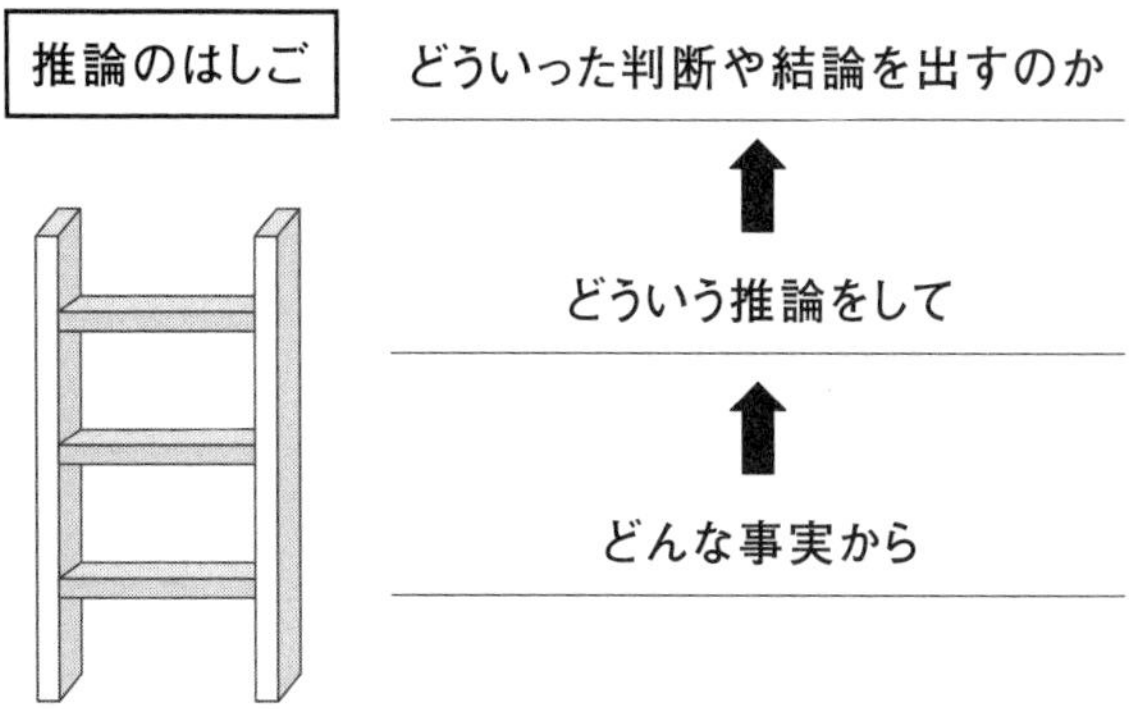

し合うことのほうが優先されるべきである。

変化の激しい昨今、ビジネスには絶対的な正解などありえないなかで、最適解に近づけなければならない。しかも、そもそも最適解かどうかさえわからない。最適解に近づけるためにも、みんなが考えていることのすべてを共有して、そのうえで最適解として合意できる解を出していくプロセスが重要になる。

そのときに必要なのが「推論のはしご」である。これが重要なポイントの2つ目だ。「推論のはしご」とは、人がどのような事実や事象、情報から、どのような推理・推論を行い、最終的な意見や結論に行きついたのか、そのプロセスをいう。「推論のはしご」とはどういうことなのか、1つのわかりやすい事例をもとにイメージしていただきたい。

2組の夫婦が、ほぼ同時に同じ場所に引っ越してきた。それぞれの夫婦がふと窓から外を見ると、道端で近所の奥さんたちが井戸端会議をやっている。それを見て、Aさん夫婦の会話は次のようなものだった。

「ねえねえ、あなたちょっと見て。このあたりの奥さま方が井戸端会議をしているわよ」
「あの、ちょっと体格のいい人が、このあたりを仕切っているみたいだね」
「ということは、あの人にうちのことを知られると、あることないこと言いふらされるかもしれないから、あの人と付き合うのは慎重にしたほうがいいわね」
「確かにそうだね。噂話のネタにされるかもしれないのは嫌だし、尾ひれがついて広がると怖いからね」

Aさん夫婦の結論は「このあたりを仕切っている体格のいい女性と付き合うのは慎重にする」、つまり「積極的には付き合わない」となる。

今度は、同じシーンを見ているBさん夫婦の会話だ。

「ちょっと見てごらん。あの体格のいい人がこのあたりを仕切っているみたいだよ」
「あら、本当ね。ということは、娘をどの塾に通わせるのがいいか、あの人が情報をいちばん持っているのではないかしら」
「そうだね。あの人に相談に行くのが早くて確実そうだから、さっそく明日菓子折りでも持って挨拶に行ってみようか」
「そうね。賛成。そうしましょうよ」

Bさん夫婦の出した結論は「積極的に付き合う」となる。

このように、「推論」によって答えは正反対にもなる。同じ事実や事象を見ても、どうとらえたか、何に着目したか、どのように考えたかで、結論は大きく異なるのだ。これが「推論」の恐ろしさであり、面白さでもある。人によって、「推論」の仕方が違うから価値があるともいえる。だからこそ、結論だけでなく、「推論のはしご」もセットで共有することが大事なのだ。

「結論を出す会議」で往々にしてあるのは、「なぜ、そう思ったのか」をいわずに、「賛成」「反対」となることだ。これでは、いくら議論をしても正しい結論は出ない。だから結局、多数決か、役職の高い人が決めてしまいかねない。

どのような事実や事象から、どのような「推論」をして、どのような判断や結論を出したのか。この「推論のはしご」を共有すると、考え方や結論に至った理由を誰もが理解できる。

事実の認識が違えば、「推論」も変わる。だから、「何を見たか」「誰から何を聞いたか」「どのような事実からそう思ったか」についても共有する必要がある。そもそも、人は自分が賛成、反対の意見をいって立場を鮮明にすると、その立場にコミットした手前、自分のいったことに固執してしまい他人の意見を受け入れにくくなってしまう傾向がある。しかし、自分が知らない事実があることがわかれば、考えもおのずと変わることもあるし、それによって当初の結論を変えたとしても不思議なことではない。

「そういう事実があることは知らなかった。私はその事実を前提としない意見をいったので、確かにそれもあると思いました」

このように意見を変えることができる。

また、「推論」をする際に、どこに着目したのか、どう考えたのかまで共有できると、次のように他の意見を受け入れることができる。

「私は、リスクのほうに目を向けて考えたが、確かに今こそ勝負のとき、というとらえ方をすれば、その案もありえますね」

意見を変えるという心理的抵抗は少なくなり、固執していた人もメンツを保ったまま、意見を変えやすくなるのだ。

「自分の意見」と「推論のはしご」をセットで共有することで、会議の参加者全体の思考の広さと深さが劇的に変わる。全員の知恵を集めたうえで議論できる状態になるからだ。また、各自の立場やプライドなどにもこだわることなく意見を変えやすくなり、そのときどきの最適解に近い意思決定が可能になる。

「推論のはしご」には、もう1つメリットがある。それは、「思考の背景」の確認ができることだ。

人は、自分の考えを、必ずしも事実にもとづいて、発想しているわけではない。噂や情報の真偽がわからないのに「こんな話を聞いた」「こんな情報が報道されていた」というだけで判断の根拠にしてしまうことも多い。

どのような情報にもとづいて、どのように考えたのか。それぞれが根拠や前提を共有することで、考える背景が間違っていないかどうかのチェックにもなる。もし間違った情報や、真偽が疑わしい情報をもとに「推論」されて出された結論であれば、かなり危ういといわざるをえない。そのようなことが発覚した場合には、たとえ時間を多く要しても、その会議では「次回までに、事実を確認するという作業をきちんとやったうえで、もう一度議論をやり直しましょう」というように結論を出したほうがいいくらいだ。

「推論のはしご」を共有する方法にはコツがある。背景まで共有するわけなので、何となく話すとてつもなく長い時間がかかる。それで「結論」「理由」「具体例」「だから、どうすべきか」を端的に伝える訓練がここでも重要になるのだ。人の話を聞くときも、その考えに至った根拠や背景に耳を傾ける。それだけで、ディスカッションの質はガラリと変わっていく。

そもそもディスカッションは、会議においてもっとも重要な行為である。しかし、効果的に運用している会社は少ない。何時間も同じような話をだらだらと繰り返し、議論が広がらず、深まってもいないのに時間が迫ると採決で決めてしまいがちだ。結論らしきものは出るかもしれないが、それが適切な解かどうかは怪しい。会議におけるアウトプットの価値を最大化する意味でも、どの会社も、ディスカッションの質を高るための訓練を、きちんと行うべきなのである。

「発想を広げるための会議（ブレインストーミング）」は主催者を明確にする

「ブレインストーミング（以降、ブレスト）」という言葉は知っていても、本当の意味でのブレストの価値を体感したことがある人はそれほど多くないのではないだろうか。これはさまざまな会社のコンサルティングをしているなかでのリアルな実感である。

みんなの脳を嵐のようにかき混ぜて、大量のアイデアを嵐のように出し合う。このブレストを上手に使いこなせるかどうかで、組織そのものの強さが大きく変わるといっても過言ではない。1人で考えるよりも、衆知を集めてアイデアを出し合うと、相乗効果や連鎖反応が生まれ、斬新なアイデアが飛び出してくる。

ブレストが機能して成立するには、いくつかのルールがある。「批判しない」「自由に発言する」「質より量を重視する」「アイデアの結合、連想、便乗をする」という4つの原則が教えられることが多い。それらも加味して、違う観点も加え、私なりに整理したルールは次の4つである。

①思いついたら、すぐ話す

ブレストは、テンポが大事だ。誰かの意見やアイデアを聞いて、頭に浮かんだことをすぐに発言していく。ときには稚拙なアイデアでも構わない。テンポよく次から次へと発言が続くことが大切なのだ。だからこそ、思いつたら、すぐに発言することが求められる。

そして、「心理的安全性」が確保されているのが絶対的な条件だ。一見すると稚拙と思えるアイデアや、逆に常識を超える突拍子もないことを言い合うには、安心していえる雰囲気があることが前提になる。

「こんなことをいうのは恥ずかしい」
「こんなことをいったらバカにされるかもしれない」

こうした不安があると、思ったことを忌憚なくいうことはできない。だが、実際にはブレストと称する場で「心理的安全性」が保証されていないことは少なくない。ブレストをしているつもりでも、沈黙だけが長く続くのはそのためだ。「心理的安全性」が確保されていてブレストも機能していると、バカなことでも気にせずにいえる。そのバカなひと言に触発され、会話が広がりアイデアも広がっていく。

また、参加者に自分の地位や立場、所属部署などの意識が強いと、ブレストがうまくいかない原因になることもある。「それは、○○としての意見」というような地位や立場の意識が、発言する側にも、聞く側にも少しでもあるとアイデアの連鎖は生まれにくくなる。なぜなら、たとえば自分が思ったことを部署の代表として発言していいものか、立ち止まって考えなければならず、他のアイデアに刺激を受けた自由な発言ができないからだ。組織上はどんな地位や立場の人であっても、ブレストの場には、必ず個人として参加すること。

意見に対して揚げ足取りのような指摘を禁じ、自由にものがいえない雰囲気をどのようにして解消するかも重要である。たとえば、わざと役職ではなく「○○さん」のように呼び合うことをルールにしたり、あえて職場ではない場所でブレストを行ったりと、「非オフィシャル感」を演出するような雰囲気づくりも効果的だ。

②相手を否定しない

ブレストで失敗するのは、いつの間にか意見を否定する方向に流れることだ。

「今の話は、たいして面白くないのでは?」
「それってイマイチだよね」

こうした否定的な空気が流れると、意見をいいにくくなり、出るアイデアの幅も確実に狭くなり、常識的なものや、現状の延長にすぎないものばかりになる。

人は新たなアイデアを思いつくより否定するほうが楽だから、意識しないと否定する方向に走りがちだ。アイデアが出ず、発言がなく、会議に参加できている感じがしないと、自分の存在感を出すために無理して発言するようなパターンも少なくない。そして、否定は連鎖して、無意識に否定的な発言が次々と生まれやすい。

何より否定されると、人は萎縮してしまい意見をいわなくなる。参加者の誰かがひと言でも否定の言葉を口にした瞬間に、ブレストを殺す。もしも否定的な発言しかできないのなら、そのようなタイプの人は、ブレストに呼んではいけない。

③参加者は主催者を支援する

アイデアに行き詰まった結果、漠然と「ブレストでもしますか」とはじめることも少なくないのではないだろうか。何となくアイデアや意見を出し合うようなケースだ。

だが、ブレストがうまくいくためには、「誰のためのアイデア出しなのか」をあらかじめ明確にすることが重要である。つまり、ブレストの主催者が存在するべきなのだ。そのブレストの主催者がリーダーシップをとる。もし、主催者がいない状態でブレストを行うと、出口もなく、アイデアの取捨選択もできない。

主催者の存在を理解してもらいやすいように、理想的なブレストをはじめる際の挨拶を紹介

ブレストの主催者と参加者の関係

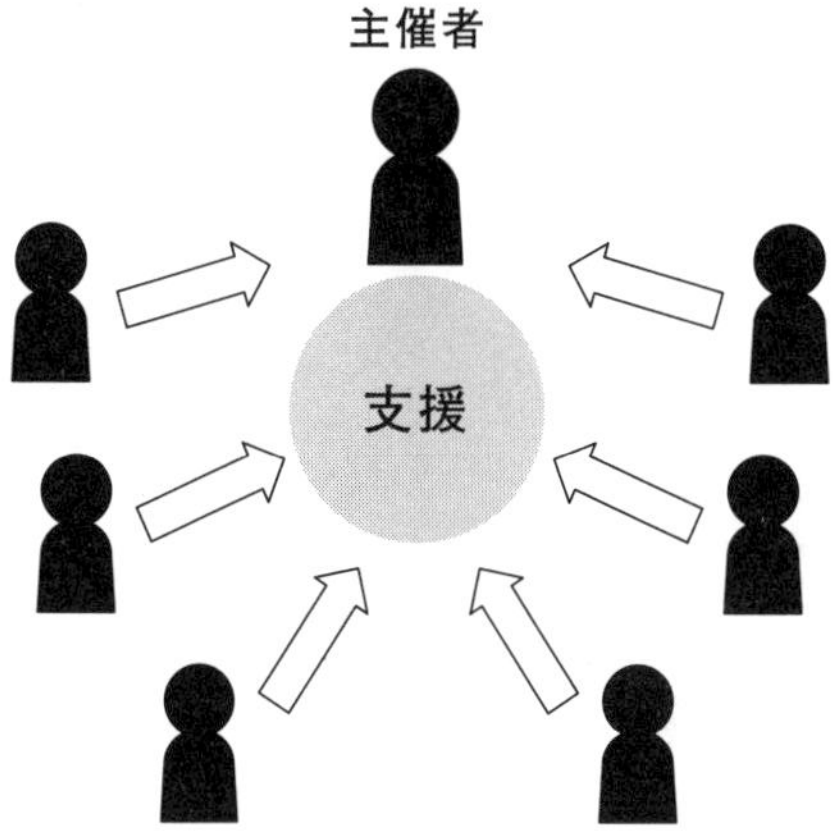

する。

「本日は、ブレストにお集まりいただき、ありがとうございます。事前にお伝えした通り、私は、今回の企画を任されたので、前年までの内容はすべて調べ、いろいろと考えてみました。その過去の内容が、事前にお渡しした資料です。ただ、前年までのものもかなりの完成度ではないかと感じており、さらに良くするためには何をすべきなのか、恥ずかしながらなかなか思い浮かばないのです。それで、この件を考えていただけそうな方に声をかけさせていただきました。みなさん、お知り合いなので、安心して話していただけると思います。ぜひ今日は、たくさんのアイデアや改善するための視点をお願いします」

このように主催者がいうことで、主と従が明確になり、それぞれの役割と責任が明確になるのだ。主催者には、そのブレストの会議を取り仕切る責任があり、参加者には、「支援者」としてとにかくアイデアを出すという責任がある。だから、主催者が全体をリードする。ブレストの場をつくり、「心理的安全性」を確保し、会議の価値を高める責任は、主催者にあるのだ。ブレストをしていてアイデアが行き詰まりかけた際には、視点を変える問いを投げかけたり、休憩を入れたりする。また、つい否定的な発言が出れば、明るく注意を促すのも主催者の役割だ。もちろん主催者も、他のメンバーのアイデアに触発されて、どんどん発言し、ブレストを盛り上げるのは良いことだが、場を仕切る役割を忘れてはならない。

「主催者を決める」とすると、課やチームでのミーティングなど組織的に同一のメンバーで行う場合には、主催者は不要ではないかという質問を受ける。しかし、主催者なく、何となくやってもうまくいかない。主催者を決めず、仲良しグループの井戸端会議のようなブレストを何度も目にした。誰にも責任がないので、ダラダラとゆるい会話が続く。誰も自分の役割と責任を認識していないので、誰も仕切らず、アイデアを出そうにも真剣味がないのだ。

また、ブレストで参加者全員が目からウロコが落ち、思わずうなるようなアイデアが出れば良いが、そこまでのものが必ず出るとは限らない。その場合、優先すべきは主催者の満足だ。主催者にとって現状を打破できるアイデアやヒントになるアイデアが出ていれば、それは十分満足できるブレストとなる。それを決めるのは、主催者だ。

だから、組織的に同一のメンバーで行う場合にも、主催者が必要である。課など、組織全体に関することでのブレストであれば、主催者は課長だ。運営の事務局や司会などの役割をメンバーに任せるのは構わないが、主催者は課長でなければならない。

また、その仕事の責任がメンバーにある案件でブレストを行う場合には、その担当者が主催者になる。アイデアを出してもらうための情報提供をきちんと行い、「私のためにアイデアをお願いします」ときちんと伝えるのだ。その場合、参加者の1人が主催者であるメンバーの上司である課長であっても、そのメンバーのためにアイデアを提供するという役割を認識して参加する必要がある。間違っても、主催者の代わりに、アイデアの取捨選択を課長がその場で行ってはならない。なぜなら、人が育たないからだ。そのようなことを繰り返せば、主催者であるメンバーも自分でやらなくても課長が決めてくれると思ってしまい、主体性も責任感も醸成されない。

もし主催者であるメンバーの取捨選択に不安がある場合には、ブレストが終わった後で、別途指導のためのミーティングを行ったほうが良い。そうすることで、ブレストの内容が高まるだけでなく、人も育つ。

ブレストの価値は、同一組織やチームを越えて、違う部署の人に参加してもらえるようになるとさらに高まる。視点の違う人たちに「じつはこういうところで行き詰まっているのです。

知恵を貸してください」と相談することができるからだ。所属する部署を越えて、さまざまな人にアイデアをもらえる関係が成立している人は強い。また、そのようなことが自由に行える会社は強い。実際に私も仕事をするうえで、他部署の方々の知恵を借りるブレストを開いたこともある、また、私がアイデアを出す側として、他部署の人に呼ばれることも多かった。

望んだときにブレストを主催するためにも、積極的にさまざまな部署に自分を助けてくれる支援者をつくっておきたい。そして、その人たちとの関係は日頃からつくっておいたほうがいい。理想的なかたちは、今日は自分のためにアイデアを出してもらう主催者だった人が、明日には他の主催者のためにアイデアを提供する支援者に回るような関係だ。主催者が頻繁に入れ替わる関係が自然に構築されている組織は、発想力が高くなり、より強くなっていく。

このような他部署との結びつきが起こりやすいように、オフィスのレイアウトを工夫している会社も多い。各部署をつなぐ場所にコーヒーを自由に飲めるスペースをつくり、そこにホワイトボードを設置する。コーヒーブレイクに集まった際に、自分が行き詰まっていることを誰かに相談し、自然とホワイトボードに向かう。すると、その光景を見た人が参加する。そして、みんなでアイデアを出し合い、最初の相談者を助ける。社員の間に自然発生的に会話が生まれるよう設計されているのだ。先進的な企業で行われている、ブレストを日常的に起こさせるための仕掛けだ。

最先端のアイデアや企画が求められる職場では、自分だけで考えていても、斬新なアイデアは簡単には見つからない。新しい価値を生み出すためには、他人の脳を借りる必要がある。そのようなときに、ひと声で支援者が集められ、知恵が集まる仕組みがある会社は強い。

④アイデアを取り入れるかどうかは主催者が決める

ブレストを行い、多くのアイデアが出る。そのアイデアの中からどれを取り入れるのか、取捨選択の判断も主催者が行う。この考え方が共有されていないと、不満の声が挙がることがある。

「あの人は、私があんなにいいアイデアを出したのに、結局、使わないんだよね」

これは本末転倒だ。そういうことをいう人は、ブレストに呼ばないほうがいい。呼ぶとその人の意見を使わざるをえなくなり、適切な判断ができなくなるからだ。

参加者は自分の出したアイデアが使われるか否かにかかわらず、主催者のためになると思えるのなら、どんな些細な意見でも、突飛なアイデアであっても、臆せずどんどん出す。

ディスカッションは、意見を集約して結論を出すことを目的にしたものだ。それに対して、ブレストはアイデアの拡散である。だからこそ、自由にアイデアが広がっていき、何を拾うかは主催者の裁量であるべきだ。アイデアを採用するかしないかは、恨みっこなし。参加者はそのようなスタンスで臨まなければならない。

他人の脳を自分のものにできるかどうかは、仕事の速度と完成度に反映されるのだ。ブレストを有効活用できれば、1人で何日悩んでも浮かばないアイデアが、わずか1、2時間でヒントを手にすることができる。多くの人は、このような価値を知らないので、会議やブレストは無駄だと思っている。自分のキャパシティを超えていると感じたら、積極的に他人の脳を使うことができる効果はとてつもなく大きい。とくに新しい何かを生み出すような仕事では、ブレストを上手に使えるかどうかは、天と地ほどの差が生じる。

ブレストが自然発生的に起こる仕組みや、自由に開催しやすい雰囲気づくりも大切になる。このような「企業文化」をつくり、定着させるためには、部署を越えたブレストに参加し、ブレストに協力した人がプラス評価されるような仕組みを導入するのも効果的だ。

また、誰がどんな得意領域を持っているのか、誰がどんな経験をしているのか、それらを閲覧できる仕組みがあれば、誰をブレストに呼ぶべきかの判断がしやすくなり、親しくなくても声をかけやすくなる。ブレストへの参加がキッカケで、人間関係ができ、部署を越えた人的ネットワークができれば、会社としては、「知のネットワーク」ともいえる財産ができたことになる。そうなると、生み出される「知恵の総和」は確実に増える。

会議を効率的に、効果的にするための大原則

会議を効率的に、効果的にする大原則は、3つの会議のどれにあたるのかを意図的に使いわけることだ。理想としては、それぞれの会議は独立して開催したほうがいい。そして、その会議が3種類のどれに該当するのか、事前に参加者に共有しておくこと。最初からモードを切り替えておいたほうが、目的に入り込みやすいからだ。そのうえで、「これから行う会議が3種類のうちのどれに該当するのか」を宣言し共有することからはじめる。

しかし、1つの会議に3つの要素が混在するケースは想像以上に多い。そのような場合には、たとえば次のように宣言し、参加している人々の頭を切り替える必要がある。

「ここからは、情報共有です。しっかりと内容を把握してください」
「以後は、ディスカッションに入ります。背景まで共有して、最適な結論を出しましょう」
「これからは、ブレストの時間です。遠慮せず自由にアイデアを出し合いましょう」

この切り替えを明確に行うだけで、会議に参加しているメンバーに、どんな行動が求められるのかが一瞬で共有できる。時間も短縮され、議論される内容のクオリティも高まる。3種類の会議を使い分けられるようになると、会社はさらに強くなるのだ。

ロンドン・ビジネススクール教授で人材論や組織論の権威でもあるリンダ・グラットン氏は、著書『ワーク・シフト』の中で、第2のシフトとして「協力して起こすイノベーション」の価値を説いている。これは社外をふくめた大きな「人的ネットワーク」の構築の話であるが、概念は企業内であっても同じである。

誰かと協力して価値を出せるようになるには、自分の得意領域や得意技を持つことが大事である。そして、利害のみで付き合うのではなく、フラットなネットワークの中で、助けがほしいときに気軽に声をかけ合える仕組みが必要である。他人の知恵を借りるには、自分も他人の知恵袋になれる。それが会議の場をはじめ相互に行われる組織が理想だ。支援し合う関係が築けている会社には、自然といい雰囲気がみなぎっている。

「日常のコミュニケーションの質」が変われば、「思考のレベル」と「成果」が変わる

組織のコミュニケーションの質は、一朝一夕では変わらない。それは、人間関係に根づいたものだからである。「日常のコミュニケーション」が組織としての強さに如実に反映される。ギクシャクした人間関係では、やっぱり何に取り組んでもうまくいかない。

この関係をわかりやすく説明してくれるのが、ＭＩＴのダニエル・キム氏が提唱した「組織の成功の循環モデル」という概念である。「結果の質」を上げるためには、まずは「関係の質」から改善するという考え方だ。

この「組織の成功の循環モデル」の視点を取り入れた「仕組み・制度・施策」を構築しようとする会社は多く、実際に私もコンサルティングの相談をたくさんいただく。もちろん、それを実現しようとする姿勢は大歓迎である。しかし、「関係の質」の前提を重視せずに、相互関係だけに焦点をあてた施策を進めようとする会社も多い。それでは、なかなかうまくいかない。そこで、「組織の成功の循環モデル」の実現への道のりを経験則も踏まえて紐解いていく。

組織の成功循環モデル

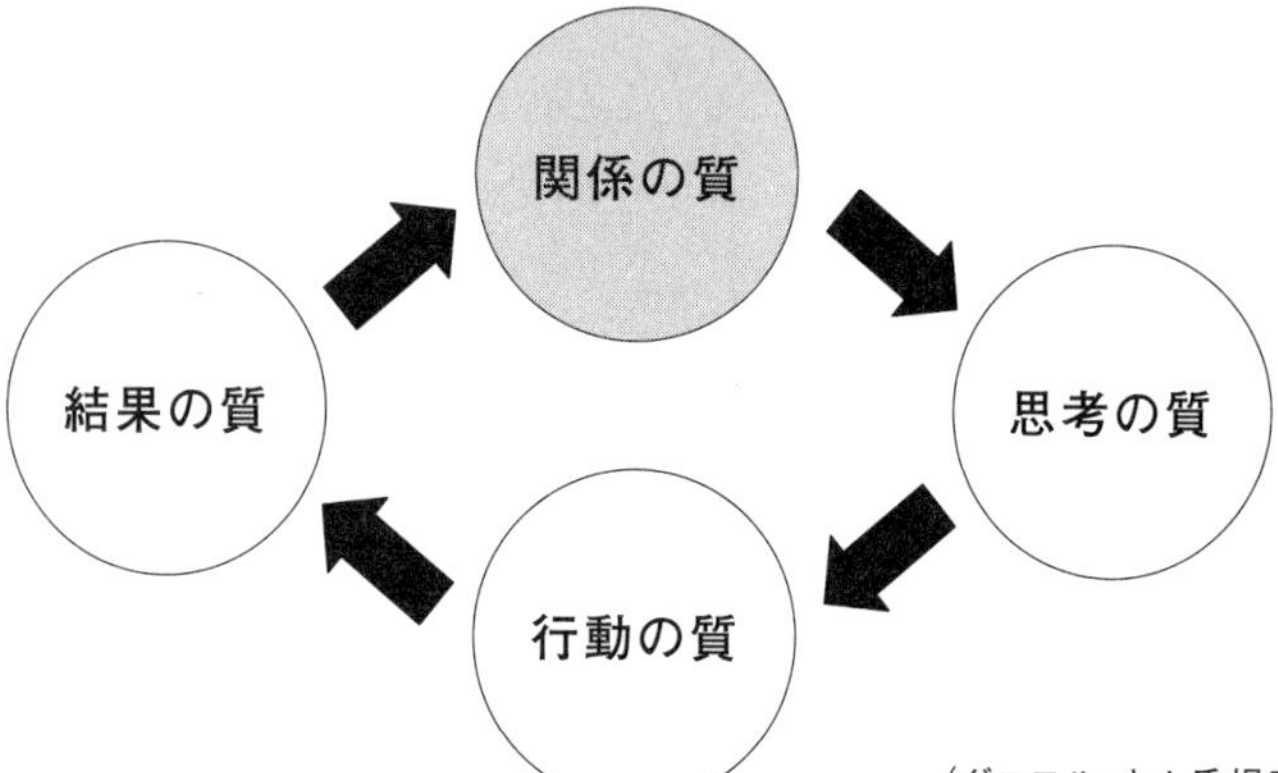

（ダニエル・キム氏提唱）

まず、「組織の成功循環モデル」そのものについてだ。この循環モデルには、良い循環である「グッドサイクル」と悪い循環である「バッドサイクル」がある。

「グッドサイクル」はこうなる。まず、【関係の質】互いに尊重し、結果を認め、一緒に考える。すると、【思考の質】気づきが生まれ、共有され、当事者意識を持つようになる。そうすれば、【行動の質】自発的・積極的にチャレンジし行動するようになる。そうなると、【結果の質】やがて成果が出てくる。【関係の質】さらに信頼関係が高まってゆく。【思考の質】もっと良いアイデアが生まれる……と正のスパイラルが続く。

逆に、一度悪い循環に陥ると、「バッドサイクル」から抜け出すのは大変になる。【結果の質】結果だけを求め、結果を向上させようとするが、なかなか成果があがらない。すると、【関係の質】対立や押しつけがはじまり、命令が横行する。やがて、【思考の質】メンバーは考えることをやめ、受け身になる。創造的思考はもちろんなくなる。当然、仕事がつまらなく感じる。【行動の質】受け身なので、自発的・積極的な行動はとらない。すると、【結果の質】ますます成果があがらなくなる……と負のスパイラルが続く。

この「組織の成功の循環モデル」によって、単なる心がけレベルではなく、日常のメンバー間の「関係の質」を上げることの重要性を理解していただけたのではないだろうか。

では、その肝心の「関係の質」を高めるにはどうすればいいのか。それには、視点が2つ必要だ。1つは「個人の満足度の視点」。そして、もう1つは「個と個の関係の視点」である。

「関係の質」が向上する前提になるものが、「個人の満足度の視点」だ。個人が職場や仕事に満足していないのに、お互いを尊重し合い、お互いの結果を認め、一緒に考えるということが起こりえるだろうか。だからこそ、まず「個人の満足」を高めていく。

これまでに、多くの「仕組み・制度・施策」を紹介してきたが、それらをもとに、自分がその会社に所属する満足、仕事のやりがいやその仕事に携わる満足、仲間の一員としての満足を感じられるようにしていくのだ。

たとえば、「社外規範」と「社内規範」への共鳴もそう。これなくしては、その会社を好きになれないし、本気では働くことはできない。また、組織の一員として、会社に自分の居場所があるか、仲間から認められ、尊敬されているか、ということを確認できる仕組みの構築も欠かせない。

「マズローの欲求5段階説」については、「特別付録」で詳しくお伝えするが、人は誰もが自分の仕事や存在を認めてほしい。だからこそ、上司、同僚、関連部署、外部からの仕事の評価や感謝がきちんと届く仕組みをつくらなければならないのだ。

そして、目標管理の仕組みである「MBO(Management by Objectives and Self Control)」の思想で、主体的に目標を決め、主体的に取り組み、その結果がきちんと評価され、フィードバックされ、成長を実感できるような一連の流れがきちんと機能していること。関係性だけに着目した施策だけではなく、まずは個の満足を高めるための「仕組み・制度・施策」をきちんと充実させることが大切である。

もう一方の「個と個の関係の視点」は、まさに「関係の質」のことである。お互いに尊重し、結果を認め合い、一緒に考えることができるようになるためには、「仕事を通した関係づくり」と「人としての関係づくり」の両方を深めなければならない。

「仕事を通した関係づくり」とは、2章のリクルートの制度でも紹介したように、たとえば仕事を通して、大きな仕事を一体となってともに取り組む、長期のプロジェクトで徹底的に付き合うなど、腹の底からわかり合えるぐらいの関係をさまざまなメンバー間で経験するようなことを意味する。仕事を通じて親しくなる機会を意図的につくり出すのだ。また、ディスカッションでの「推論のはしご」の共有や、ブレストを一緒に行うことも、関係を深めるキッカケになる。これらは、個人としての価値観が色濃く出るので、その人の素のキャラクターが伝わりやすく、相互理解が進みやすいからだ。

「人としての関係づくり」とは、組織上の仕事関係以外での人間関係を深めることを意味する。そのヒントとなるのが、前述した「非公式なコミュニケーション」である。これは、仕事上の指示命令系統や業務遂行上のコミュニケーションだけではない人間関係をベースにしたコミュニケーションである。

職場内では、「非公式なコミュニケーション」によって、さまざまな情報が流れている。噂話なども、これを通じて広がっていく。人と人との関係なので、オンだけでなく、ときにはオフをふくめて関係を深めることで、個と個の関係の絆は強くなる。「飲みニュケーション」がなくならないのも、このあたりに理由がある。2章でも触れたが、最近のスタートアップ企業でも、社員旅行や運動会、合宿など、ひと昔前の会社で行われていた行事が増えているという。そうやって社員旅行や運動会が見直されているのも、組織にとって、この「人としての関係づくり」の重要性に気づいたからだろう。「公式なコミュニケーション」だけでなく「非公式なコミュニケーション」をも活用することがポイントとなる。

お互い胸襟を開いて、互いの個性を受け入れ合う関係までつくれると、コミュニケーションの質は大きく変わる。人と人との「関係の質」が変われば、組織間の「関係の質」も変わり、組織に持続的な成長をもたらす。

「仕事を通した関係づくり」を進めるために、ディスカッションやブレストは重要な役割を果たす。まず、そこでのコミュニケーションを通して、正のスパイラルを生み出す職場の「関係の質」が上がる。それにより、ディスカッションでは、「推論のはしご」を共有するスピードがさらに速まる。「心理的安全性」も高まり、ブレストではよりスムーズに意見が飛び出し、アイデアの嵐が起こる。すると、組織全体の「思考の質」も変わる。同じ方向をめざす一体感のある組織となり、会議で決めたことの実行力も高まり、「行動の質」もおのずと高まる。そうなれば、「結果の質」も格段に高まり、「強い会社」に変わっていくのだ。

1章～5章まで、「強い会社」に変わるための「視点」を紹介してきた。最後に「特別付録」として、組織変革の際に「人の気持ちを徹底的に考え抜く」ためのベースとなる知識をお伝えしたい。

特別付録

組織変革のための人間心理を徹底的に考え抜く「源泉」となるもの

会社を強くする「仕組み・制度・施策」を考え、実行するうえでもっとも大切なのは、「人の気持ちを考え抜く」ことである。

人の気持ちを大事にしない、人の気持ちを察しようと思わない人に、人はついていくだろうか。

経営者の中には、人の気持ちを感じ取るアンテナの感度が良くない人もいる。ただ、そういう人は自分の弱点を自覚していて、人の気持ちがわかる右腕を組織に配置して対処しているケースが多い。人間心理を理解しようとする人が誰もいない会社でも、一時の成功を収めることは可能だろう。しかし長期的に、大きく、しかも強くなることは、果たして可能だろうか。

人は感情の生き物である。嫌になると去っていく。そうなれば、どんなに経験を積んでも、育成しても、社内に知恵やノウハウが蓄積されないのだ。

また、同じ100人でも、モチベーションの高い100人の集団と、モチベーションの低い100人の集団では、同じ人数でもパフォーマンスは、まったく異なる。どちらが「強い会社」かは、おのずと明白だ。

それゆえ「仕組み・制度・施策」も、人の気持ちを無視して構築したら機能しない。この「特別付録」では、「人間心理を考え抜いた組織戦略」を生み出す源泉となるものを掘り下げていく。とくに実践で活用できる汎用性の高いものを、心理学に私の見解を交えて紹介する。

組織変革には「フォロワーシップ」が欠かせない
――組織競争力の源泉1

「リーダーシップ」という言葉は、よく使われる。「リーダー」とは、メンバーを自発的に動かす影響力があり、目的地を示し、メンバーの気持ちをそろえて、同じ方向へ導く役割を担える人だ。リーダーが「リーダーシップ」を発揮するためには、当然「フォロワー」が必要となる。この「フォロワー」の存在とその質が、組織がスムーズに動くかどうかのカギになる。

「フォロワーシップ」とは、リーダーを自主的な判断や行動でフォローし、チームの成果を最大化する力のことだ。これは「リーダーシップ」の一形態である。この「フォロワーシップ」を意識した組織づくりをすると、組織が円滑に回りやすくなる。

カーネギーメロン大学のロバート・ケリー氏は著書『指導力革命』で、「フォロワーシップ」の重要性を説いている。その中では、組織の成功に対するリーダーの貢献度は10～20パーセントにすぎず、残りの80～90パーセントは「フォロワーシップ」による人的要因によるものであるとされ、「リーダーシップ」とともに「フォロワーシップ」の重要性を指摘している。

さらにケリー氏はこうも伝えている。「フォロワー」には、組織への「貢献力（積極的関与）」と上司への「提案力（批判的思考：critical thinking）」が求められる。「貢献力」とは、リーダーの指示を受け入れて、組織運営に積極的に関与し貢献しようとする意識や行動のことだ。「提案力」とは、リーダーの指示を自分なりに検証し、ときには建設的な批判をし、革新的で創造的な意見を、必要な際に上司にきちんと伝えようとする意識や行動のことである。

ここで、ケリー氏による「フォロワー」のタイプ別の特徴を紹介したい。

模範的フォロワー

特徴は、「独自のクリティカル・シンキングを持ち、リーダーやグループを見極め、自主的に行動することができる」「知力をふくむ、あらゆる才能を組織やリーダーに捧げ、ときにはリーダーの職務を補い、上司の困難な仕事を引き受けたりすることもできる」人だ。他人からは、「独立心が旺盛で、独自の考えを持ち、革新的かつ独創的で、建設的な批判ができ、リーダーにものおじせずに接することができる人」「守備範囲以上の仕事をこなす人」と思われている。

「貢献力」も「提案力」も兼ね備え、勇気ある良心も持っている人は、リーダーや組織にとって貴重な人材だ。リーダーが1人では達成しえないことでも、協力し合って達成に導ける。

フォロワーのタイプを知る

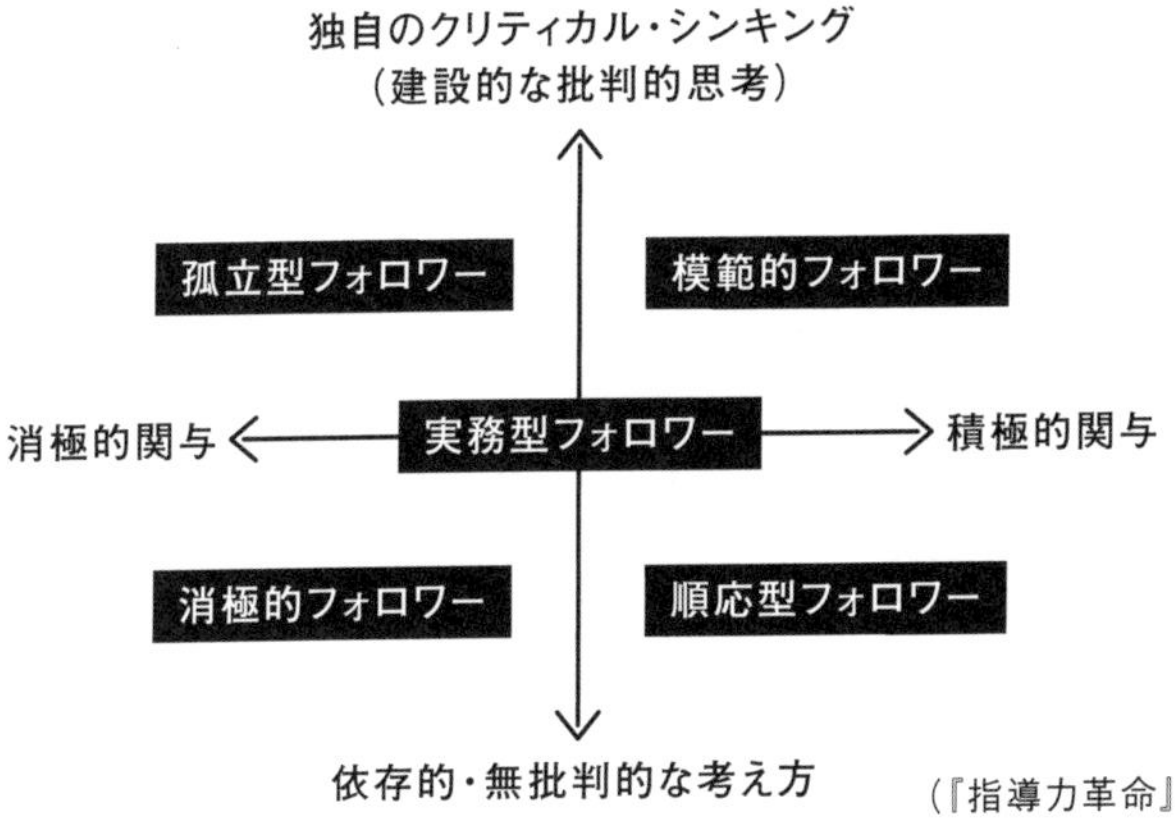

（『指導力革命』より）

実務型フォロワー

特徴は、「仕事を遂行するために、組織をどう動かしたらいいか承知している」「バランスのとれた見方をする」「組織が極端に走ることがないよう、中道を行く」という自己イメージを持っていることが多い。他人からは、「自分自身の利益を最大に活かそうと駆け引きしている」「危険を嫌い、失敗したときの逃げ道を用意している」「まあまあの情熱、月並みな手腕で業務をこなす」「要求された仕事はこなすが、要求以上の冒険を冒すことはしない」人だと思われている。

このような人は、「一貫性のない命令と計画により、不確実かつ不安定な環境」「上司と部下との関係が冷ややかな環境」「規則や基準に従うことが求められている環境」で働いていることが多い。

孤立型フォロワー

特徴は、「自立した考えを持つ一匹狼」や「組織の良心である」「弱小派の味方である」といった自己イメージを持っているケースが多い。他人からは、「問題児・シニカル・ネガティブ」「不満分子（理由なき反抗）」「頑固で判断力に欠ける人」「チームプレイヤー向きではない人」と見られている。

このような人は、リーダーや組織に対して、「才能やアイデアを十分理解してくれないし、利用してもくれない」「自分は何の得もなく、組織、リーダーに利用されている」「自分をふくめ人の扱いが公明正大ではない」のような不満を抱いている。期待が満たされなかったり、裏切られたと感じる経験などから信頼関係がなくなったことが原因になっているケースが多い。

順応型フォロワー

特徴は、「気安く仕事を引き受け、喜んでこなす」「チームプレイヤー」「リーダーや組織を信頼し、身を委ねている」「摩擦を最小限に抑えている」という自己イメージを持っている。他人からは、「自分の意見に欠ける」「こびへつらい自分を卑下する」「グループともども崖から落ちる危険にさらされているときでも摩擦を嫌う」人と思われており、本当は「ノー」といいたいのに「イエス」といってしまう人と見られている。

このような人は、「結果よりも、既定の命令に従うことが重要である」「いばり散らすリーダーやそのような社風がまかり通っている」「管理責任者と意見が合わなかったり、波風を立てたりすると罰せられる」というような環境で働いていることが多い。

消極的フォロワー

特徴は、「リーダーの判断や考えに頼るべきだ」「上司が指示を出したときだけ行動を起こすべきだ」「面倒な問題は、それなりに報酬をもらっている人にまかせるべきだ」と思っている。他人からは、「勤務時間に仕事に来ているだけで、何もしていない」「ノルマをこなしていない」「必要以上に仕事に監督が必要だ」と思われている。「仕事に対する熱意はゼロで、与えられた仕事は指示がなければできないし、自分の分担を超えるような危険は冒さない」人だと思われている。

このような人は、「組織は、あなたのアイデアを必要としていない」「リーダーは、自分たちの意のままにやろうとしている」「努力や貢献をしても、どうなるものでもない」と思い込んでいる場合が多い。

フォロワーをタイプごとに紹介したが、「模範的フォロワー」以外の各タイプは、リーダーとしての役割を担う経営陣や管理職、マネジャーがつくり出す環境が生み出している可能性がある。もちろん、フォロワーとなる個人のキャラクターによる場合も多いが、たとえば、組織に大きなマイナスの影響を与える「孤立型フォロワー」の場合は、上司や会社と信頼関係が築けていれば、「模範的フォロワー」になっていてもおかしくない。優秀であればあるほど、上司に対する期待も大きいので、裏切られた感じも大きく抱いてしまい、「孤立型フォロワー」に移行してしまった可能性も高いのだ。だからこそ、意識的に「模範的フォロワー」であり続けてもらうためのこまめなケアが必要だったのだ。

組織に貢献する側になるか、組織の一体感を阻害する側になるかは、どこかでボタンのかけ違いがあったのかもしれない。まさに、紙一重の違いだったのかもしれないのだ。リーダーには、職場の雰囲気や自分とメンバーとの関係に常に気を配り、「模範的フォロワー」を生み出し、維持するための環境をつくっていくことが求められる。

リーダーの役割を担う人は、必ず「模範的フォロワー」をつくったほうが良い。1人のリーダーに、2人以上の「模範的フォロワー」がいれば、組織運営はかなりやりやすくなる。たとえば、リーダーが会議で新しい方針を発表した際には、「模範的フォロワー」が、その方針を受けた実行策を自分の言葉で語ってくれる。その方針に対して、まだ半信半疑のメンバーがいると思えば、「模範的フォロワー」が会議終了後にそのメンバーに近づいて、自分の言葉でリーダーの意図を説明してくれる。リーダーがメンバーを叱った際には、「模範的フォロワー」が、そのメンバーに対してさりげなくリーダーが叱った意図やそのメンバーへの期待が大きいからこその行動であることを説明してくれる。このような、阿吽の役割分担ができれば、組織は円滑に回りやすくなる。

リクルートでは、社内の位置付けである等級や、年長者、その職務の経験数などを総合的に判断し、各課のメンバーの中の筆頭の存在を「ゼロ1」、その次を「ゼロ2」と呼んでいた。この「ゼロ1」「ゼロ2」が、課長であるマネジャーをフォローする役割なのだ。それが公式なルールのようになっていた。だから、「ゼロ1」と「ゼロ2」は、必死に「模範的フォロワー」の役割を果たそうと努力するのだ。

マネジャーは、この「ゼロ1」と「ゼロ2」を、組織運営におけるパートナーのように扱うので、この2人にとっても、おのずとマネジメントの勉強になり、マネジャーになるための訓練をしているのと似た効果が生まれる。

一般的な企業では、係長やそれに準ずる役割を担う人がこれにあたるのかもしれない。非公式にフォロワーをつくっても良いし、公式に任命しても良いので、「模範的フォロワー」を意図してつくることが重要になる。ただし、個人のキャラクターや能力的に「模範的フォロワー」になりえないこともあるので、よく見極めることが大事だ。

このフォロワーに関する話で大切なのは、「フォロワーシップ」の連鎖こそが組織力の要となるということ。

そして経営トップ以外、どの役職にも、必ずフォロワーとしての役割があるということを強烈に意識させることだ。各組織を任された人は、マネジメントを行うリーダーの役割と、その上司を支えるフォロワーの役割がある。必ずその上の組織長の「模範的フォロワー」の役割を果たす。そうすれば、組織の縦の関係はうまくいく。

多くのマネジメント研修では、管理的要素のマネジメントや、リーダーとしての役割についての内容は盛り込まれているが、上司を「模範的なフォロワー」として支える役割としての意識と行動を教えることは少ない。リーダーを活かすのは、「模範的フォロワー」であり、「フォロワーシップ」こそ組織運営の中軸なのである。

あなたがリーダー的な役割を担うのであれば、自分を支えてくれる「模範的フォロワー」は誰なのかを認識して組織運営を行うことだ。また、メンバーと面談する際にも、リーダー的な役割が求められる人には、必ず自分の「模範的フォロワー」は誰かを聞いてみることをお薦めする。もしも「該当する人がいない」と答えるようであれば、「模範的フォロワー」を誰にするのか、その役割が担えるようにどう育てるのかをきちんと話し合うことだ。「模範的フォロワー」がおらず、孤軍奮闘では、いいチームプレーなどできはしない。

P・F・ドラッカー氏は著書『プロフェッショナルの条件』の中で、「効果的なリーダーシップの基礎とは何か」を次のように記した。

「組織の使命を考え抜き、それを目に見える形で明確に定義し、確立することである。リーダーとは、目標を定め、優先順位を決め、基準を定め、それを維持する者である」

「リーダーと似非リーダーとの違いは目標にある。政治、経済、財政、人事など現実の制約によって妥協せざるをえなくなったとき、その妥協が使命と目標に沿っているか離れているかによって、リーダーであるか否かが決まる。リーダーが真の信奉者をもつか、日和見的な取り巻きをもつにすぎないかも、自らの行為によって範を示しつつ、いくつかの基本的な基準を守り抜けるか、捨てるかによって決まる」

リーダーが、真の「リーダーシップ」を発揮するためには、ただ従うだけのメンバーではなく、リーダーの理解者であり、信奉者として、「模範的フォロワーシップ」を発揮してくれるメンバーの存在が不可欠なのだ。

「個人のモチベーション」を最大化する
——組織競争力の源泉2－1

■「自己効力感」があると、人は何倍もの力を発揮する

「セルフ・エフィカシー（self-efficacy）」という言葉がある。これは、社会的学習理論で知られるカナダ人の心理学者アルバート・バンデューラ氏が提唱した概念だ。日本語訳では、「自己効力」とか「自己効力感」と訳される。「セルフ・エフィカシー」とは、目標を達成するための能力が自分自身にはあるのだという感覚を持つこと。この感覚こそが自信につながり、一歩を踏み出す勇気になる。

「セルフ・エフィカシー」が高いと、人は実際にその行動を行う可能性が高くなる。努力を惜しまず、多少の失敗や困難があっても、あきらめず成し遂げようという想いが強くなるのだ。

人が難易度が高い取り組みに対して実際に行動を起こすためには、2つの要素が必要となる。1つは、「結果予期」。「結果予期」とは、ある行動がどんな結果を生み出すかを想定できるということ。たとえば、スキルや知識を身につける行動によって、その結果なりたい職業や

職種に就けるという関係を予期できるというように。この関連性への期待が大きいほど、人は真剣に行動する。

もう1つが、「効力予期」といわれるものだ。「効力予期」とは、結果を生み出すために必要な行動を、どれだけ自分が上手に行うことができそうかという感覚である。頭ではやったほうが良いことはわかっていても、上手にできるという感覚がなければ、行動を起こす勇気はわいてこない。逆に、「自分ならできる」とか「自分にもできそう」という感覚を持つことができれば、難易度が高くても、第一歩を踏み出すことができる。この「できそう」という感覚こそが、まさに「セルフ・エフィカシー」なのだ。

「セルフ・エフィカシー」を生み出すための基礎となるものが4つある。

成功体験

自分自身が何かを達成したり、成功した経験。小さな成功体験でも良いので、努力によって障害を乗り越え達成した体験があると強い。

代理体験

「モデリング」ともいわれる。他人が何かを達成したり成功したりすることを観察すること。観察のなかで、自分に置き換え、疑似体験や想像体験をすることが大切になる。

セルフ・エフィカシー（自己効力感）

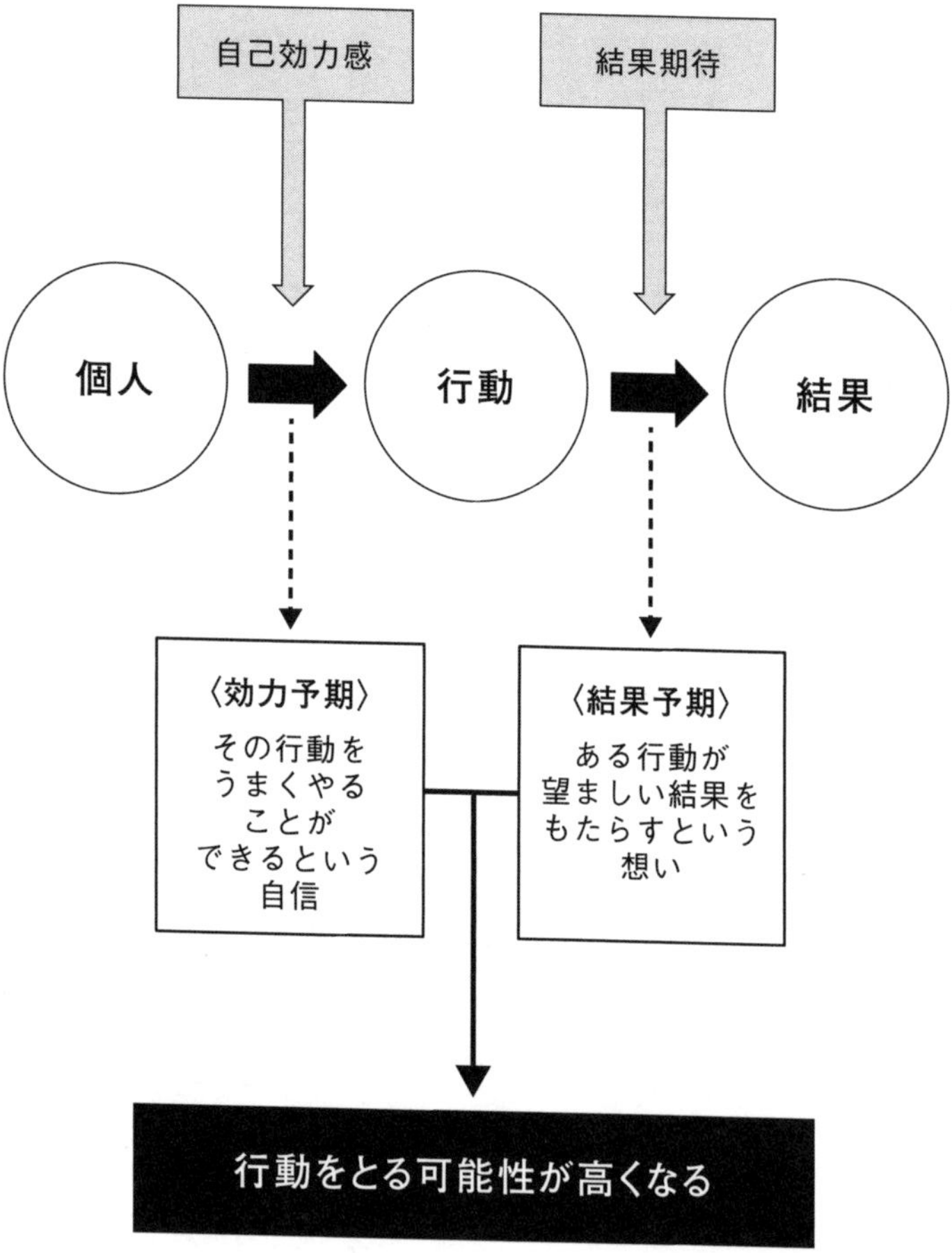

言語的説得

能力があることを第三者に言語的に説明されること。言語的な励ましは、自信と勇気を与える。

生理的状態

心身の状態が良好なこと。体調や心理状態がすぐれないと、前向きに取り組むためのエネルギーが出てこないからだ。

仕事においては、この中でもとくに「成功体験」と「代理体験」が重要になる。また、上司や周囲との関係においては、「言語的説得」がポイントとなる。

たとえば、私は経営者から「マネジャーがなかなか全社を巻き込んで会社を変えるような動きをしてくれない」という相談をよく受ける。しかし、マネジャーたちの話を聞いてみると、全社を巻き込んで変えるような取り組みが「将来のためになること（＝結果予期）」だときちんと認識されていないことが多い。下手なことをすると、マイナスになるとさえ思っているケースもある。また、たとえやる気になったとしても、今までやったことがなければ、「具体的にどうしていいのかわからない（＝効力予期）」のが実情だ。

そのような状況で必要なことが2つある。

1つは、「成功体験」を積ませること。「将来の幹部として期待しているからこそ、全社を巻き込んだ改革をしてほしい」ということをきちんと伝え、まずは「小さな成功体験」ができるようなテーマに取り組んでもらう。そのような経験ができれば、大きな自信につながる。

2つ目は、「疑似体験」をさせ、成功までの道筋をイメージしてもらうこと。具体的には、役員や部長たちが今までどうやって会社を変革してきたのか、その方法やプロセスをきちんと理解させ、想像で体験をさせるのだ。イメージができると、行動する勇気がわいてくる。

また、経営トップや上司からの「言語的説得」も有効だ。「こんな経験をしてきたのだから、ここまで考え抜いたのだから、きみならできる」という励ましは、本人を大きく勇気づける。

私は、この「セルフ・エフィカシー」という概念をとても大事にしている。個人の「自己効力感」が高まれば、組織力が劇的にアップするからだ。また、個人にとっても仕事だけではなく、自らのキャリアや人生に立ち向かう勇気もわいてくるからだ。

今の時代、仕事だけが単独にあるのではなく、個人のキャリアや人生と結びついている。だから私は、あえて「キャリアセルフ・エフィカシー®」という概念に重きを置いている。新しい役割、社会に影響を与えるような大きな仕事、それらに積極的に取り組み、活き活きと働くための根源となるからだ。この「自己効力感」を念頭においたマネジメントや「仕組み・制度・施策」の構築によって、まさに「人が自ら動き出す組織」となる。

不満の大半は「承認欲求」が満たされないから
――組織競争力の源泉2－2

組織変革のための人間心理を考え抜くうえで、アメリカの心理学者アブラハム・マズロー氏が提唱した「欲求5段階説」の概念はとても参考になる。

マズロー氏は、「人間は自己実現に向かって、たえず成長する生きものである」という考えから、人間の欲求を5段階に整理しピラミッド構造で表現した。5つの欲求は階層構造になっており、「生理的欲求」や「安全欲求」など低次の欲求が満たされると、一段階上の欲求が高まり、その欲求を満たすための行動を起こすようになるというものだ。下の階層から順に説明していく。

生理的欲求

生命維持に必要な基本的なもので、食べたい、寝たいなど生きていくための基本的・本能的な欲求。

マズローの欲求段階説

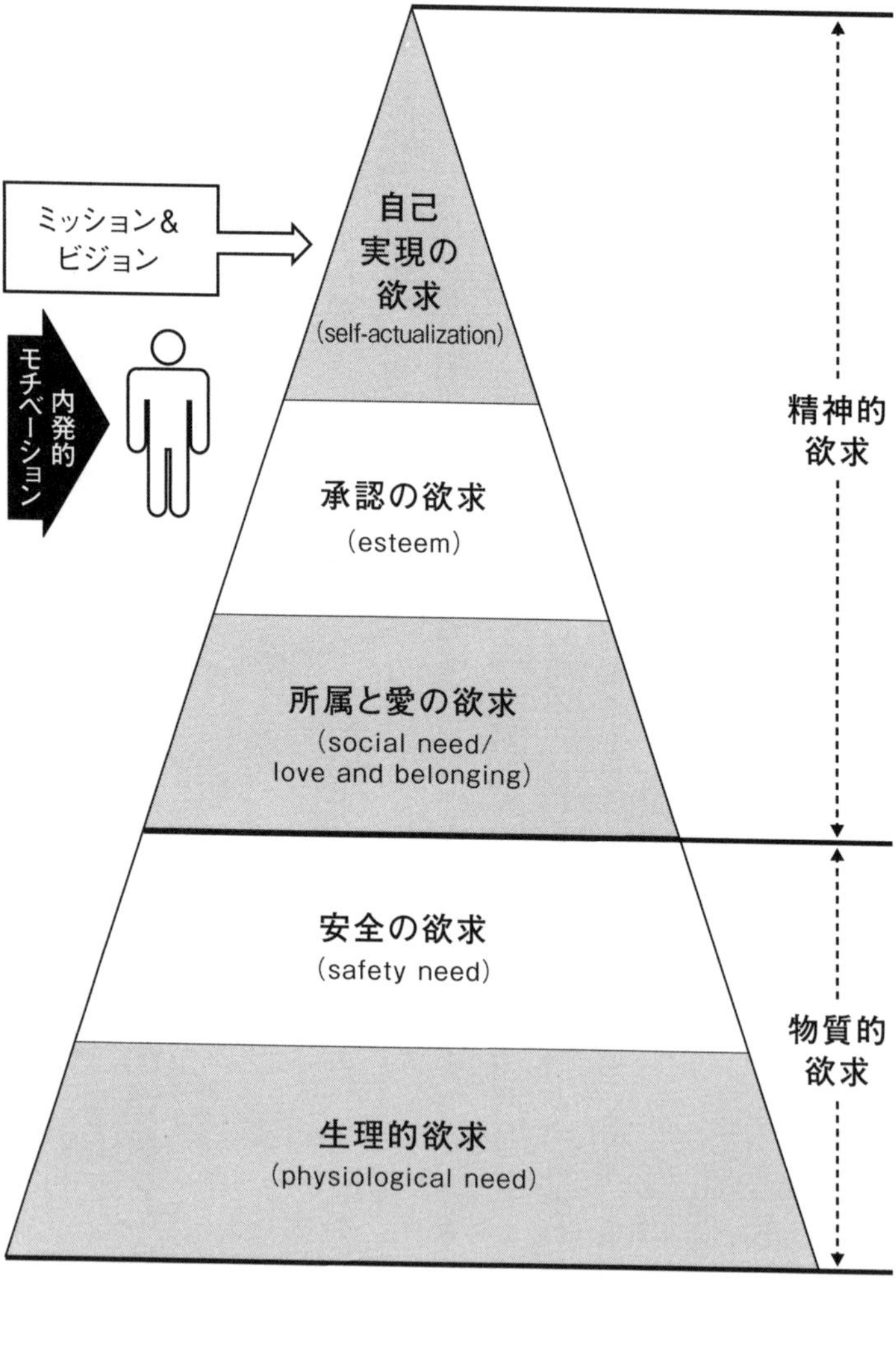

ミッション&
ビジョン
内発的
モチベーション
自己
実現の
欲求
(self-actualization)
承認の欲求
(esteem)
所属と愛の欲求
(social need/
love and belonging)
安全の欲求
(safety need)
生理的欲求
(physiological need)
精神的
欲求
物質的
欲求

安全の欲求

雨風をしのぐ家がほしい、健康な生活を送りたいなど、危機を回避し、最低限の暮らしを確保したいという安心や安全を求める欲求。

所属と愛の欲求

孤独を避け、集団に属し、自分の居場所を確保し、分かり合える仲間が欲しいという欲求。

承認の欲求

他者から認められたい、尊敬されたいという欲求。「自尊心の欲求」とも呼ばれている。満たされないと、焦燥感や劣等感、無力感などの感情が現れる。

自己実現の欲求

他人からの承認を求めるよりも、自分の行動や成長に関心が移っていき、「自分はこういうことを実現したい」「こういう世の中にしたい」などのような、自分らしい創造的活動や、自分の能力を活かしたさらなる成長への欲求。これが5段階の最上階に位置する欲求だ。

「生理的欲求」と「安全の欲求」は物質的欲求であり、「所属と愛の欲求」「承認の欲求」「自己実現の欲求」は精神的欲求である。

また、「動機」という観点でいうと、「生理的欲求」「安全の欲求」「所属と愛の欲求」「承認の欲求」の4つは「欠乏動機」だ。これは、何かが足りないという欠乏状況を充足させることが、行動を起こす動機になっている。しかし、「自己実現の欲求」だけは、他とは異なり「成長動機」である。「欠乏動機」である4つの欲求が満たされると、人が行動を起こす動機は「自分の能力を活かしてさらに成長したい」というところに達するのだ。

では、実際に「強い会社」に変わるための「仕組み・制度・施策」を考えるうえでの活用シーンから考えてみたい。理想と現状とのギャップとして現れる組織の問題や、それを解決するために取り組むべき課題を考える際には、「所属と愛の欲求」と「承認の欲求」の視点が重要になる。

まず、「所属と愛の欲求」についてだが、会社の中に自分の心地良い居場所があると感じている人は、会社の味方になりやすい。逆に、感じられない人は会社や上司、同僚に敵対心を持ちやすい。毎朝起きて、自分が受け入れられていない職場に通うのはつらいものだ。つらい思いをさせている会社に好意的になれるわけがない。もし社員にそのような状況が発生していることがわかったら、上司や人事が介入して居場所をつくってあげるべきだ。その人が阻害されている要因を特定し、改善に向けてすぐに動き出さなければならない。

メンバー間で何らかの確執があったのであれば、話し合う機会を設け、溝を埋める努力をする。仕事を覚えられずに職場で浮いているのであれば、指導の仕方を変えたり、指導する人を変えたりして、仲間に追いつけるようにする。

個人のキャラクターに依存する理由、つまりタイプが異なることによるストレスでギクシャクしている職場があれば、「行動特性」や「思考特性」を分析できるツールを使って、お互いに悪意はなく、その特性が異なるがゆえに起こっている問題であるということを研修などで共有すべきだ。タイプが異なるからこそ、相乗効果を発揮できる可能性があることを伝えるのだ。

「行動特性」「思考特性」を測るツールはいくつかある。代表的なものを2つ紹介すると、1つは、ウィリアム・モルトン・マーストン氏が開発した「DISCモデル」が発展して世界中で活用されている。もう1つは、キャサリン・ブリッグス氏と彼女の娘イザベル・マイヤーズ氏によって開発された「MBTI（マイヤーズ・ブリッグスタイプ指標）」だ。

「DISC」は、次ページの図を参照していただきたい。4象限「①主導型：Dominance」「②感化型：Influence」「③安定型：Steadiness」「④慎重型：Conscientiousness」というタイプに分けたものだ。

「MBTI」は4つの指標で構成され、それぞれに「ものの見方（感覚↔直観）」「判断のし

DISCモデル

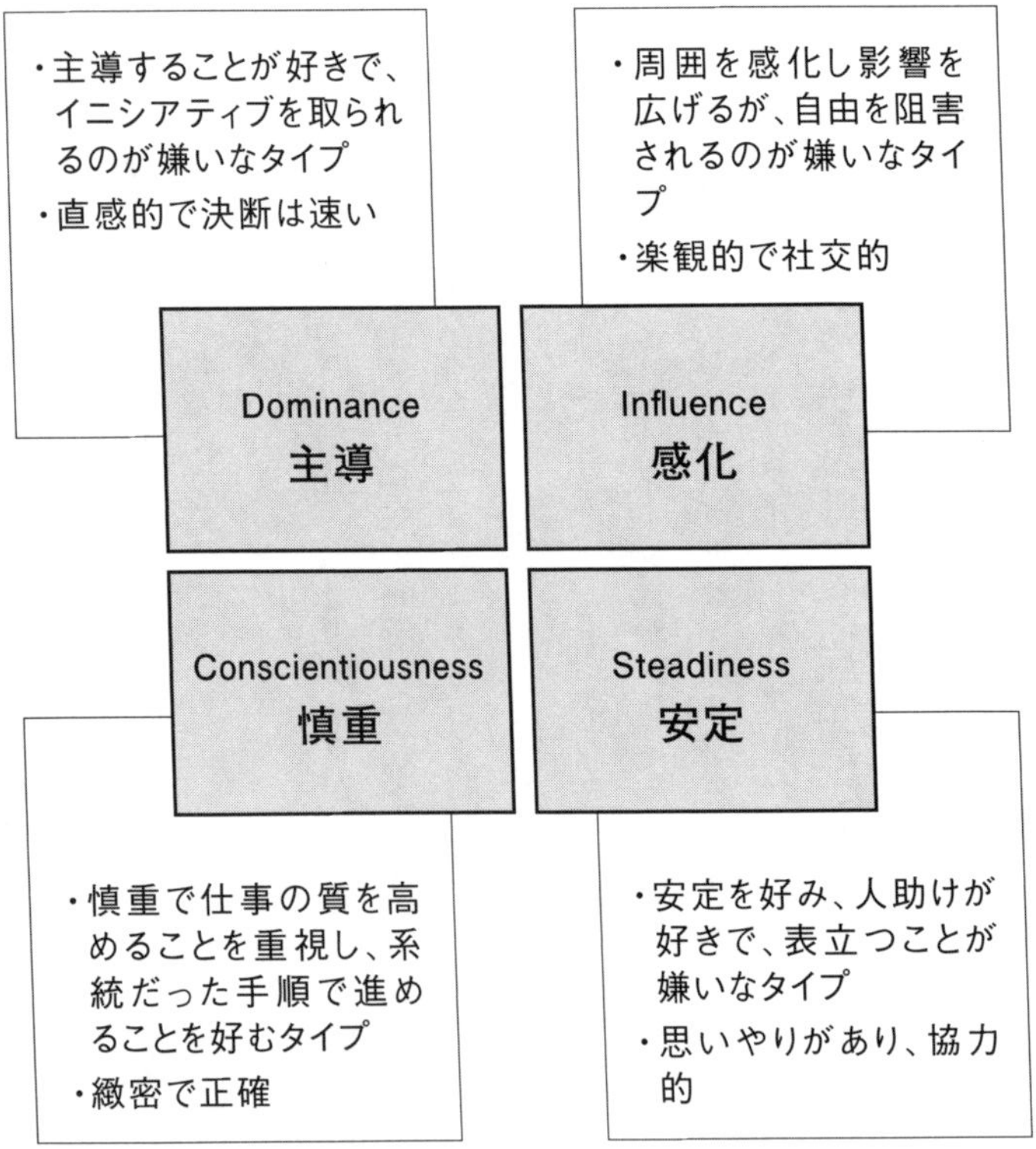
・主導することが好きで、イニシアティブを取られるのが嫌いなタイプ
・直感的で決断は速い
・周囲を感化し影響を広げるが、自由を阻害されるのが嫌いなタイプ
・楽観的で社交的
Dominance
主導
Influence
感化
Conscientiousness
慎重
Steadiness
安定
・慎重で仕事の質を高めることを重視し、系統だった手順で進めることを好むタイプ
・緻密で正確
・安定を好み、人助けが好きで、表立つことが嫌いなタイプ
・思いやりがあり、協力的

マーストン氏が開発したDISCモデルをもとに発展させたものが、現在HRD株式会社のHP等にDiSC®モデルとして公表されている。それらをもとに著者の視点で大胆に要約した。

かた（思考↔感情）」「興味関心の方向（外向↔内向）」「外界への接し方（判断的態度↔知覚的態度）」のどちらかになるので、合計16タイプに分類される。

このようなツールは、個人を分析するだけでなく、その結果をチームで共有し、誰がどのタイプかを分かり合い、「だからあの人は、私とは違う発想や行動をとるのだ」ということを理解し合うことに価値がある。実際に、ツールを用いた研修を行うとメンバー間のストレスが大きく軽減され、それぞれに居場所があることを共有できることが多い。さまざまな手法を駆使して、「みんなの居場所がある状態にする」ことが、組織を円滑にするための大前提になる。

次に、「承認の欲求」についてである。まず、この欲求が満たされるだけで満足する人は多いという現実を理解することだ。誰もが成長動機である「自己実現欲求」にまで行き着くわけではない。「自己実現欲求」の域にまで達しているのは、創業社長や、「企業理念（社外規範・社内規範）」を本気で実現しようとする企業の幹部、若くても社会的価値を追い求めてやりがいを追求する一部の人たちだ。会社に属する多くの人は、その少し手前で満足してしまう。だが、それが悪いわけではない。みんなから認められ、尊敬される存在であることは十分に素晴らしいことだからである。

このことを理解すれば、上司、同僚、関連部署、顧客から承認されることの重要性に気づくだろう。この4方向からの承認や称賛は、人のモチベーションを高める。褒め合う文化が推奨され、ありがとうの気持ちや感謝をカードに書いて渡したり、オンラインのアプリケーション・ソフトウェアを使って伝え合う仕組みが効果を発揮するのも、この構造があるからだ。

すでに紹介したようなナレッジの共有のために仕事の成果を発表する場は、「承認欲求」を満たす機会でもある。また、専門領域や、得意な知識やノウハウを持っている人が先生役となり、社内でそれを学びたい人向けに勉強会を開くことも、承認や尊敬を実感する場として機能している。「承認の欲求」を満たすための「仕組み・制度・施策」は多いほうが良い。この欲求を満たせると、社員の満足度は大きく向上する。

最後に、「物質的欲求（生理的欲求と安全の欲求）」について、覚えておいてほしいことがある。それは、人は、解雇や、辞めなければならない事態になることが予想され、恐怖に駆られると、解雇にできないように自分がいないと困る状況をつくろうとする、ということだ。

食事や安全な家などの物質的欲求が満たされなくなる恐怖がよぎると、人は無意識に自分の仕事をブラックボックス化したくなる。業務の本当の核心の部分は誰にも教えず、自分しかわからないようにすることで、自分の居場所を確保しようとするのだ。

実際に、子どもを大学に通わせるために必死に働いていた人が、上司が替わり、その上司の新しい方針について行けず、このままではクビになるかもしれないと考え、その恐怖から、自分の仕事をブラックボックス化してしまったケースがあった。

そこで私は上司に、クビになどするつもりはないこと、きちんとこの部署での仕事があることをその人に伝えて、安心してもらうことを薦めた。実際に上司は、そのメンバーと何度か面談を行い、信頼関係ができると、ブラックボックスはなくなっていった。仕事を続けられることが実感できれば、ブラックボックスをつくる必要がなくなり、すべてをオープンにした。

ブラックボックスをつくられると、その人がいないと業務が止まるリスクがある。上司としてのマネジメントを困難にし、組織としての事業の「継続性（ＢＣＰ：Business Continuity Plan)」にも支障をきたす。全社的なリスクになってしまうのだ。とくに経営者や人事担当者は、この心理を理解しておいたほうが良い。人は、安全で安心な環境を確保できることを実感できない限り、ブラックボックス化のような物理的な方法で自分の立場を確保しようとするからだ。

「マズローの欲求5段階説」は広く知られているが、人間心理を徹底的に考え抜いた「仕組み・制度・施策」をつくっていく際の参考にもなるので、常に念頭に置いて活用したい概念の1つだ。

主体性の源泉となる「内発的モチベーション」に火を点ける
——組織競争力の源泉2-3

組織の中で、人が「主体性」を発揮する。これが「人が自ら動く」を体現する理想的な組織である。「主体性」とは、自分の意思や判断で行動しようとする態度や性質のことだ。組織の中で、この「主体性」を発揮してくれるメンバーが多ければ多いほど会社は強くなる。

組織の中で人を動かす方法には、大きく3つある。

1つ目は、「指示や命令で人を動かす方法」。

2つ目は、「交換条件付きの報酬を提示することによって動かす方法」。報酬とは、報奨金などの金銭だけではなく、昇格・昇進などもふくめてだ。

3つ目は、「主体的に動いてくれる環境をつくり、実際に動いてもらう方法」。人が自ら動き出す、この状態こそが理想だ。

この3つの関係を知るために押さえておきたい概念が、「外発的動機付け」と「内発的動機付け」である。

「外発的動機付け」とは、動機付けの要因が、金銭、評価、賞罰、名誉など外からの刺激によって与えられる報酬にもとづくものである。たとえば、報奨金をもらうために目標の達成をめざす、昇給や昇格をめざして仕事を頑張る、昇格試験に合格するために勉強するなどのように、何らかの目的を達成するためのものだ。

一方、「内発的動機付け」とは、お金のためでもなく、怒られないためでもなく、損得とは異なり、内面からわき起こった興味・関心や意欲に動機付けられて行動を起こすものである。「内発的動機付け」にもとづいた行動は、行動そのものが目的になっている。

わかりやすい例だと、本を読むこと自体を楽しんでいるときには「内発的動機付け」。勉強のため、試験に合格するために読むのは「外発的動機付け」だ。

企業においては、一般的に「外発的動機付け」が活用されやすい。交換条件付きの報酬に該当する例だ。販売キャンペーンで、計画を達成したチームには、高額な報奨金が渡されるようなケースである。日常的なマネジメントも、これをベースに行われている場合が多い。

「今回頑張って、この目標数字を120%達成したら、賞与額は普通の人の1・5倍だ。ぜひ頼むよ」

「今回、これを達成すると、昇格が見えてくるから、この半年はがむしゃらに頑張ってほしい。この半年が勝負どころだ。きみのためにいっているのだよ」

あまりにも自然に、無意識のうちに「外発的動機付け」に類する言葉を使っていないだろうか。会社内には、「外発的動機付け」が蔓延しているのだ。

だが、報酬には依存性があるので、どんどん金額を高くしないと思うように動いてくれなくなる。リーダー的な立場の人もそのことをどこかでわかっていながらも、それ以外に動いてもらう方法を見つけられず、つい繰り返してしまいがちだ。だからこそ、「外発的動機付け」の弊害に早く気づき、「内発的動機付け」を増やすのだ。そのためには、「内発的動機付け」を促進する要素を理解する必要がある。

心理学者のエドワード・L・デシ氏とリチャード・M・ライアン氏は、「自己決定理論（SDT：Self-determination theory）」の中で、「人には生来、能力を発揮したい（有能感）、自分でやりたい（自律性）、人々と関係を持ちたい（関係性）という3つの心理的欲求が備わっている」と紹介した。それらが満たされているとき、人は動機付けられ、生産的になり、幸福を感じる。反対に満たされないと、モチベーションや生産性、幸福感は急落する。

1 有能感

その仕事を通して、「自分は、○○ができる」という有能感や成長感を実感できる。

2 自律性

誰かの指示や命令ではなく、自分自身で決定して動かしているという感覚になる。

3 関係性

同じ目標をめざす仲間との交流があり、お互いが刺激し合える。

「内発的動機付け」を高めるためには、この3つを感じられるようにすることが重要なのだ。

また、ダニエル・ピンク氏は、著書『モチベーション3・0』の中で、「自律性（autonomy）」を持たせるために、とりわけ大切なものを4つのTとして紹介している。「自律性」とは与えられている課題の解決方法を他人任せにするのではなく、「主体的」に行動する性質のことだ。

1 課題（Task）

何を行うのかを自分で決められること（一部の企業で行われているような、勤務時間の一定割合を活用して自分の好きなテーマに打ち込めるなどもふくむ）。

2 時間(Time)

いつ行うのか、どこで働くのかを自分で決められる（時間報酬という発想やタイムレコーダーの撤廃等も）。

3 方法(Technique)

どんなやり方で行うのか、その手段や方法、プロセスを自分で決められる。

4 チーム(Team)

誰と一緒に行うのかを決められる。一緒に働きたいと思う仲間と働ける。

つまり、仕事をするなかで、「有能感」や「成長感」を感じられるような機会が重要となる。そのために、「何に取り組むのか」「いつ」「どこで」「誰と」「どんな方法で行うのか」ということを自己決定できるような仕組みや環境をつくるのだ。そして、同じ目標をめざす人たちと、刺激し合うことで、モチベーションは高まり、「主体性」が発揮される。

たとえば、メンバーの目標を設定する際も、押しつけるのではなく、自分で考えてもらい、それをもとにマネジャーとすり合わせをすることの重要性が理解できるだろう。これをやると決めたのが、自分であると思えることが大事なのだ。実際のゴールへの行き方を決める際にも、どの道（方法）でも行けそうであれば、マネジャーは、本人に任せるべきである。ゴールへの行き方まですべて自分の思い通りでないと許さないというような上司は、考え方をあらためなければならない。

また、新しいプロジェクトのメンバーも、プロジェクトリーダー自身ができるだけ決めるべきだ。もちろん、完全には自分の思い通りにならなくても、関与することで、満足度は大きく異なるだろう。

大きな仕掛けや仕組みを導入することだけではなく、この概念を理解したうえでマネジメントすることで、個人の「主体性」を最大化できる。

モチベーションを高めるためには、仕事自体の価値に共感してもらうことも必要である。そのことは、「社外規範」「社内規範」への共感・共鳴が大事だというところでも説明したようにだ。自分の「夢」や「ミッション」が、組織の「ミッション」と一体となり、その会社や仕事が自分のキャリアで重要なものであると認識できること。そのことにプラスして、この「内発的動機付け」の概念と、それを促進するために必要な要素を頭に入れて、「仕組み・制度・施策」づくりに取り組む。「人が自ら動き出す組織戦略」とは、これらの概念の理解があってはじめて実現する。

組織変革を実現する「チェンジマネジメント」

——組織競争力の源泉3

■簡単には変わらない「企業文化」を変革するために

いくら人間心理を考え抜いた「仕組み・制度・施策」を取り入れたからといって、会社はそれだけで自動的に変わるわけではない。4章の「FR社」の事例で紹介したように、さまざまな「仕組み・制度・施策」をやり続けるなかで、徐々に変わっていくものだ。それぐらい、息の長いことだと覚悟して本気で取り組まなければ、変わらない。心構えに加えて、組織変革をする際に知っておくべき原理原則を整理したい。まず、社会心理学者のクルト・レヴィン氏によって提唱された「変革過程の3段階のプロセス」がある。

プロセス1　解凍（Unfreezing）

組織変革の必要性をメンバーに周知し、従来の組織体制、業務プロセス、関係性、システム、既存の考え方、マインドセットを崩すプロセスである。つまり、「今までのやり方や企業文化では、今後は通用しない。変えていかなければ会社に未来はない」といった現状認識と危機感を共有する。今までの価値観を変えることになるので、変化の「推進力」が大きければ大きいほど、不安も広がり、その「抑止力」も大きくなる。それに押し戻されないように、組織変革の必要性やビジョンを明確に提示し、メンバーとのコミュニケーションの密度を高め、ときには有力者を巻き込むことも必要になる。

プロセス2　変革（Moving）

新しい行動基準や考え方、やり方を全員が学習するプロセスである。変革の段階では、今後のビジョンの共有に加え、実際に現場レベルでの具体的な行動の変化へと結びつけていく。つまり、新しい考えにもとづいた組織体制の変更や、新しい考えに則った「仕組み・制度・施策」を導入し、その意味や意義を理解したうえで、組織のメンバー全体が新しい価値観で求められる行動をするようにしてゆく。

プロセス3　再凍結（Refreezing）

変革した内容を組織に定着させ、慣習化してゆくプロセスである。新しい行動基準や考え方を定着させるために、たえず新しい行動や考え方を強化する必要がある。たとえば、新しいやり方での成功事例にスポットをあて、手応えを感じてもらうことも重要だ。それにより社員が納得して行動するようになり、成功事例が増え、「成功の方程式」を組織内に広め定着させる。ここでは、新たな「企業文化」として定着させることまでが求められる。

また、変革の際の具体的な手順として、ジョン・コッター氏が提唱した「大規模な変革を推進するための8段階プロセス」も理解しておきたい。

プロセス1　危機意識を高める
プロセス2　変革推進のための連帯チームを築く
プロセス3　ビジョンと戦略を生み出す
プロセス4　変革のためのビジョンを周知徹底する
プロセス5　従業員の自発を促す
プロセス6　短期的成果を実現する
プロセス7　成果を活かして、さらなる変革を推進する
プロセス8　新しい方法を企業文化に定着させる

このコッター氏の「8段階プロセス」は、レヴィン氏による「3段階のプロセス」をさらに細分化したものといえる。

もちろん、実際の組織変革は、これらのステップ通りには進んでいかない。次のステップに進んだかと思えば、また2つ戻ることもある。たとえば、「商品に自信を持ってもらう」「組織の壁を低くする」「上意下達の習慣を変え、1人ひとりが情報発信できるようにする」「自分だけの成果から、全社に影響を与え、全社でできるようにする」というように取り組むべき課題が複数あれば、それらを同時に進めていかなければならない。しかも、それぞれの変えるべき内容ごとに進み具合も違う。抵抗の圧力もそれぞれで起こり方や現象が異なるからだ。

組織変革とは、複雑に絡み合った糸をほぐしながら、目の前と遠くを同時に見て全力疾走するような骨の折れる取り組みでもある。だからこそ、組織変革を行う際には、各プロセスの概念は、ことさら意識しなくても、今どのプロセスを行っているのかという現在地と、めざすべきゴールまでの道筋が瞬時にわかるぐらいになっている必要がある。

■変わりたがらない人や部署を変えるために

組織変革のために、新しい「仕組み・制度・施策」を実施しても、最初はほとんど変化が見られず、落胆しそうになってもあきらめず、改革の手を緩めてはいけない。組織や職場の雰囲気や空気は、すぐに変わるものではなく、賛同する人たちが一定比率をすぎると急速に変化が加速し、状況が一変するタイミングがあるからだ。

状況が一気に変わる、この変化点のことを「閾値《いきち》」という。閾値は変化に必要な蓄積量のことであり、その値を境にして、具体的な行動や判断基準などが変わっていく。三菱総合研究所経営計画研究室による『クォーター・マネジメント』の中では、組織風土が変わる閾値は25％前後とされている。異質な文化や価値観、考え方を、25％前後の人々が受け入れると、企業全体が変わりはじめるという。もちろん企業の現況や、取り組むべき内容によって、閾値には違いがあるが、一定比率をすぎると変化は加速するのだ。

たとえば、わかりやすい例として朝の挨拶で考えてみよう。職場に入るときに挨拶もしない他人に関心の薄い職場を、お互いに関心を持ち合う職場に変えようと決意したとする。

当然ながら、まずはその決意した当事者から挨拶をはじめる。朝、職場に入るときに大声でみんなに挨拶をする。最初は、誰からも挨拶など返ってこない。それでもあきらめずに挨拶を毎朝続ける。すると、いつしか誰かが小声だけど挨拶を返してくれるようになる。たとえ返してくれたのが1人であっても、あきらめずに続ける。すると、その1人につられて、何人かが挨拶を返してくれるようになる。みんなひそかに様子をうかがっていたのだ。複数名が挨拶を返してくれることがわかったら安心して、自分も職場に入るときに挨拶をしてもいいと思う人が現れる。応答がないことが怖くて、結局、誰も挨拶をしていなかったのだ。

挨拶をするようになった人が20％～25％ぐらいになると、周囲も徐々に挨拶しはじめる。その頃から職場の雰囲気や空気は変わりはじめるのだ。

エベレット・M・ロジャース氏は、著書『イノベーション普及学』の「イノベーター理論」の中で、新しい概念、習慣、商品などが普及するプロセスを分析し、消費者の商品購入に対する態度を、新しい商品に対する購入の早い順から、5つのタイプに分類した。

1　イノベーター：Innovators　革新的採用者（2・5％）
2　アーリー・アダプター：Early Adopters　初期少数採用者、オピニオン・リーダー（13・5％）
3　アーリー・マジョリティ：Early Majority　初期多数採用者（34％）
4　レイト・マジョリティ：Late Majority　後期多数採用者（34％）
5　ラガード：Laggards　伝統主義者、採用遅滞者（16％）

この「イノベーター理論」は、主にマーケティングのために活用されるものだが、概念は組織変革にも応用できる。何か新しいことをはじめようとすると、往々にして同じように5つのタイプが生まれるからだ。

この理論とさきほどの閾値と私の経験から鑑みて、普及率16％あたりから、ゆらぎのような変化が組織に起き、それが徐々に大きくなり、閾値の目安である25％あたりから変化が一気に

イノベーター理論 5つのタイプ

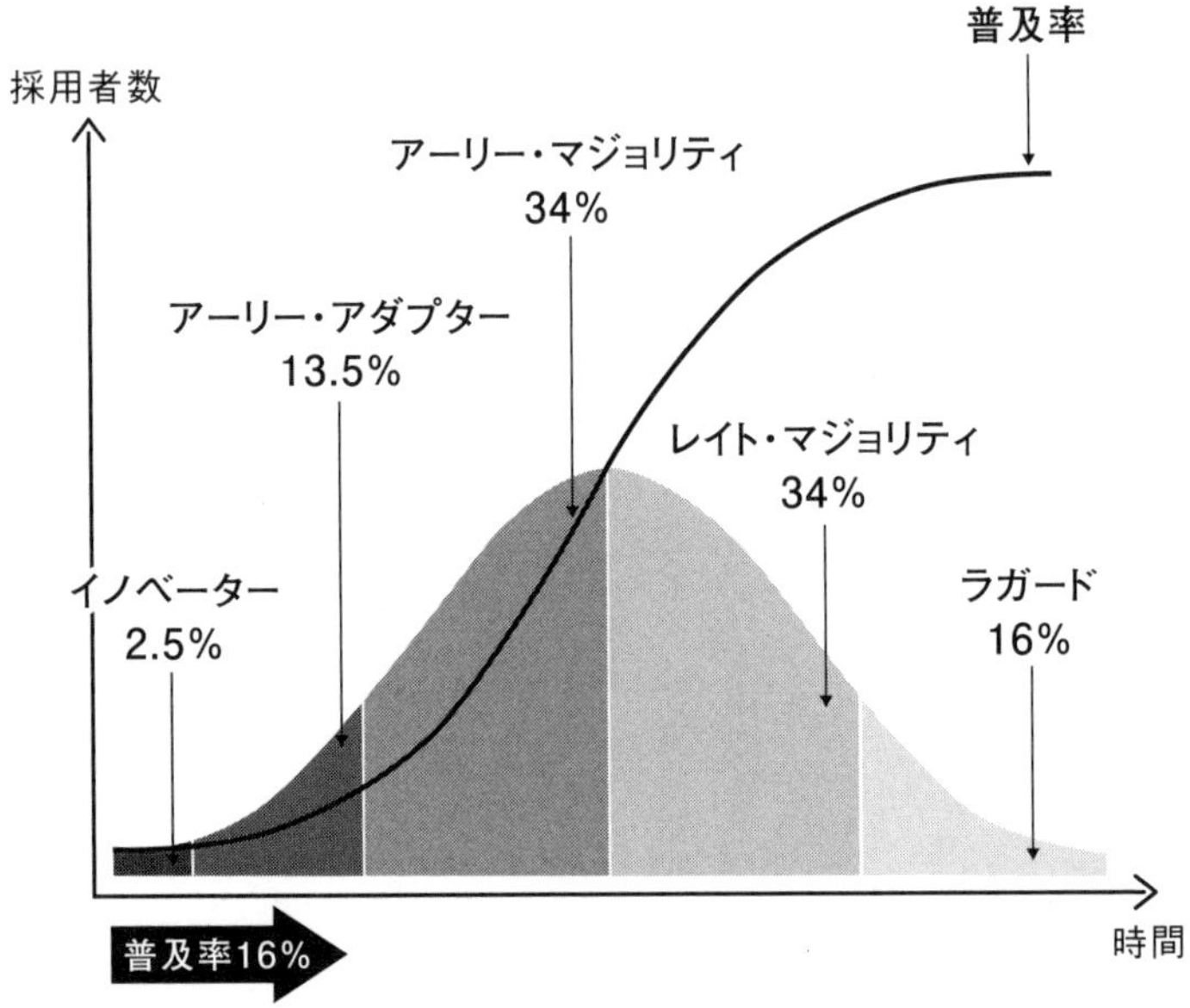

エベレット・M・ロジャース氏の「イノベーター理論」。新しい概念や商品が普及してゆく際の5つのタイプ。普及率は、最初はなかなか普及しないが、あるときから普及の速度が上がり、最後はまた普及速度が落ちるというS字カーブを描く。

起こりはじめるというのが現実的なイメージだろうか。これは、多くの組織変革に携わってきた私の実感だ。閾値に達するまでは、短気を起こさず、愚直にやり続け、理解者を少しずつ増やしていくことが組織変革の王道となる。

組織変革、つまり「チェンジマネジメント」のポイントをもう1つだけ紹介したい。それは、反対者や傍観者が多いなかで、改革や新しいことを行う際に欠かせないことだ。

そもそも、企業の場合には、役職や待遇に関する使用者の決定権限である人事権があるので、新しいことの導入や変革は行いやすい。だが、たとえば、NPOのような営利を目的とせず社会的活動を行う団体の場合、組織図はあっても、メンバーがその指示命令に従ってくれる保証はない。もっとわかりやすくすると、商店街や町内会のような組織を想像してほしい。自らの利害を優先しがちになるので、指示命令には簡単に従わないはずだ。ボランティア集団や地域活動のように、上下関係や命令権がない中で人を動かすことは、企業よりも相当難しい。このような合意形成の難しい組織で変革を行う場合には、何に気をつければ良いのか。このポイントを知っていれば、企業での変革にも応用でき、役立つはずだ。

たとえば、ある衰退している商店街の組合で、再び活気を取り戻すための改革を訴える少数の人がいるとする。だが、多くの商店主はリスクを取りたくないので反対する。今の延長では厳しいことは薄々わかっていても、現状を変えるには勇気がいる。たいていの場合、反対多数になる。このような場合には、その変革を行う人たちは、まずは自分たちでやってみるのだ。もちろん、一度でうまくいくことなどまれかもしれない。だが、何度も「ＰＤＣＡサイクル」を繰り返しながら、成功のためのヒントを見つければ、やがて、小さな成功を繰り返すようになっていく。

本題は、ここからだ。反対者や傍観者が多い場合のポイントの1つは、反対者にも情報を提供し続けることである。なぜ、反対する人に情報を提供しなければならないのか。そう思う気持ちもわからないわけではない。だが、反対する人を味方へと変えるファースト・ステップととらえてほしい。ここはじっと我慢して愚直に反対者に対しても、どんな取り組みをしているのか、その結果はどうなのかという情報を提供し続けるのだ。

すると、成功する可能性があることを知ったことで、最初は反対していた中の数名が、「一緒にやりたい」といってくる。組織変革のためのポイントの2つ目はここだ。本音では、「あなたは反対していたではないか」と非難したくなるだろう。だが、そこをじっと我慢して、快く受け入れるのだ。すべては組織全体で変革するため。より大きな規模で成功するためだ。

新たに加わった人が参加して、成功し出したことがわかると、もっと多くの人たちが「一緒にやる」と言い出す。しかも、「われわれも最初から成功すると思っていたのだ」と言い出す人まで出てくる。ポイントの3つ目はここだ。このタイミングでも怒らないこと。本音をいえば腹立たしいだろう。「何だよ、昨日まで反対していたのに」とひと言返したくもなる。しかし、絶対にいってはいけない。「確かに、そんなこともいわれていましたね。われわれが最初にはじめただけですから、一緒に頑張っていきましょう」と笑顔でいえるくらいの度量が勝負の分かれ目になる。大きな目的のために、大人の対応ができなければいけないのだ。

この3つのポイントのどこかで短気を起こせば、成功はない。組織を変えるには、まず自らが「志」を持ち、「共感する人」から動かす。当初は協力的ではなく、反対していた人が後から入ってきても、快く受け入れて「理解者」「共感者」を増やしていく。そこで、後から考えを変えた人を非難し出すと、同じ組織でありながらも、彼らは、またまったく異なることをやりはじめてしまい、全体の一体感は永久に生まれない。

「強い会社」に変わるためには、そうやって人間心理を徹底的に考え抜いたうえで、効果的な「仕組み・制度・施策」を導入し、それらに魂が入り動き出すまで、推進し続けるのだ。

ここまで「強い会社」に変わるべく、そのためのナレッジを読者のみなさんと共有してきた。だが、じつはまだ砂上の楼閣や張り子の虎となる可能性をはらんでいる。最後にお伝えするのは、組織を変えるには、長期的に成功するまでの道筋をイメージできる力が求められるということだ。私はそれを、シナリオを描く力という意味で「シナリオ力」と名づけている。ぜひ、この本を参考に「強い会社」へと変わるためのシナリオを自らで描いてほしい。

おわりに
——成功までの「シナリオ力」によって成果は決まる

組織変革には、成功するまでの道筋をイメージできる力が求められる。この力を、シナリオを描く力という意味で、「シナリオ力」と名づけていることを「特別付録」で紹介した。会社の何を、どの手順で変えてゆくのか、綿密なシナリオを描く必要があるからだ。

だが、会社は簡単には変わらない。だからこそ、腹をくくって、シナリオを描き、実行し、またシナリオを描き直して実行するということを繰り返して、はじめて会社に変化が現れ出す。「企業文化」を変えるとは、それぐらい大がかりで根気のいることなのだ。いわば、組織変革には「シナリオ力」をもとにした「仕組み・制度・施策」と「気概」のようなものの両方が必要となる。

私は「経営コンサルタント」「組織人事コンサルタント」という肩書きを持ち、仕事柄これまでにさまざまなビジネスパーソンに会ってきた。仕事ができる人のほとんどは「シナリオ力」が高い。仮にその道筋の途中で、シナリオ通りにならない事態に陥ったとしても、そこから、リカバリーするための新たなシナリオも瞬時に思い浮かべられる。

「シナリオ力」の有無は、これからのビジネスパーソンにとって重要なキーワードになる。

「はじめに」で「人を動かそうとするのではなく、『人が自ら動き出す環境』をつくる」と述べたが、経営サイドにとって都合のいいように社員を動かそうとする会社は、はっきりいうが嫌いだ。

企業は、社員の成長やキャリアデザインにとっても有益でなければならない。いわば「人と企業の価値の交換」を実現すべく、企業と個人がWin-Winの関係となる。また、そのような関係になれる「仕組み・制度・施策」でなければならない。

私は、企業の「経営コンサルタント」や「組織人事コンサルタント」だけではなく、国家資格1級キャリアコンサルティング技能士、キャリアカウンセリング協会認定スーパーバイザーという資格を持ち「キャリアコンサルタント」として、個人のキャリアデザインの支援も行っている。個人へのキャリアコンサルティングだけでなく、企業と契約し、セルフ・キャリアドックのようなかたちで、企業内での個人のキャリアデザインの支援も行っている。

私にとっては、「経営コンサルタント（組織人事コンサルタントもふくむ）」と「キャリアコンサルタント」は、両輪のイメージである。そこでも「シナリオ力」は欠かせない。会社の未来を、個人の未来を、どんなふうに描けるか。それによって、企業も個人も、進むべき道が決まり、描いたシナリオとたどり着くゴールによって、もたらされる成果も決まるからだ。

「経営コンサルタント」として、企業力を高め、働く人にとっても魅力的な会社に変える。

「キャリアコンサルタント」として、個人の自立と自律を支援し、企業というステージで、伸び伸びと自分の価値を発揮し、やりがいを見出し、自らのキャリアを切り拓いてほしいと願っている。それが個人の人生にとっても、企業の組織戦略にとってもハッピーになる。これからの世の中がそういう社会になってほしい。本書を執筆したのは、このような動機からだ。

そして、ここで主として紹介したFR社の事例は、地方の企業が世界的な企業へと変わってゆく、その初期段階の模様だ。現代ビジネス史の貴重な1ページを書き記しておきたかった。なぜなら、「強い会社」へと変わるための壁を乗り越えた、時代を越えて活用できる事例だからだ。本書を通して、私の想いを多くの方に伝える機会を提供していただいた日本実業出版社のみなさまに感謝している。

最後に、ここまで読んでくださったみなさまに心からの感謝をお伝えしたい。「強い会社」になるための、「人が自ら動き出す組織」になるための、具体的な「仕組み・制度・施策」を構築する参考書として、本書がお役に立てば幸いである。そして、本書が組織変革の大きな一歩となることを願ってやまない。

松岡保昌

2020年2月吉日

参考図書

※これまで著者が読んできた「経営」「組織戦略」「マネジメント」「人事」「心理」などに関する、多くの書籍を参考に執筆しているが、ここではとりわけ『「強い会社」に変わる仕組み』の原理原則となったものを中心に掲載している。

『破天荒！　サウスウエスト航空―驚愕の経営』（日経ＢＰ社／ケビン・フライバーグ、ジャッキー・フライバーグ 著／小幡照雄 訳）
『ビジョナリー・カンパニー　時代を超える生存の原則』（日経ＢＰ社／ジェームズ・Ｃ・コリンズ、ジェリー・Ｉ・ポラス 著／山岡洋一 訳）
『ビジョナリー・カンパニー２　飛躍の法則』（日経ＢＰ社／ジェームズ・Ｃ・コリンズ 著／山岡 洋一 訳）
『新・小売業経営の条件』（商業界／川崎進一）
『チェーンストア経営の原則と展望　チェーンストアの新・政策シリーズ』（実務教育出版／渥美 俊一）
『チェーンストア能力開発の原則　チェーンストアの新・政策シリーズ』（実務教育出版／渥美俊一）
『最強組織の法則　新時代のチームワークとは何か』（徳間書店／ピーター・Ｍ・センゲ 著／守部信之訳）
『学習する組織　システム思考で未来を創造する』（英治出版／ピーター・Ｍ・センゲ 著／枝廣淳子、小田理一郎、中小路佳代子 訳）
『「学習する組織」をつくる』（日本能率協会マネジメントセンター／カレン・Ｅ・ワトキンス 著／ビクトリア・Ｊ・マーシック 著／神田良、岩崎尚人 訳）
『経営者の役割』（ダイヤモンド社／Ｃ・Ｉ・バーナード 著／山本安次郎、田杉競、飯野春樹 訳）
『バーナード経営者の役割』（有斐閣新書／飯野春樹 編）

『コア・コンピタンス経営　大競争時代を勝ち抜く戦略』（日本経済新聞出版社／ゲイリー・ハメル、C・K・プラハラード 著／一條和生 訳）
『コトラーのマーケティング・コンセプト』（東洋経済新報社／フィリップ・コトラー 著／恩藏 直人 監訳／大川 修二 訳）
『マーケティングマネジメント　持続的成長の開発と戦略展開』（プレジデント社／フィリップ・コトラー 著／小坂恕、三村優美子、疋田聰 訳）
『競争優位の戦略　いかに高業績を持続させるか』（ダイヤモンド社／M・E・ポーター 著／土岐坤 訳）
『競争の戦略』（ダイヤモンド社／M・E・ポーター 著／土岐坤、服部照夫、中辻万治 訳）
『〔エッセンシャル版〕マイケル・ポーターの競争戦略』（早川書房／ジョアン・マグレッタ 著／櫻井祐子 訳）
『図解ランチェスター法則入門』（ビジネス社／田岡信夫）
『プロフェッショナルの条件　いかに成果をあげ、成長するか（はじめて読むドラッカー【自己実現編】）』（ダイヤモンド社／P・F・ドラッカー 著／上田惇生 訳）
『ネクスト・ソサエティ　歴史が見たことのない未来がはじまる』（ダイヤモンド社／P・F・ドラッカー 著／上田惇生 訳）
『チェンジ・リーダーの条件　みずから変化をつくりだせ！（はじめて読むドラッカー【マネジメント編】）』（ダイヤモンド社／P・F・ドラッカー 著／上田惇生 訳）
『明日を支配するもの　21世紀のマネジメント革命』（ダイヤモンド社／P・F・ドラッカー 著／上田惇生 訳）
『イノベーションと企業家精神　実践と原理』（ダイヤモンド社／P・F・ドラッカー 著／小林宏治 監訳／上田惇生、佐々木実智男 訳）
『未来企業　生き残る組織の条件』（ダイヤモンド社／P・F・ドラッカー 著／上田惇生、田代正美、佐々木実智男 訳）
『経営者に贈る5つの質問』（ダイヤモンド社／P・F・ドラッカー 著／上田惇生 訳）
『7つの習慣　成功には原則があった！』（キングベアー出版／スティーブン・R・コヴィー 著／ジェームス・スキナー、川西茂 訳）

『知識創造企業』（東洋経済新報社／野中郁次郎、竹内弘高 著／梅本勝博 訳）
『知識資本主義　ビジネス、就労、学習の意味が根本から変わる』（日本経済新聞社／アラン バートン＝ジョーンズ 著／野中郁次郎 監訳／有賀裕子 訳）
『入門　組織開発　活き活きと働ける職場をつくる』（光文社／中村和彦）
『組織開発の探究　理論に学び、実践に活かす』（ダイヤモンド社／中原淳、中村和彦 著）
『図解　戦略人材マネジメント』（東洋経済新報社／ウィリアムマーサー社 著）
『コンピテンシー・マネジメントの展開　導入・構築・活用』（生産性出版／ライル・M・スペンサー、シグネ・M・スペンサー 著／梅津祐良、横山哲夫、成田攻 訳）
『企業変革力』（日経BP社／ジョン・P・コッター 著／梅津祐良 訳）
『ジョン・コッターの企業変革ノート』（日経BP社／ジョン・P・コッター、ダン・S・コーエン 著／高遠裕子 訳）
『組織文化とリーダーシップ　リーダーは文化をどう変革するか』（白桃書房／エドガー・H・シャイン 著／清水紀彦、浜田幸雄 訳）
『発想法　創造性開発のために』（中央公論社／川喜田二郎）
『指導力革命　リーダーシップからフォロワーシップへ』（プレジデント社／ロバート・ケリー 著／牧野昇 監訳）
『問いかける技術　確かな人間関係と優れた組織をつくる』（英治出版／エドガー・H・シャイン 著／金井壽宏 監修／原賀真紀子 訳）
『ザ・ドリーム・マネジャー　モチベーションがみるみる上がる「夢」のマネジメント』（海と月社／マシュー・ケリー 著／橋本夕子 訳）
『モチベーション3.0　持続する「やる気！」をいかに引き出すか』（講談社／ダニエル・ピンク 著／大前研一 訳）
『社会的学習理論　人間理解と教育の基礎』（金子書房／A・バンデュラ 著／原野広太郎 訳）
『激動社会の中の自己効力』（金子書房／アルバート・バンデューラ 著／本明寛、野口京子 監訳／本明寛、春木豊、野口

京子、山本多喜司 訳）
『モデリングの心理学　観察学習の理論と方法』（A・バンデュラ 編／福島修美、原野広太郎 訳）
『組織は戦略に従う』（ダイヤモンド社／アルフレッド・D・チャンドラーJr. 著／有賀裕子 訳）
『戦略経営論』（産業能率大学出版部／H・イゴール・アンゾフ 著／中村元一 訳）
『ブルー・オーシャン戦略　競争のない世界を創造する（Harvard business school press）』（ランダムハウス講談社／W・チャン・キム、レネ・モボルニュ／入山章栄 監訳／有賀裕子 訳）
『イノベーションのジレンマ 増補改訂版（Harvard Business School Press）』（翔泳社／クレイトン・クリステンセン 著／玉田俊平太 監修／伊豆原弓 訳）
『イノベーション普及学』（E・M・ロジャーズ 編／青池慎一、宇野善康 監訳）
『クォーター・マネジメント』（講談社／三菱総合研究所経営計画研究室）
『世界の経営学者はいま何を考えているのか　知られざるビジネスの知のフロンティア』（英治出版／入山章栄）
『MBTIへの招待　C・G・ユングの「タイプ論」の応用と展開』（金子書房／R・R・ペアマン、S・C・アルブリットン 著／園田由紀 訳）
『リーダーシップ行動の源泉　DISCとSLIIによるリーダー能力開発法』（ダイヤモンド社／ケン・ブランチャード、ドリア・ジガーミ、マイケル・オコーナー、カール・エデバーン 著／HRD株式会社 監修／山村宣子、菅田絢子 訳）

松岡保昌（まつおか　やすまさ）

株式会社モチベーションジャパン代表取締役社長。人間心理にもとづく経営戦略、組織戦略の専門家。1963年生まれ。1986年同志社大学経済学部卒業後、リクルートに入社。『就職ジャーナル』『works』の編集や組織人事コンサルタントとして活躍。2000年にファーストリテイリングにて、執行役員人事総務部長として当時の急成長を人事戦略面から支える。その後、執行役員マーケティング&コミュニケーション部長として逆風下での広報・宣伝の在り方を見直し新たな企業ブランドづくりに取り組む。2004年にソフトバンクに移り、ブランド戦略室長としてCIを実施。福岡ソフトバンクホークスマーケティング代表取締役、福岡ソフトバンクホークス取締役として球団の立ち上げを行う。また、AFPBB News編集長として、インターネットでの新しいニュースコミュニティサイトを立ち上げる。現在は、株式会社モチベーションジャパンを設立し、代表取締役社長として、企業の成長を経営戦略、組織戦略、マーケティング戦略から支える。筑波大学大学院 人間総合科学研究科 生涯発達専攻カウンセリングコース主催「キャリア・プロフェッショナル養成講座」修了。国家資格1級キャリアコンサルティング技能士、キャリアカウンセリング協会認定スーパーバイザーとして、個人のキャリア支援や企業内キャリアコンサルティングの普及にも力を入れている。

会社HP　https://motivationjapan.co.jp/

人間心理《にんげんしんり》を徹底的《てっていてき》に考《かんが》え抜《ぬ》いた
「強《つよ》い会社《かいしゃ》」に変《か》わる仕組《しく》み

2020年２月20日　初版発行
2021年３月10日　第４刷発行

著　者　松岡保昌
発行者　杉本淳一

発行所　株式会社日本実業出版社　東京都新宿区市谷本村町３−29 〒162-0845
大阪市北区西天満６−８−１ 〒530-0047

編集部 ☎03-3268-5651
営業部 ☎03-3268-5161　振　替　00170-1-25349
https://www.njg.co.jp/

印刷／理想社　製本／共栄社

この本の内容についてのお問合せは、書面かFAX（03-3268-0832）にてお願い致します。
落丁・乱丁本は、送料小社負担にて、お取り替え致します。

ISBN 978-4-534-05760-0 Printed in JAPAN